나에겐
너무
어려운
스몰토크

UNTYPICAL

ⓒ 2023 by Pete Wharmby
Korean translation rights ⓒ 2025 by Will Books Publishing Co.
All rights reserved.

This Korean edition was published by arrangement with
Pete Wharmby c/o the BKS Agency through ShinWon Agency, Seoul.

이 책의 한국어판 저작권은 신원 에이전시를 통해
저작권자와 독점 계약한 (주)윌북에 있습니다.
저작권법에 의하여 한국 내에서 보호를 받는 저작물이므로
무단 전재와 무단 복제를 금합니다.

나에겐
너무
어려운
스몰토크

피트 월미 지음

임슬애 옮김

나의 특별하고도 평범한 자폐 스펙트럼의 세계

윌북

일러두기

*각주는 대부분 옮긴이 주이며 저자 주는 문장 끝에 "(원주)"라고 표기했다.
*원서에서 강조한 단어나 문장은 하늘색으로 표시했다.

딸아이를 위하여,

이 책이 작은 보탬이 되어
딸이 더 행복할 수 있는 세상이 도래하기를.

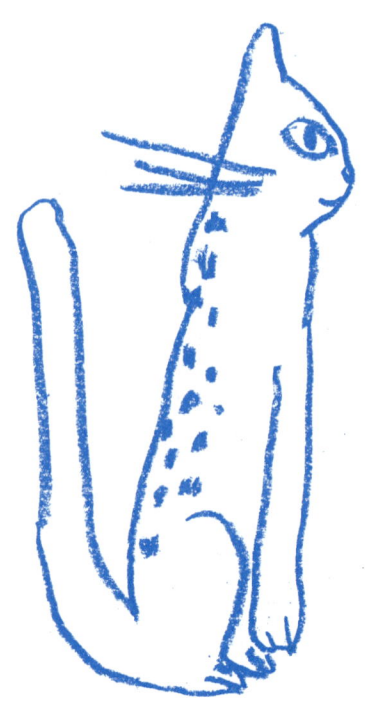

차례

들어가는 말 ^ 당신이 자폐인이거나 아니거나 8

1장 ^ 사회라는 그물 23

2장 ^ 자폐, 우정, 사랑 73

3장 ^ 신발 끈 묶기의 불쾌함에 관하여 105

4장 ^ 취미 이상의 무언가 139

5장 ^ 학교, 세상에서 가장 가혹한 곳 167

6장 ^ 일자리, 그리고 또 다른 위험들 205

7장 ^ 휴식이 스트레스 239

8장 ^ 정의를 향한 열렬한 마음 273

마치며 296

감사의 말 298

들어가는 말

당신이 자폐인이거나 아니거나

우리가 실제로 만나게 된다면, 과연 의심이나 하려나. 내 얼굴을 훑고 목소리를 들어도 이상한 낌새를 눈치채거나 주의해야겠다고 생각하지 않을 것이다. 편안한 마음으로 평소와 다름없이 이야기를 나누겠지. 평등하게. 동등하게. 내가 자신과 별다르지 않은 사람이라고 기꺼이 짐작할 테고, 우리는 잠시 대화할 것이다. 날씨나 스포츠, 다들 아는 흔한 주제에 관해 스몰토크를 나누리라. 그러고는 여느 때처럼 일상을 이어갈 테고, 더는 나란 사람에 관해 고민하지 않을 것이다.

혹은…

우리가 실제로 만나게 된다면, 당신은 곧장 알아차릴 것이다. 당신의 뇌가 (미세한 차이에도 예민하게 반응해) 모든 징후를 포착하겠지. 순간 깜빡이며 시선을 피하는 눈동자, 조금씩 지연되는 대답, 우리의 가벼운 대화가 진행되는 사이 얼핏 드러나는 두려움. 물론 당신도 느끼고 있으리라. 대화를 이어가기란 피곤한 일이고, 가벼운 대화에 어떤 주제가 적절하고 부적절한지 판단하기도 거슬리는 일이니까. 눈을 바라보는 시늉만 하다가 실제로 시선이 얽혀버려 불편하고 메스꺼운 친밀감을 느끼게 될지도 모른다. 그렇지 않다고 평생 거짓말했겠지. 나와 마찬가지로 당신도 아닌 척하는 것이다. 당신은 필요할 때 '정상인' 연기를 할 수 있다. 타인과 관계를 유지할 수 있도록, 어쩌면 직장에서 잘리지 않도록 남들과 다른 점, 받아들여지기 어려운 점을 전부 감추는 법을 배웠다. 그러나 어려운 일이다. 너무나도 어렵고 너무나도 피곤한 일이다. 그렇지만 오늘도 이렇게 다른 사람과 대화를 해야 하는 것이다.

이게 무슨 말인지 이해하지 못할 독자도 있겠지. 고통스러울 만큼 절절하게 공감하는 독자도 있을 테고. 문장마다 자신이 직접 경험하고 두려워한 것들, 겨우 견뎌내는 법을 배운 것들, 혹은 여전히 힘겹게 견디고 있는 것들이 가득할지도 모른다.

결국 당신이 자폐인인지 아닌지, 그 여부에 달린 이야기다.

흥미로운 사실 한 가지. **우리는 세상에 자폐인이 몇이나 되는지 전혀 아는 바가 없다.** 전에는 100명 중 1명이라는 의심스러울 만큼 우수리 없는 숫자로 합의를 봤다. 주요 자폐 자선단체에서는 여전히 그 수치를 사용한다. '1퍼센트'라는 보기 좋고 간단한 숫자를 보면 왠지 마음이 놓인다. 자폐인을 극소수로 확정할 수 있기 때문이다. 하지만 그 숫자는 틀렸다. 근래의 연구들은 60명 중 1명에서 25명 중 1명이라는 큰 범위 사이를 오간다.

너무나도 광범위하다. 분명 우리는 정확한 숫자가 무엇인지 단서조차 확보하지 못했다. 실제로는 전혀 예상하지 못할 만큼 많은 수의 자폐인과 같은 세상에서 부대끼며 살아가고 있을지 모른다.

자폐인 공동체의 인구 통계적 특성도 여전히 탐구할 것이 많은 영역이다. 과거에는 자폐인의 상당수가 남자라는 관점에 다들 동의했다. 실은 남자아이라고들 생각했다. 줄곧 자폐성 장애를 어린 시절의 전유물로 간주했다. 21세기가 된 지도 20여 년이 흐른 지금, 이런 가정은 틀렸다는 사실이 명백해졌다. 여성도 성년이든 미성년이든 남성만큼 자폐 확률이 높다. 그러나 소수자에 관한 새로운 발견은 알려지는 속도가 더딘 법이다.

인종 문제는 어떨까? 자폐성 장애는 백인들의 문제라는 관념이 우세하다. 일반적으로 흑인 자폐인은 드물고 특이한 경우라고들 생각하지만 보아하니 흑인 자폐인의 비율도 백인 자폐인과 다르지 않다. 지구상에 존재하는 인종은 전부 마찬가지다. 사람이 있으면 자폐도 있다. 이 사실은 과거와 현재 양쪽에 놀랄 만한 시사점을 제공하는데, 후에 자세히 설명할 것이다. 다시 말하자면 전 세계적으로 자폐인 인구는 2억 3천만에 다다르는 수준이고, 당신은 일상생활 속에서 예상보다 많은 자폐인을 알고 지낼 확률이 높다. 그들이 자기가 자폐인이라는 사실을 알든 모르든.

어쨌든 통계 이야기는 그만두고 고정관념에 관해 논의해

보자. 다들 스스로 자폐가 뭔지 잘 알고 있다고 생각한다. 그도 그럴 것이, 영화 〈레인 맨〉[1]을 봤고 『한밤중에 개에게 일어난 의문의 사건』[2]을 읽었으며 〈빅뱅 이론〉[3]의 (참으로 유쾌한 괴짜) 셸던 쿠퍼를 좋아하니까. 동료 시민의 다양성에 관한 필수 교육도 받아 그 모든 것을 종합한 끝에 세상에는 자폐인이 존재하고 자폐인은 여느 사람과 다르다는 어렴풋한 의식이 있으나 보통 그들의 자폐에 관한 이해는 상당히 조악하고 그릇된 것이다. 적어도 내가 온라인이나 일상생활에서 비자폐인을 만나 이야기할 때 받은 인상은 그랬다. 그들은 자폐에 관해 잘 알고 있다는 자신감을 발산하며, 망설임 없이 신경 다양성neurodiversity(주디 싱어 박사가 1990년대 말에 만들어낸 개념으로, 인간을 구성하는 폭 넓고 다양한 신경학적 경험을 표현한다)[4]에 관한 자기 의견

[1] 배리 레빈슨이 감독, 더스틴 호프만과 톰 크루즈가 주연한 영화. 호프만이 천재적인 자폐인 역할을 맡았는데, 대중과 평단의 열렬한 지지에 힘입어 미국 사회의 자폐인 인식에 큰 영향을 미쳤다. 특히 자폐인은 행동이 특이하되 숫자나 사실 외우기에 특화된 기이한 천재라는 편견에 일조했다.

[2] 마크 해던의 추리 소설. 자폐인 청소년이 이웃집 개의 살해 사건을 풀어가는 이야기로, 독특한 문체와 구성으로 자폐인의 내면세계를 묘사해 큰 인기를 끌며 40개국에 번역되고 연극으로 각색되었다.

[3] 두 명의 물리학자 룸메이트와 배우 지망생 이웃이 등장하는 코미디 시트콤. 주인공 셸던 쿠퍼의 다양한 기벽을 재미 요소로 삼는데, 자폐성 장애를 연상하는 것들이 많다.

[4] 신경 전형인neurotypical과 달리, 자폐성 장애나 ADHD, 투렛 증후군 등이 원인이 되어 뇌가 전형적이지 않은 방식으로 작동하는 신경 다양인neurodivergent을 인정하는 관점.

을 말한다. 의견이든, 떠오른 생각을 마구잡이로 말한 것이든. "따져보면," 그들은 미소 지으며 말한다. "누구든 자폐 스펙트럼[5] 안에 있는 거잖아요?"

문제는, 강박장애가 흘러들고 말았던 엉망진창의 길로 자폐성 장애도 향하고 있다는 사실이다(웅덩이를 집요하게 피하며 한 번에 네 발자국씩[6] 걸어가고 있겠지, 뭐). 사람들은 세간의 근거 없는 이야기만 들었을 뿐 현실을 알지 못하며, '자폐'라는 용어에만 익숙해져 자기 자신에 관해 이야기할 때 대수롭지 않게 남용하곤 한다. 자가 진단 레시피에 맞추어 대화의 양념으로 사용한다. 집착 증세를 한 자밤쯤 뿌리고, 강박증을 한 순갈 첨가하고, 장애를 한 컵 넣어 맛을 낸달까. "펜을 예쁘게 세워놓고 책을 알파벳 순으로 정리해야만 직성이 풀려. 내 강박장애 심각하지!" 강박장애는 신경학의 허브 양념, 파슬리 가루 정도로 여기저기 남용되고 있다.

그리고 자폐성 장애는 큐민 가루랄까. 더 강렬하고, 더 확연하다. 자신이 자폐에 관해 빠삭하다고 자신하는 사람들에 의하면, 우리는 전부 한 자밤의 자폐성 장애로 개성이 더해진다. 더 흥미로운 존재로 거듭날 만큼만. 신경 전형인들은 자기 안

---

[5] 자폐성 장애를 비롯해 아스퍼거 장애 등 비슷한 특징을 지닌 신경 발달 장애를 동일한 연속선상에서 발현된 것으로 포괄하는 개념.

[6] 유난히 조심스러운 움직임, 특정한 패턴을 반복하는 습관은 자폐성 장애와 강박장애의 전형적인 이미지다.

에서 적정량의 자폐성을 찾아내거나 '스펙트럼 언저리'에서 자기 자리를 찾아 자폐인 공동체의 '일원'을 자처한다. 자폐성 장애가 무엇인지, 어떻게 작용하는지, 어떤 영향이 있는지, 자폐인이 어떤 대우를 받아야 하는지, 마음대로 자기 의견을 표명한다. 그리고 보통 그들의 의견은 완전히 틀렸다. 잘못된 수준이 아니라 적극적인 악의와 위험성까지 내포하고 있다.

이 책을 집필하는 동안 미국에 있는 한 교육 센터는 자폐 아동 환자가 그릇된 행실을 보일 경우 강한 전기 충격 치료를 실행해도 된다는 허가를 받았다.[7] 자폐 아동이 어떻게 행동하는지, 어떻게 그들을 도울 수 있는지 전혀 모르니까 내릴 수 있는 결정이다. 전적으로 비인간적이고 역겨운 짓이기도 하다. 그러나 그런 것 말고 자폐인을 치료하기 위한 새로운 시도가 있었나? 몇 년째 제대로 된 진척이 없다.

비자폐인이 운영하는 자선단체는 매년 '인식을 고취'하겠다는 목적으로 자폐인 사회가 경멸하는 언어와 이미지를 사용하며 의도는 좋을지언정 서투른 시도를 지속하고 있고, 그 결과 자폐성 장애에 관한 위험할 만큼 불완전하고 부정확한 이해가 만연하게 되었다. (자폐인 사회가 경멸하는 언어의 예로는 퍼즐 비유가 있다. 자폐인은 '퍼즐 조각이 하나 모자라지만' 충분한 돌봄과 관심을 통해 완성될 수 있다는 비유가 의존을 부추긴다고 생각하는

---

[7] 2021년 7월 미국 대법원은 자해 및 공격적인 행동을 하는 환자에게 전기 충격 요법 사용을 금지하는 FDA의 결정을 번복하는 판결을 내렸다.(원주)

사람이 늘어나고 있다.) 제대로 이해하지 못하는 탓에 인터넷의 30초짜리 영상이나 그저 그런 시트콤의 등장인물만 봐서는 알 수 없는 삶과 뇌의 구조를 가진 실제 자폐인을 무시하고, 경시하고, 조롱하고, 아프게 한다. 모든 복잡하고 미묘한 차이는 무시되고, 실제 자폐인의 삶은 우리가 사회라고 부르는 거대하고 두껍고 다소 쿰쿰한 카펫 아래 깔려버리고 만다.

    자폐성 장애를 제대로 받아들이고 이해하려면 적어도 십 년은 더 필요하지 않을까. 그날이 오지 않은 지금, 우리는 수많은 문제에 봉착했다. 아동과 성인을 아울러 자폐인을 위한 의료적, 사회적 돌봄 정책이 부족하고, 끈끈한 거미줄처럼 걷어내고 치워야 할 괴담 같은 이야기는 천 개쯤 있으며, 자폐성 장애에 관해 시대착오적이거나 혼란스러운 관점을 가진 선의의 영혼은 이루 말할 수 없이 많다. 갈 길이 멀다. 하지만 당신은 그 길 앞에 섰다. 당신이 이 책을 집어 들었으니 희망은 있는 것이다. 우리가 다 함께 이 길을 나설 수 있을지도 모른다.

    나는 평생 자폐인이었다. 자폐인은 전부 마찬가지인데, 자폐성 장애는 '진행'되는 것도, 모종의 이유로 일상적인 의료 처치 후에 발생하는 것도 아니다. 우리는 자폐인으로 태어나고 자폐인으로 살다가 자폐인으로 죽는다. 하지만 핵심은 바로 이것이다. 나는 내가 자폐인이라는 사실을 항상 알고 있지는 못했다. 실제로 나는 자기 자신에 관한 이토록 중요한 정보를

2017년 말까지 짐작조차 못 하고 있었다.

그때까지 나는 내가 다른 사람들과 똑같다는 가정하에 생활해왔다. 다른 사람들과 똑같은 신경 전형인이라고 믿으며 34년을 살았다. 나는 신경 전형성에 맞는 행동 양식을 배우며 자랐다. 불가능할 정도로 어려운 상황에서도 정상인의 기준에 맞게 행동했다. 나는 『정글북』의 모글리 같았다. 나의 성정과 맞지 않는 세계, 끔찍한 위험이 도사리는 세계에서 살아가는 방법을 배우며 자라났지만, 내가 진정으로 속한 세계는 다른 곳에 있었고 미지의 영역이었다. 다만 모글리와 달리 내게는 이 여행을 도와줄 멘토나 안내자가 없었다. 정글의 법칙을 이해할 수 있도록 도와준 발루나 바기라가 없었던 것이다. 대신 혼자 모든 것을 깨우쳤고, 비자폐인의 언어를 배웠고, 수십 년 동안 벗지 않을 가면을 썼다. 태어난 후로 조금씩, 큰 어려움을 겪으며 사회적 상호 작용의 규칙을 알아냈다. 예를 들자면 다음과 같다.

▶ **규칙 1:** 무엇이든 직접적으로 요구해서는 안 된다. 이는 사회에서 절대 해서는 안 되는 행위다. 무언가를 원한다면 그것이 필요하다고 암시하거나 넌지시 알려야 한다…. 어떤 방식으로든.

▶ **규칙 2:** 좋아하지만 잘 모르는 사람일 경우 무시해야 한다. 친구가 되어가는 과정에서는 지극히 다정하게 대해야 하지만, 절친한 친구가 된 후에는 아주 못되게 구는 것이 정상이다.

▶ **규칙 3:** 성인 남자가 우정을 표현하려면 19세기 부두 일꾼도 얼

굴을 붉힐 만한 욕설과 모욕에 능해야 한다.

솔직하게 말해보자면 나는 이런 규칙을 깨달았을 때 신의 계시라도 받은 듯 놀랐다. 신경 전형인도 이 대목에서 내게 공감할 수 있겠지만, 나는 그 놀라움이 자폐인이 겪는 것보다는 훨씬 덜 비참하고 혼란스럽고 극복하기 쉬웠으리라고 말하고 싶다. 나는 조금씩 신경 전형성의 규칙을 깨우쳤다. 내가 보기에는 전혀 말이 안 되는 규칙이었으나 그럭저럭 잘 지낼 만큼 비자폐인의 게임을 해낼 수 있었다(나는 보드게임 〈클루〉[8]를 할 때도 상태가 이와 비슷하다). 전반적으로 나는 잘 살아남았다, 정말로. 그러니까, 내 삶은 극도로 피곤했고, 나는 무언가가, 어딘가가 매우 잘못되었다는 것을 알고 있었지만, 누군가가, 특히나 자신이 내 특이함을 추측하는 일은 없었던 것이다. 그러나 갑자기 상황이 바뀌기 시작했다. 승진이나 딸의 탄생 같은 일련의 거대한 (즐거워야 마땅한) 삶의 순간들이 나를 깊은 우울증에 빠뜨렸고, 불안감도 한껏 밀려들었으며, 정신 차리고 보니 나는 그 이유를 알고 싶어서 필사적이었다. 구글을 뒤져보니 심리학자들이 자폐인과 비자폐인을 식별하기 위해 사용하는 자가 진단 테스트가 있어 도움을 받았다. 테스트 점수가 32점 이

---

[8] 살인 사건의 범인, 장소, 도구를 추리하는 보드게임. 참가자 각각 용의자이자 탐정이 되어 다른 참가자들보다 빨리 진상을 알아내야 하므로 고려할 것이 많고 눈치도 봐야 해 다소 복잡하다.

상이면 병원 방문을 고민해야 한다는 뜻이었다. 나는 70점을 받았다. 바로 그날 의사에게 이메일을 보냈다.

이제 나는 내 현실을 안다. 나는 나와 똑 닮은 방식으로 세상과 세상의 기이함을 바라보는 다양한 자폐인 공동체의 일원이다. 온갖 주제에 관해 고난도 강연은 할 수 있어도 신발 끈은 묶지 못하고 양치하는 것을 깜빡해서 애먹는 극단적인 사연에 고개를 끄덕이며 공감하는 사람들, 세상에 맞춰 살아가는 삶이 얼마나 피곤한지 아는 사람들의 공동체.

'신경 다양성'과 '신경 전형성'을 모두 능숙하게 구사하는 나는 여기서 양측의 소통을 담당하고자 한다. 많은 사람이 오랫동안 간과했던 소수자들을 이해하도록 돕기 위해, 서로 딴판인 두 부류의 신경 인구 집단 사이에서 번역을 담당하고자 한다.

이 책에서는 온갖 괴담, 섣부르고 어설픈 이해, 진부하고 오래된 고정관념을 자폐인의 실제 삶의 경험과 대조할 계획이다. 자폐인의 실제 경험은 이런 거짓된 속설보다 훨씬 복잡하고 훨씬 매력적이다. 우리의 두뇌는 신경 전형성 집단과는 너무나도 이질적인 방식으로 작동하는 탓에 나는 때때로 그 이질성 앞에서 어안이 벙벙하다. 예를 들어 무언가 원하는 게 있을 때, 괴상하게 수동적이되 공격적인 방식으로 '암시'만 하는 것이 어떻게 사회생활의 기본 기술일 수 있을까? 우정을 키우고 살찌우는 가장 좋은 방법이 대답에 귀를 기울이지도 않을 거면서 끊임없이 "잘 지내요?"라고 묻는 것이라니, 어떻게 그럴 수 있을까? 많은 사람이 고독을(그저 '혼자 조용히 자기 생각에 잠기는 것'인데) 하고많은 감정 중 불행에 비유하는 이유는 또 무엇일까? 내 관점에서(약간 화난 자폐인의 관점이다) 이 모든 것은 그저 합리적 이성의 영역 밖에 존재한다. 그리고 나 역시 당신에게 그만큼 이상해 보이리라 확신한다.

이쯤이면 눈치챘을 것이다. 내가 약간… 성이 났다는 사실을. 이유야 차고 넘친다. 진단받은 이래로 자폐에 관해 참 많이 이야기했고, 글은 더 많이 썼다. 수백 명의 자폐인에게 내 이야기를 전했고, 더 중요하게는 그들이 공유한 경험담을 들었다. 내 두뇌는 거대한 스펀지 같을 때가 많다. 게임을 할 때면 아무도 관심 없는 쓸모없는 사실까지 습득하고, 한가롭게 산책을 할 때도 주변의 지극히 세세한 정보까지 수용하느라 눈이 돌아간다. 이야기를 들을 때도 상당 부분을 흡수한다. 그리고 이것은 즐거운 일만은 아니다.

어긋난 소통 때문에 대가를 치러야 할 때 느끼는 좌절감, 면접에서 호감 가는 인상을 주지 못해 직업적 기회를 놓치거나 거절당할 때 느끼는 실망감, 자폐 진단을 받아들이며 느끼는 끔찍한 혼란과 외로움. 나는 이런 무거운 감정들도 오롯이 받아들인다. 자폐인 중에는 공감력이 지나쳐서 마음에 감정이 차오르면 그것을 실감하면서도 어쩔 줄을 모르는 이들이 있다. 슬픔, 분노, 두려움, 절망. 내가 속한 자폐인 사회는 아파하고 있으며 오랫동안 아팠다. 이것이 내가 품고 있는 분노의 원천이자, 이 책을 쓰게 만든 에너지의 원천이기도 하다. 책 집필은 가장 순조로울 때도 간단한 일이 아니지만, 자폐인에게는 많은 어려움을 선사한다. 나를 추동하는 분노가 없었다면 한 장, 한 단락, 한 문장이라도 완성할 수 있었을까 의심스럽다. 분노는 동기 부여에 좋다.

이어질 내용은 이 비밀스러운 소수자 집단이 어떻게 삶을 운용하는지 알고 싶은 비자폐인 다수자 집단을 위한 안내서다. 나는 올바르게 행동하고 싶은 사람들, 세상을 모두가 접근할 수 있는 곳으로 만들기 위해 필사적으로 노력하는 사람들이 많다는 사실을 안다. (긴 대기 시간을 참을 수 있을지 모르겠지만) 자폐 진단 진료를 예약할까 말까 고민하고 있는 사람들이 있다는 사실도 알고, 나는 이 책이 그들에게도 유용하기를 바란다. 마지막으로 나 역시 신경 전형성의 세계는 그저 혼란스럽고 우스꽝스러울 정도로 비논리적이라고 생각한다는 사실을 깨닫고 기뻐할 자폐인들도 있을 텐데, 이 책은 그런 자폐인 독자를 위한 것이기도 하다.

나는 30년 넘도록 신경 전형성의 세계와 사고방식에 자유롭게 접근하며 살았다. 너무 깊이 잠복한 탓에 내가 잠복 중이라는 사실조차 깨닫지 못했다. 그러나 그 덕분에 자폐성 장애의 실체를 관찰한 기록을, 다른 자폐인 동료, 친구, 가족, 아이들의 상황을 개선하기 위해 **당신이 취할 수 있는 실질적인 조치를** 알려줄 수 있다. 오늘 당장 실천할 수 있는 일들. 자폐인들이 당신의 세계관에 더욱 확고하게 자리 잡을 수 있도록 사고방식을 약간만 바꿀 방법들.

간단한 예시를 들어보겠다. 자폐인이 스트레스를 받아 반복적인 움직임을 할 때 다르게 반응할 수 있다면 얼마나 좋을까? 우리는 이런 반복적인 움직임을 '자기 자극 행동stimming'이라고 부르는데, 직접 스트레스를 조절하는 데에 도움이 된다. 가령 자폐인이 스트레스를 많이 받으면 (편리하니까 나를 예시로 사용해보자) 스스로 진정하기 위해 골반을 흔들거나 발을 비비 꼴 수 있다. 나는 겨우 한두 시간 전에도 전화를 기다리다가 자기 자극 행동을 했는데, 효과가 아주 좋았다. 문제는 신경 전형성을 지닌 이들에게 예상에 없던 난데없는 움직임은 강한 의아함의 대상, 심지어 위험하다고 주의하는 대상이라는 사실이다.

자기 자극 행동은 주취나 임박한 폭력 등의 징후라 반드시 피해야 한다고들 해석한다. 그 결과 대부분의 자폐인은 이런 지극히 자연스러운 행동에 엄청난 수치심을 느낀다(반복적인 움직임이 우리를 진정시키는 이유를 이해하기 힘들다면 왜 긴장한 채로 통화할 때 이쪽저쪽으로 걸어 다니는지 자문해보기를…). 이런 행동에 수치심을 느끼는 것은 비합리적이며, 세상에서 환영받지 못한다고 느끼는 자폐인의 전반적인 소외감을 가중한다. 그들은 자기 자신으로 살지 못한다. 그들은 비판적인 다수에게 외면당할까 봐 두려워 항상 신경 전형성을 연기해야 한다. 하지만 중요한 사실, 인간은 기대를 조절할 수 있다. 조명이 어두운 실내에서 선글라스를 끼고 있는 사람이 있다면 그저 허세 부리는 것이 아니라 시각 장애인일 가능성을 떠올리는 것처럼. 우리는 시각 장애인을 향해 어느 정도 사회적인 공감을 형성하고 있으니까.

상상해보라! 자폐인에게도 공감해줄 수 있다. 공공장소에서 (공원 벤치에 앉아 몸을 흔들거나 작은 장난감을 만지작거리는 등) 자기 자극 행동을 하는 사람이 있다면 두려워하거나 피해야 할 대상으로 보는 대신 '아, 자폐인이구나'라고 생각할 수도 있는 것이다. 뭐, 꿈은 꿀 수 있는 거니까. 그보다도 아름다운 꿈은 (그리고 이 꿈을 실현하는 것이 바로 이 책의 목적이다) 모두가 실용성과 유용성을 발휘해 자폐인을 이해하려고 노력하는 세상의 도래다.

이 책은 내가 진단을 받은 이후 자폐성 장애에 관해 배운 모든 것을 담고 있다. 생각보다 훨씬 거대한 자폐인 공동체의 일원으로서 세상을 다시 배워나간 경험을 요약했다. 다만, 나는 그저 한 개인일 뿐이라 다양한 인구 통계 집단을 통째로 대변하는 것은 불가능하다. 나는 모든 자폐인을 대표해 이야기하는 것이 아니며 모든 자폐인이 똑같다고 믿지도 않는다. 그러나 나는 빨리 배우고 잘 듣는 사람이다. 그리고 자폐성 장애가 무엇인지, 자폐인 사이에 존재하는 공통점은 무엇인지 오랫동안 많은 정보를 수집했고, 그 정보가 이 책의 골조를 이루고 있다.

내가 다른 사람들의 입을 틀어막고 혼자 떠들기 좋아하는 거만한 저자라고 비난하지 않기를 바란다. 이것이 자폐성 장애에 관한 유일한 책은 아니며, 이 책에는 나의 견해, 나의 경험, 나의 이해가 담겨 있을 뿐이다.

1장 사회라는 그물

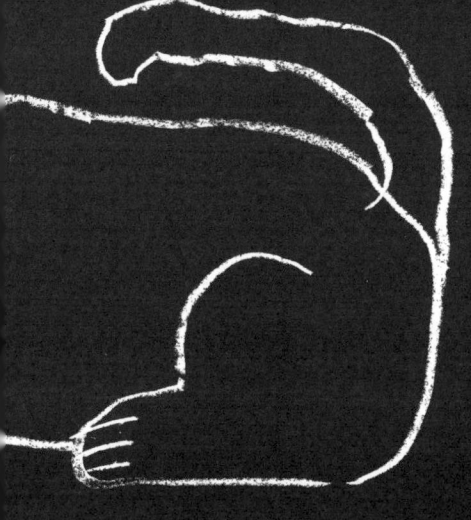

나에겐 너무 어려운 '스몰토크'

"안녕, 피트. 주말 잘 보냈어?"

일어날 일이라는 것을 알면서도 매번 충격에 얼굴을 찡그리게 된다. 그냥 도망쳐버리면 이상한 사람이라고 손가락질당하겠지? 그러니까… 바로 저기 계단이 있으니 그냥 후다닥 내려가서 문밖으로 나가 학교 진입로를 가로지르면 누군가가 눈치채기 전에 사라질 수 있지 않을까? 나는 체력이 좋지도 않고 커피가 든 거대한 머그잔과 시험지 한 뭉치를 들고 있긴 하지만, 상황이 심각한 만큼 어찌어찌 해낼 수 있을 것 같은데.

물론 나는 사회의 규칙을 잘 알고 있기에 이런 행동은 극단적이라고 명명될 것이며 실제로 도망갔다가는 직장 동료들에게 경계 대상이 되리라는 사실을 잘 알고 있다. 지금은 월요일 오전 7시 45분이고, 45분 뒤에는 수업 시작이니까 말이다. 이제는 인정해야 할 듯하다. 전형적이고 무해한 월요일 오전의 질문을 받고 숲으로 도망가는 식으로 반응하는 것은 아무래도 무리다. 그 대신 그저 질문에 대답해야 한다.

물론 솔직한 대답은 안 된다. 맙소사, 솔직하게 대답했다가는 얼마나 끔찍한 사회적 결례가 되겠는가! 설령 끔찍한 주말을 보냈다 해도 어렴풋하게 긍정적인 대답을 내놓아야만 한다(왜 그래야 하는지는 솔직히 말하면 서른아홉 살을 먹고도 아직 알아내지 못했다). 지나치게 긍정적으로 대답하는 것도 금물이다. 자랑하는 것처럼 보일 수 있으니까. 오늘 아침, 아직 커피 한 잔도 못 마신 이른 시간에, 나는 적절한 대꾸를 생각해내고 후속 질문을 처리해야 한다. 과거에 이런 상황에 잘못 대처했다가 불쾌한 결과를 맞닥뜨렸다. 나의 불안 증상(쿵쾅거리는 심장, 상승하는 혈압)은 우울할 정도로 친숙하다. 그러나 지금은 월요일 아침이고 누군가가 내게 질문을 했으니, 엉뚱한 대답으로 대화를 망치지 않도록 노력해야 한다.

시간이 흐르며 나는 이 질문에 대한 올바른 대응이 간단하고 무심하게 "응, 고마워"라고 대꾸한 뒤 일과를 재개하는 것임을 깨우쳤다. 이것이 바로 '스몰토크', 정보 전달이 아닌 사회적 목적으로 가득한 대화다. 그리고 이 대화는 굉장히 중요하다. 적어도 신경 전형성의 세상, 존재하는 모든 규칙이 만들어지는 그 세상에서는. 언어학자들이 즐겨 명명하는 대로 이런 '의례적 의사소통'의 목적은 소통이 발생하며 조금씩 사회적 관계가 원활해지는 것, 의미 있는 대화를 나누고 있다는 환상 속에서 두 사람 사이의 연결이 차츰차츰 가만가만 돈독해지는 것이다.

그리고 나 같은 자폐인에게는 정말이지 악몽이다.

게임을 새로 사면 처음에 필요한 정보가 전부 적힌 두꺼운 안내서가 함께 제공되던 시절이 있었다. 나는 어떻게 해야 하는지 정확히 알고 싶어서 게임을 시작하기 전에 안내서부터 자세히 살펴보고는 했다. 내가 이해한 바에 의하면, 자폐성 장애가 없는 사람에게는 태어나자마자, '사회적 상호 작용'이라는 게임에 돌입하기 전부터, 규칙과 지침, 팁, 요령으로 가득한 완전하고 유용한 팸플릿 같은 것이 (어떤 무의식적인 방식으로) 주어진다. 반면 나와 자폐인 친구들은 평생 아무것도 받지 못했고, 어떤 도움도 없이 '규칙'을 깨우치려고 노력해야 하며, 완전한 '삶' 경험으로부터 다소 비껴 있다고 느껴야만 한다.

실제로 자폐인은 비자폐인들이 자유롭게 손에 넣는 듯한 사회적 규칙 안내서 없이 성장했다고 느끼는 경우가 많고, 나는 이 비유를 필요에 따라 주기적으로 언급할 것이다. 우리는 신경전형성을 지닌 또래를 관찰하며 이 모든 것이 그들에게는 자동적으로 무심코 이루어지는 반면 자폐인은 하나하나 배워가며 분투해야 한다는 것을 깨닫는다. 그들에게 가벼운 대화는 박수만큼 쉬워 보이지만, 자폐인에게는 하루에도 몇 번씩 방해의 장벽이 된다. 왜 그럴까?

어느 정도 나이가 들어 스몰토크를 오랫동안 일상(주로 직장생활)의 한 부분으로 받아들인 자폐인은 이미 타인을 오해하고 타인에게 오해받은 경험을 많이 축적했을 것이다. 이는 자폐성 장애의 일반적인 특징이며 일상에 상당한 지장이 된다. 쉬이 이해받는다는 것은 비행기의 자동 조종 장치에 비유할 수 있다. 비자폐인에게 대화는 상대적으로 쉬운 일이다. 규칙 안내서를 본능적으로 이해하기에, 안전한 자동 주행 시스템에 일을 맡기고 목적지를 향해 침착하게 전진하는 여객기처럼 부드럽고 고요하게 대화의 흐름을 이어갈 수 있다. 똑같은 상호 작용이라 해도 자폐인 대다수에게 스몰토크는 자동 조종 장치도 없고 훈련도 거의 받지 못한 채 안개 속에서 (고층 건물로 가득 찬) 대도시를 통과하는 항공기를 조종하는 것처럼 느껴진다. 조종간을 움직일 때마다 기체가 온갖 예상하지 못한 방향으로 휙휙 방향을 바꿔 항상(정말로, 늘, 항상) 재난이 임박한 것처럼 느껴진다.

    사회가 인정하는 대화의 규칙은 적어도 내겐 처음에는 수수께끼였고, 규칙을 배워나가는 과정은 느리고 힘겨웠다. 전형적인 대화에는 말로 표현되지 않는 것이 많다. 몸짓과 표정만 두고 하는 이야기가 아니다. 소통의 상당 부분은 완전히 암묵적이고, 상대가 무슨 말을 하고 있든 그것을 이해하기 위해서는 정확한 추측이 필요하다. **바로 이 암묵적인 것들이 자폐인에게 가장 큰 문제가 된다.** 나는 영문학 전공자라 편견이 있을 수 있지만, 내 생각에 '이론상으로는' 자폐인은 암묵적인 이야기라는 개념을 이해하고 잘 받아들인다. 문제는 일상적인 발화의 속도와 복잡성이다. 비자폐인은 대화 속의 암시를 곧장 알아차리지만, 보통 우리는 인식하는 데에 더 많은 시간이 걸리기 때문이다.

    가령 내가 아끼는 누군가가 대화 중 이렇게 말한다. "아휴,

춥다." 나는 열린 창문, 눈이 15센티미터쯤 쌓인 창밖의 풍경, 그가 입은 얇은 티셔츠를 인식할 수 있겠지만, 그 말이 암시하는 바를 포착해 창문을 닫거나 스웨터를 건넬 확률은 정말이지 낮다. 그 말에 단순한 사실 선언 이상의 의미가 있다고 눈치채지도 못할 것이다. 그도 그럴 것이, 정말 내게서 무언가를 기대한다면 그렇게 애매하게 암시만 하는 대신 그냥 요구하지 않았을까? 모든 것에 지나치게 불확실성이 많다. 실제로 내가 그 의미를 알아낸다고 해도 당황한 상태로 자신의 추측을 의심하며 광기의 시간을 보낼 테고 ('그런 뜻이 아니라면? 내가 주제넘은 짓을 한 거면 어쩌지?') 그때쯤이면 그는 포기하고 직접 창문을 닫았을 것이다. 적어도 영어권 세계에서는 인간 상호 작용의 상당 부분이 짜증스러울 만큼 두서없고 까다로운 방식의 소통에 의존한다.

내 생각에 스몰토크는 암묵적 대화의 변주일 뿐이다. 모호한 첫 마디와 질문은("오늘 날씨가 참 따뜻하지 않나요?", "월요일 아침이네요?") 직접적이지 않다. 사실에 의거한 답변, 문자 그대로의 답변을 구하지 않는 것이 분명하다. 대신 여기서 정말 필요한 것은 비슷하게 모호한(사실 거의 의미가 없는) 응답이며, 그 후에는 대화에서 벗어나야 한다는 것을 이해해야 한다. 그리고 나와 자폐인 대다수는 일반적으로 이 암시를 놓치는 경향이 있으니, 왜 문제가 생기는지 알 수 있으리라. **"오늘 날씨가 참 따뜻하지 않나요?"** 라는 질문을 받으면 주변 온도에 따라 그렇다거나 아니라고 대답하는 것이 내게는 자연스럽게 느껴진다. 이것은 자폐인이 이상한 사람이라 생기는 짜증스러운 기벽이 아니다. 우리는 실제로 언어가 생성된 이유에 맞게 언어를 사용하는 것뿐이다. 그런데 내가 혹시라도 **"아뇨, 사실 좀 추운 것 같아요"**라는 식으로 솔직하게 대답한다면, 나는 즉시 이상하고, 다툼과 반대를 즐기는 사람으로 보일 것이다. 염병할 질문에 정확하게 대답했더니 벌을 받게 된 셈이다.

차라리 '선의의 거짓말'을 해야 하는 상황이었다면, 솔직하게 답변했다가 상대가 괴로워하거나 실망할 가능성이 있다고 생각해 거짓말을 해야 했다면 이토록 기분이 나쁘지 않았을 것이다. 하지만 따뜻한 날씨가 그 정도로 중요할까? 내가 아니라고 대답했을 때 맞닥뜨리게 되는 불편한 반응은 내 기준에선 그가 그 온도를 맞추기 위해 굉장히 노력한지라 뿌듯해하고 있으며 유지하기 위해 전력을 다하고 있었는데 내가 어깃장을 놓은 상황이어야 말이 된다. 새로 산 드레스의 매무새에 신경 쓰듯. 그러나 이 경우는 완전히 다르다. 실질적인 불만이나 감정 때문에 불편한 것이 아니라, 그저 관례를 따르지 않았기 때문에 불편한 것이다.

사람들 대다수가 얼마나 관례를 중요하게 여기는지 떠올리면 정말이지 우습다. 나는 자폐인으로서 정형화된 일과나 익숙함의 가치는 이해할 수 있지만, 판에 박힌 뻔한 대답이 필요한 이유는 모르겠다. 스몰토크는 사회적 의사소통으로서 '의사소통'보다는 '사회적'이라는 단어에 무게가 실려 있으며, 대화의 내용보다는 대화를 통한 연결 그 자체가 중요하고, 침묵을 향한 거부감도 중요한 요소라는 사실은 안다. 그건 그렇지만 내가 대본을 거부하면 받게 될 부정적인 반응은 너무 과하다. 가벼운 대화, 급속도로 관계와 예절을 다지기 위한 수단이 이토록 쉽게 자폐인의 일상을 망칠 수 있다는 것은 시스템에 심각한 결함이 있다는 뜻이겠지만, 자폐인 대부분은 이 불공평한 상황에 어깨나 한 번 으쓱할 뿐이다. 너무나도 흔하기 때문이다.

복사기 앞에 선 내게 동료 한 명이 다가와 주말 잘 보냈냐고 묻는 가상의 월요일 오전으로 돌아가자면, 기대되는 바는 명확하다. 선량한 동료는 "잘 보냈어, 고마워" 같은 대답을 기대할 것이다. 내가 기대를 충족해주면 그 사람은 대화가 성공한 듯해 만족할 테고 나는 정직하지도 신실하지도 않은 소통에 불만한 채로 상호 작용이 중단될 것이다. 이런 종류의 상호 작용으로 인해 스트레스를 받고 불쾌했던 순간을 복기할 때 가장 마음이 쓰린 사실은 정직할 수 없다는 것이다. "잘 보냈어, 고마워"라고 대답하면 거짓말을 두 개나 하는 셈이다. '잘 보냈어'라는 첫 번째 거짓말. 내 주말은 끔찍했고 여전히 기분이 좋지 않으니까(그래서 엄청난 양의 커피를 준비한 것이다). '고마워'라는 두 번째 거짓말. 나는 아무것도 고맙지 않다. 차라리 아무 말도 하지 않는 편이 나으련만 내 감정에 대해 거짓말하게 되지 않았나.

이 시점에서 내가 생각이 과하다는 느낌이 들기 시작했다면, 나 역시 수긍할 수밖에 없겠다. 바로 그것이 문제다. 과한 생각은 자폐인의 특성, 진단 기준에 포함되지 않는다는 사실이 놀라울 만큼 뚜렷한 특성이다. 잠시 시간을 내어 지금까지 몇 장이나 읽었는지, 내가 스몰토크라는 단 한 가지 상호 작용에 얼마나 많은 분량을 할애했는지 알아보시라. 이 짧은 시간 동안 내 머릿속에서 휘몰아친 폭풍 같은 활기와 격동의 증거라고도 할 수 있다.

스몰토크가 드물기라도 했다면. 그러나 실제로는 매우 빈번하며, 내가 15년 동안 그랬던 것처럼 직원이 많은 직장에 다니고 있다면 불만족스럽고 스트레스 심한 상호 작용이 하루에도 여러 번 발생하리라 예상할 수밖에 없다. 스몰토크에 어려움을 겪는 자폐인이라면 결국 엄청난 혼란의 장벽에 부딪히고 만다. 내가 밤에 잠을 못 자는 것은 이런 순간들 때문이다. 불편함을 삼키고 대본에 맞게 대답해야 한다는 것을 깜빡하고 위험하게 활강 코스를 벗어난 순간들. 심각한 경우에는 실제로 숲으로 도망쳐 키가 엄청나게 큰 다람쥐로서 새로운 삶을 꾀했다. 나는 스트레스를 많이 받을수록(앞으로 알게 되겠지만 스트레스는 내 삶의 큰 부분을 차지한다) 규칙을 잊어버리고 바보짓을 하곤 한다. 한 가지 특별한 예시가 떠오른다. 그것이 유독 부끄러웠기 때문은 아니고, 대화에 참여한 신경 전형인이 규칙 따르기에

'실패'한 나를 예상외로 잘 대해줬기 때문이다.

크리스마스 연휴 전날이자 학기 마지막 날, 나는 성적을 매겨야 할 학생들의 과제를 가득 담은 가방을 들고 학교 건물을 나서는 길이었다. 교장 선생님이 문 옆에 서 있었기에 대화를 피할 수 없었는데, 그때 나는 정말이지 상태가 안 좋았다. 그는 이런저런 이야기를 짧게 나누다가, 스트레스 심한 가정 환경으로 돌아가야 할 아이들이 걱정된다고 말했다. 그 애들에게는 되려 학교가 안전하고 평온한 곳이었다. 당시 나는 아기가 태어나 잠도 못 자고 집에서 너무 힘든 시간을 보내고 있었는데, 아무 생각 없이 불쑥 내뱉고 말았다. "저도 그래요. 직장이 더 안전한 공간, 평온을 즐길 수 있는 공간이 됐다니까요. 수업도 스트레스가 많지만, 집에 있으면 정말이지 지쳐요. 끝나지 않는 악몽 같아요."

놀랍게도 나는 지나치게 내밀한 속내를 공유하는 동시에 내 핵심 과업이 내게 심각한 문젯거리라는 사실을 고백하고 만 것이다. 그것도 크리스마스를 앞두고, 딱히 가깝거나 친하다고도 할 수 없는 교장에게. 그는 대단하게도 이 급작스러운 고통 선언을 묵묵히 받아들이고 정말 힘들 것 같다는 한두 마디 말을 건네 공감을 표현했다. 나는 서둘러 차에 타서는 운전대 앞에서 짧지만 강렬한 공황 장애를 겪은 뒤 시동을 걸었다. 이 대화의 기억은 크리스마스 휴가 내내 나를 괴롭혔고, 맥주 한두 잔을 마신 저녁에만 잠시 흐릿해질 뿐이었다. 그 순간을 하나하나 복기하며 새해에 그가 어떻게 반응할지 추측하느라 정신이 없었다. 내게는 익숙한 일이다. 일어날 만한 결과를 하나하나 점치며 실현될 경우 어떻게 대응할 것인지 고민한다. 닥터 스트레인지가 어벤져스가 승리할 미래를 찾아내기 위해 수백만 개의 미래에 방문하는 것과 마찬가지다.

'실패한' 소통을 이렇게 강박적이고 과도하게 분석하는 상황이 특수하거나 일회적이지 않다는 사실을 유념할 것. 원래 그렇다. 적어도 나는, 비슷한 이야기를 들려줄 수많은 자폐인은 그렇다. 사실 이 예시에서는 상사와 직원의 관계라는 특이성 때문에 걱정할 만한 이유가 충분했다. 슬픈 사실은 내가 사소하고 무의미한 대화만 잘못되어도 심각한 수준으로 과도한 분석을 한다는 것이다. 가령 이름조차 기억하지 못하는 데면데면한 동료에게 휴일 동안 식중독에 걸려서 고생했다며 어떤 음식을 먹었는지 상세하게 설명했을 때도 마찬가지였다. 왜 그랬냐고? 뭐, 길거리에서 마주쳤는데 그쪽에서 휴일 동안 잘 지냈냐고 물어봤으니까. 그는 충격을 받은 채 자리를 떴다. 나도 마찬가지였고.

이 대화는 결코 실질적인 악영향을 끼치지는 않을 것이며 나는 그 당시에 그 사실을 잘 알고 있었다. 분명 당황스럽고 어떤 면에서는 우습기까지 한 사건이었지만, 결코 심각한 문제로 이어지지는 않을 터였다. 그렇지만 나는 몇 주, 어쩌면 몇 달 동안 내 '실패'에 완전히 집착했으며(그리고 이것은 진단받기 몇 년 전인 2008년경이었다), 실패한 대화가 어떻게든 끔찍한 결과로 변하리라고 확신했다. 물론 그렇지는 않았다. 그러나 아직도 이따금 걱정스러워진다.

교장 선생님의 경우, 봄 학기가 시작된 후에도 내가 지나치게 많은 것을 공유한 연말의 여파는 딱히 없었다. 직업적 상황이 악화한 것은 주로 자폐 진단 때문이었고, 그 대화가 특별한 역할을 했다고 생각하지는 않는다. 그러나 내가 눈치챈 변화 한 가지는 그 후로 상사에게 다가가기가 훨씬 쉬워졌고 그가 오랫동안 큰 지원을 쏟아주었다는 것이다. 가벼운 대화의 본질을 판단하지 못하는 나의 자폐적 무능력에 그가 최선의 방식으로 반응했다고 생각하고 싶다. 과감하게 대본에서 벗어났다는 이유로 나를 판단하지 않고 내 대답을 액면 그대로 받아들이고 인정한 것이다. 더 많은 사람이 이렇게 반응할 수 있다면 자폐인들은 더 큰 편안함을 느끼기 시작할 것이다.

어렵고도 어려운 '대화'

다들 말하기를 즐기는 것 같다. 정말이지 한껏, 정말이지 자유롭게 떠들고 즐긴다. 수반되는 위험 따위 전혀 인식하지 못한 채. 별다른 근심 걱정 없이 대화를 나눌 수 있다면, 대화를 또 하나의 소소한 즐거움으로 여기며 인생을 살아갈 수 있다면 분명 환상적이겠지. 안타깝게도 다른 사람과(특히 비자폐인과) 대화할 때는 자폐인 대부분에게 함정이나 위험이 될 만한 것이 너무 많아서 비자폐인이 상상하기 어려운 만성적이고 지속적인 트라우마를 입게 된다. 문제는 흔히 그렇듯이 모든 사람이 준수해야 하지만 '명시되지는 않은' 모순적인 규칙에 있다. 영국의 헌법이 불문법인 것과 마찬가지로 대화의 규칙은 극도로 모호하고 선례에 의존하는데, 전부 자폐인에게는 적합하지 않은 특성이다. 우리 자폐인은 사람들과 대화할 때 위기에서 위기로 추락하는 기분일 때가 많다. 속으로 일어날 만한 문제를 상상하고 상황의 모든 요소를 분석하느라 머리가 핑핑 돌 지경이다.

대화는 작동 방식 상당 부분이 불분명하다. 말 주고받기가 좋은 예다. 모든 대화는 말이 오고 가야 한다는 생각을 바탕으로 이루어지며, 사람들은 대부분 언제 차례가 바뀌는지 암묵적으로 아는 것 같다. 다만 나는 모른다. 나는 언제 내 차례를 즐겨도 괜찮은지 모르기에 문득 정신을 차리면 나 자신이 아무 말 없이 앉아 명확한 시점이 나타날 때까지 오랫동안 열심히 기다리고만 있다는 사실을 인식할 때가 많다. 어떤 주제에 관해 내 의견을 개진할 수 있을 만한 시점이 되었다고 느낄 때면 대화는 이미 멀리 물러간 후라 나는 홀로 나누지 못한 생각을 키우게 된다.

그런데 세상에는 마음대로 끼어들어도 되는 사람들이 있는 것 같더라. 대화의 방향을 자기가 선호하는 쪽으로 휙 틀어도 다들 그 무례에 눈에 띄게 짜증을 표하지 않는다. 나 역시 몇 번 이 재간을 발휘하려 시도한 적이 있는데, 매번 내 오만에 경악하고 화가 나서 찡그린 얼굴들을 맞닥뜨려야 했다. 나는 혼란에 빠진 채 물러나서 조용히 사과했고, 모두에게 방해해도 된다고 허락받은 사람들은 어떤 마법의 기운에 힘입은 것인지 궁금해졌다. 사실 신경 전형적 대화의 말하기 차례에 있어 딱히 식별할 수 있는 논리가 있는 것은 아니다. 차례는 단지 바뀔 뿐이며, 꽤 순조롭게 바뀌어 상호 작용이 잘못될 확률은 높지 않다. 다만 내가 주변에 있다면 그 가능성은 수십 퍼센트포인트쯤 높아진다. 이러한 규칙은 나의 자폐성 뇌에 내장되어 있지 않다. 어떤 모종의 이유로, 내가 따르는 일련의 규칙은 당신이 따르는 규칙과 결코 양립할 수 없다. 우리는 마치 서로 다른 언어를 사용하고 있는 셈이다.

많은 자폐인이 공유하는 특징은 자신의 특별한 관심사에 관한 정보를 공유하려는 욕구다. 나는 이 책의 뒷부분에서 이러한 관심사가 어떻게 작동하고 그것이 어떤 이점을 가져오는지 더 자세히 설명할 것이다. 지금은 **우리가 특정한 주제에 관해 아는 지식과 느끼는 열정을 전부 공유해야 한다는 사실을 알아달라!** 우리는 최고의 이타주의자라 자기 관심사에 관해 이야기하고 싶은 것이다. 당신도 우리만큼 많은 정보를 누리고 매료되기를 바라니까. 많은 성인 자폐인은 상대방이 자신만큼 열정적이지 않다는 사실을 어렵사리 깨우쳤을 테고, 따라서 자기 관심사를 언급하지 않으려고 애쓸 것이다. 문제는 우리만큼 자신이 좋아하는 것에 열정적인 사람 중에 신경 전형성을 지닌 이는 거의 없다는 것이다. 그들이 우리만큼 강렬한 관심을 가지는 것이 가능하기는 할까, 나는 자주 궁금해지곤 한다.

    문제는 우리가 너무 흥분하는 경향이 있다는 것, 상대는 우리의 슈퍼 마리오나 뜨개질을 향한 애정에 공감하지 못한다는 것을 종종 망각한다는 사실이다. 결과적으로 우리는 〈슈퍼 마리오 브라더스 3〉가 여전히 시리즈 최고의 작품인 이유에 관해 열정적으로, 어쩌면 다이어그램까지 곁들여서 아주 상세하게 설명하게 되고, 돌아오는 반응은 경계심과 두려움, 그나마 나은 경우 전적인 지루함이다. 우리는 다른 사람의 감정을(사실을 고백하자면 우리 자신의 감정도) 식별하는 데에 어려움을 겪지만, 장담하건대 자폐인 대부분은 결국 옆에 있는 사람의 얼굴에서 지루함을 읽어낼 것이다. 보통은 제발 좀 입 닥치라는 말이 곁들여지는 법이니까. 상처 주는 말이다. 우리는 우리의 관심사를 사랑하며 그것이 논의할 가치가 있는 유일한 주제라고 간주하고(스몰토크보다는 확실히 낫지 않나?) 관심사에 관해 이야기하는 경험을 지극히 기꺼워하며 카타르시스를 얻고 스트레스를 해소하니까.

    나는 신경 전형성의 세계가 사람이 어떤 주제에 관해 얼마나 열정적이어도 '괜찮은지' 임의적으로 제약을 가한다고 느낀다. 이 선을 넘는 것은 장례식에서 부적절한 농담을 하는 수준의 사회적 실수지만 실제적이거나 중요한 근거가 있지는 않다. 진지함을 일종의 기준으로 삼아 사람들을 걸러내는 것 같다. 적어도 영국에서는 그런 진지함이 결함처럼 간주되어 다수에게 받아들여지지 못한다. 인류학자 케이트 폭스는 저서 『영국인 발견』에서 매우 설득력 있게 이 주장을 제기했다. 개인의 수행에 덜 무심한 다른 국가에서는 깊은 지식을 공유하려는 자폐인의 욕구가 더 잘 받아들여질까 궁금해진다. 그러나 비자폐인들은 특정 주제에 대한 자폐인들의 열정에는 눈살을 찌푸리면서도 축구 전문가라는 이들이 오랫동안 경기의 자잘한 것까지 낱낱이 분석하는 토론은 즐겁게 지켜보거나 몇 날 며칠 동안 테일러 스위프트의 전곡 가사에 더해 그의 일생까지 외우고 있으니 과연 아이러니하다.

    자폐인인 나의 관점으로 보면 실질적인 의사소통의 문제는 어떤 방식으로든 신경 전형성과 다양성 사이의 경계를 넘어갈 때 발생하는 것 같다. 자폐인 사이에는 우리 나름의 '규칙'에 관한 이해가 있기에(혹은 더 큰 관용을 발휘해 다양한 방식의 말하기를 포용하기에) 동료 자폐인과의 대화가 훨씬 쉬우며, 신경 쇠약이나 탈진의 확률도 낮다는 합리적이고 일관된 합의가 있다. 자폐인은 다른 자폐인의 특별한 관심사에 귀 기울이는 능력도 훨씬 좋은 것 같다. 특별한 관심사가 우리에게 얼마나 중요한지 고려하면 이는 유용한 특성이다. 대조적으로, 전형성과 다양성 사이의 장벽을 넘기란 매우 어려우며 양측 모두에 불만을 불러일으킬 가능성이 높다. 이 문제의 원인이 오롯이 자폐인에게 있는 것처럼 묘사되는 경우가 잦아, 우리는 이런 차별을 흡수하고 내면화했다. 우리 때문에 자꾸 문제가 생기는 것이니 우리가 바뀌어야 한다는 패배주의적이고 비참한 사고방식에 젖어들기란 너무 쉽다(왠지 나는 이런 류의 변화가 불가능하며, 만약 가능하더라도 분명 오랫동안 지속할 수 없으리라는 확신이 든다).

사실 대화라는 얼기설기 얽힌 덤불길은 양방향이라(얽히려면 두 사람이 필요하니까) 신경학적 전형성을 타고난 사람들도 우리와 마찬가지로 타협해야 한다. 자폐를 연구하는 데이미언 밀턴 박사는 '이중 공감 과제double-empathy problem'[9]를 주제로 장문의 설득력 강한 글을 쓴 바 있다. 그는 자폐인이 신경 전형성의 관점을 이해하는 데에 어려움을 겪을 수 있지만 그쪽 역시 우리를 이해하는 일이 어렵다는 사실을 파고든다. 차이점이라면 우리는 자신의 분투를 극도로 예민하게 인식하고 이질성을 보상하기 위해 노력하는 반면, (지극한 존중심을 품고 하는 말인데) 그쪽에서는 이런 염병할 현실에 관해 어렴풋한 자각조차 없는 것 같다.

가장 좋은 결과는 중간에서 만나는 것이다. 자폐인들이 비

---

[9] 자폐인은 공감력이 부족하다는 통념이 있으나 실제로는 그렇지 않으며 다만 감정을 나타내고 소통하는 방식이 비자폐인과 다를 뿐이기에, 자폐인과 비자폐인 모두에게 서로의 공감 방식을 배워야 한다는 과제가 있다는 이론.

자폐인들의 이상한 규칙과 선호도를 이해하려고 노력하듯 그쪽에서도 이해를 위해 동등한 수준의 노력을 기울여야 한다. 그러면 우리는 원활하게 대화를 나누지는 못할지언정 적어도 실수로 인해 지나치게 화를 내는 일은 없으리라. 우리에게 이야기할 공간을 주고, 참여하고 싶은지 물어봐달라. 우리가 무심코 끼어들었다 해도 용서해주고, 제다이의 역사와 그들의 다양한 전투 방식에 관해 이야기하기 시작하며 지루함으로 일그러진 상대의 표정을 뜨거운 열정으로 착각하더라도 친절하게 대해달라.

가면 쓰기

서구 사회의 '시선을 맞추는' 문화에는 어딘가 기이한 면이 있다. 적어도 자폐인인 내가 보기에는. 순식간에 끝나는 애매한 교류에 너무나도 큰 가치를 부여하는 것 같다. 일반적으로 가장 중요한 원칙은 눈을 맞추는 사람은 믿을 만한 사람이라는 것인 듯하다. (거짓말쟁이는 눈을 맞추지 못하고, 그것이 그들의 고유한 약점이라는 듯한) 그 괴상한 믿음에 의문을 제기할 생각일랑 추호도 없지만, 시도 때도 없이 눈을 맞출 수는 없는 이유가 하고많기에 시선 맞추기에 높은 가치를 부여하는 것은 현명한 처사가 아니라는 사실을 언급하는 것만으로 충분하지 않을까. 그러나 내게는 우리 사회의 집단적 태도를 바꿀 힘이 없다. 마음에 들든 듣지 않든 현실은 신경 전형성의 세계에서 시선 맞추기가 굉장히 중요하며 종종 그것을 기반으로 중요한 결정을 내리기도 한다는 것이다. 이는 우리 자폐인에게 심각한 문제가 된다.

있지, 우리는 시선에 너무 예민해서 눈을 맞추면 진한 친밀감을 나누는 것처럼 느껴지기도 한다. 한순간 이상으로 동공과 동공이 직접 서로를 향하게 하는 행위는 옆에서 방귀도 낄 수 있을 만큼 친밀한 상대와 할 만한 일이다. 그 누구보다 가까운, 그 어느 것보다 귀한 관계에, 파트너나 남편, 아내, 아이들에게 한정된 행위다. 가장 절친한 친구들조차 내가 시선을 피하는 경향이 있다고 말할 것이다.

왜 그럴까, 설명하기 힘들다. 그도 그럴 것이, 자폐성 장애의 면면을 전부 설명해주는 공식적인 팸플릿 같은 것은 없으니까. 우리 자폐인도 직접 알아내야 했고, 나는 그 모든 고민을 외부 세상에 설명하려 애쓰는 수많은 대변인 중 한 명일 뿐이다. 하지만 그럴듯한 설명이 몇 가지 있는데, 그중 가장 뻔한 주장은 다른 사람과 굉장히 다른 우리 신경계가 야기한 성향 중 하나라는 것이다. 우리가 스몰토크에 관심이 없고, 모호하지 않은 분명한 언어를 선호하는 것과 비슷하다. 시선 맞추기를 일종의 몸짓 언어라고 봤을 때, (우리에게는) 소통에 있어 시선이 갖는 의미가 매우 다르다. 신경 전형성의 세계에서 그렇듯 '나는 당신을 신뢰하고 당신의 말에 귀 기울입니다'라는 뜻이 아니다. '나는 당신을 아주 깊이 믿고 좋아하며, 아마 당신은 내가 몇 년 동안 눈동자를 들여다보고 싶은 유일한 사람일 거예요'라는 대대적인 애정 고백에 가깝다.

한편 우리의 감각 민감성과 관련이 있다는 주장도 있다. 자폐인 상당수는 감각이 독특한 방식으로 조정되어 있는 듯하다. 모든 접촉, 빛, 소리, 냄새가 죄다 지나치게 강렬하고 끔찍하게 느껴질 때도 있지만, 정반대로 모든 것이 무감각하고 이상하게 마비된 듯 조용하게 느껴질 때도 있다. 그러나 우리는 '과민성'에 관해 이야기할 때가 더 많다. 왜냐하면 과민성이 우리 삶에 더 크고 해로운 영향을 미치기 때문이다. 누군가의 손길이 닿을 때마다 아프다고 상상해보라. 모든 빛이 눈부실 정도로 밝거나 모든 소리가 증폭되어 두렵고 충격적으로 느껴진다면 어떨까. 자폐인에게는 허다한 일이다. 스트레스 수준이 높을수록 민감도도 높아지는 듯하다. 적어도 나의 경우에는 그렇다. 내키지 않는데 시선을 맞춰야 할 때 이런 식의 고통을 느낀다고 말하는 자폐인이 많다. 마치 태양을 쳐다보는 것과 비슷하지만 따스하지는 않다. 오랫동안 억지로 눈을 마주쳐야 하는 자폐인은 (가령 특정한 환경의 학교에 다니는 어린이) 너무 불편해 '심리 탈진meltdown'[10]을 겪을 수도 있다. 이것은 일반적으로 감각 과부하 상태가 주는 느낌과 유사하며, 우리가 이토록 열심히 시선을 피하는 이유가 된다.

[10] 스트레스가 극에 달했을 때 자제력을 잃고 소리를 지르거나 발을 구르는 등 격심하게 반응하는 현상.

어쨌든 시선 맞추기는 분명 우리 자신에게 강요할 만한 일이 아닌데, 우리는 주변 사람들에게 안정감을 주기 위해 매일 타인과 눈을 맞춰야 하는 사회에 살고 있다. 사람들은 자신이 우리에게 요구하는 일이 얼마나 끔찍한지 알지도 못한다. 자폐인은 시선을 피한다는 한 가지 특성만으로 무례하거나 회피적인 사람, 신뢰할 수 없는 사람으로 분류되는 일이 잦다. 그리고 우리는 신경학적 전형성의 세계에서 그나마 덜 고통스러운 생활을 해나가려면 이따금 눈을 마주칠 수밖에 없다는 사실을 매우 빨리 습득하게 된다. 이런 소모적이고 힘겨운 행동, 다수를 기쁘게 하기 위한 행동을 '위장' 혹은 그보다 빈번하게 '가면 쓰기masking'라고 부른다.

가면 쓰기는 자폐인이 인생 어느 시점에서 배울 수밖에 없는 기술이다. 그것은 종종 어린 시절에, 자신은 분명 어딘가가 잘못되었다는 사실을 깨닫는 순간부터 시작된다. 자신의 사회적 기술이 잘 먹히지 않고, 도무지 상황 파악을 하지 못하는 경우가 많으며, 친구를 사귀고 우정을 유지하는 시도가 또래보다 서투르거나 성공적이지 못하다는 사실을 눈치챈다. 관심의 깊이와 그 열정을 표현하는 방식이 다른 사람들에게 포용되지 못한다는 사실, 우리의 감각적 민감성이 사람들의 짜증을 유발하며 그들은 좀처럼 이해해줄 생각이 없다는 사실을 알게 된다. 우리는 이런 원인이 일부 혹은 전부 작용해 잘못된 대우를 받을 때가 잦다. 괴롭힘을 당할 때도 있다. 심지어 학대를 받기도 한다. 보아하니 생사가 걸린 문제라 우리가 적응해야 한다는 것이 명백해지고, 보통 다른 사람의 도움 없이 스스로 가면 쓰는 법을 배운다.

우리는 일종의 페르소나를 내세우는 법을 깨우치는데(우리의 관찰력 뛰어난 뇌가 타인을 보고 눈치챈 사실들에 기반한 것이다) 그 목적은 우리 주변 사람의 기분을 맞춰 괴롭힘이나 공격을 중단하려는 것이다. 에이미 피어슨 박사나 키런 로즈 같이 자폐성 장애에 관해 이야기하고 연구하는 이들이 명확히 밝힌 것처럼, 가면 쓰기는 무엇보다도 트라우마 반응이다. 비자폐인의 세상에서 자폐인으로 살아가며 종종 치러야 하는 대가를 피하려는 노력의 결과다. 이것은 공격자에게 아첨하는 행위다. '당신이 원하는 사람이 될 테니 해치지만 마세요'라는 잠재 의식적인 메시지다. 가면 쓰기는 매우 성공적인데(특히 독학으로 깨우치는 경우가 일반적이라는 점을 고려하면) 이것이 그토록 많은 자폐인이 진단의 그물망을 빠져나간 뒤 나중에야 자신이 신경 다양성의 세계에 속한다는 사실을 깨닫는 이유다. 그들은 부지불식간에 다른 사람들을 속이는 데에 능숙해진 나머지 자기 자신도 '속이는' 것이다.

나는 그랬다. 어린 시절을 돌이켜보면 대략 다섯 살 때부터 가면을 쓰기 시작했던 것 같다(내가 직접 선택한 바가 아니라 전부 무의식적인 결정이었다). 처음 학교에 다니며 다른 아이들을 더 많이 상대해야 했던 시기였는데, 아이들은 분명 자폐인인 나를 불쾌해했던 것 같다. 나의 가면 쓰기는 매우 빠르게 발전했다. 나는 가능한 한 공격성을 드러내지 않고 눈에 띄지 않으려고 노력했는데, 어린 마음으로 이것이 나의 명백한 약점 때문에 공격받는 상황을 피할 수 있는 가장 쉬운 방법이라고 판단했으리라. 그래서 배경으로 녹아들어 병풍 같은 존재가 되었다. 소란을 피우거나 더 나쁘게는 '야단법석'을 떨지 않으려고 했다. 나는 종종 나를 알아봤거나 기억하는 선생님이 있는지 궁금해진다. 아마 없을 것이다.

나의 어린 시절은 그런 식이었다. 자폐인은 (친구라든가 좋아하는 가상의 인물을 관찰해) 마치 레고 블록을 쌓는 것처럼 자신이 관찰한 성격 요소를 쌓아 가면을 만든다고 한다. 확실히 공감할 수 있는 이야기다. 나는 수집가처럼 정성스럽게 성격을 연구했고(지금도 연구하지만 적어도 내가 무엇을 하고 있는지 제대로 인식하고 있다), 새 청바지를 사러 상점에 방문한 듯 이것저것 시도하곤 했다. 시간이 흐르며 가면은 나 자신과 분리되어 자신의 성격만큼 복잡해지기 시작했다. 나는 이 만들어진 가면이 전면적인 사기나 거짓이라고 말할 마음은 없다. 고의적이지 않았고 혼란을 주기 위해 고안한 것도 아니기 때문이다. 그러나 그것은 가식의 껍데기였다. 대본이 없을 뿐 연기이고 수행이었다. 흥미롭게도 신경 전형인들 역시 가면을 쓴다. 우리는 그것을 '자신감'이라고 부른다. 가령 파티에서 내성적인 사람이 '용감한 척 가면을 쓰는put on a brave face' 모습을 흔히 볼 수 있지 않은가. 그러나 이들에게 가면은 선택에 가깝다. 자폐인이 흔히 느끼는 것처럼 생사가 걸린 문제는 아니다. 우리는 파티에 있는 사람에게 맞추려고 가면을 쓰는 것이 아니라 **인간성이라는 관념에 맞추려고 가면을 쓰는 것이다.** 우리의 가면에는 훨씬 더 큰 이해관계가 얽혀 있다.

    그래서 가면 쓰기가 너무나도 피곤하다. 누구에게든 온종일 연기하라고 기대할 수는 없다. 다니엘 데이루이스[11]조차 몇 년 동안 줄곧 한 역할을 연기해야 한다면 힘겨우리라. 하루 오후만 지나도 휴식이 절박한 상태가 되어 대기실로 숨어들고 싶지 않을까. 사람들과 어울릴 때, 직장에서 일할 때 가면을 써야 한다면 어마어마하게 에너지가 소모된다. 집에서 한참 떨어진 곳에서 버스를 탔는데 너무나도 추워 스마트폰에 전기 히터를 연결해 추위를 달래고 있다고 상상해보라. 곧장 폰 배터리가 10%로 떨어져 당황하게 되지 않을까. 다만 방전을 앞둔 폰은 바로 당신인 것이다. 이렇게 설명하면 항상 가면을 쓰는 기분이 어떤 것인지 조금 더 쉽게 이해할 수 있겠지. 사람들은 직장에서 긴 하루를 보내고 귀가해 신발이나 브래지어를 벗는 기쁨을 두고 농담을 한다. 자폐인의 가면도 마찬가지다. 문을 열고 들어와 가면을 소파로 던져버리고 진짜 자아에게 더 자연스러운

---

[11] 70년대부터 활동한 영국의 명배우로, 특히 카메라 밖에서도 배역에 일체가 되어 몰입하는 메소드 연기 방식으로 유명하다. 〈데어 윌 비 블러드〉, 〈나의 왼발〉, 〈팬텀 스레드〉 등이 대표작.

자세로 휴식하도록 허락하는 기쁨이란.

나는 자폐성 장애 진단을 받은 후에도 줄곧 교사로 일했는데(이미 10년 차 교사였다) 수업하는 나는 또 다른 형태의 정교한 가면을 쓰고 있다는 사실을 금세 알게 되었다. 표정부터 목소리까지 전부 연기였다. 가면 위에 또 다른 가면을 쓰고 있었달까. 어릴 때부터 쓴 가면은 동료들과 수다를 떨거나 회의에 참석하는 등 교사 일에 수반하는 일상적인 사회적 교류를 다룰 때 썼다. 열네 살짜리 학생들 서른 명이 교실에 가득할 때 쓴 가면은 달랐고, 훨씬 더 공연에 가까웠고, 훨씬 더 외향적이었고, 결과적으로 훨씬 더 피곤했다. 수업을 마치고 학생들이 떠나자마자 나는 완전히 지치고 쓸쓸해져 의자에 주저앉고는 했다. 내게 전형적인 휴식은 혼자 앉아서 쉬는 것이었지, '교직원 휴게실에서 친구들과 이야기를 나누는' 것은 아니었다. 너무 애쓰는 바람에 편두통이 시작되는 것을 방지하기 위해 '눈을 감고 가만히 앉아' 있는 방식에 가까웠다.

세상에는 자폐인 교사가 굉장히 많고 나는 그들을 깊이 존경한다. 가면 쓰기와 회복의 주기를 반복하는 일상은 지속 가능하지 않으며 심각한 문제를 초래하지만, 수많은 이들이 매일 변함없이 자신을 밀어붙인다. 코로나가 유행하지 않았다면 나는 아직 교편을 잡고 있었을 것이다. 만신창이가 되어도 두려워서 그만두지 못했겠지. (비꼬는 말이 아니라 정말) 다행스럽게도 2020년대 초반의 끔찍한 난장판이 내게 미친 긍정적인 영향은 억지로 일을 그만둔 것이다. 만족하고 있다.

　잘 살펴보자. 가면 쓰기는 매우 피곤한 일이며, 자폐인들은 우리를 있는 그대로 받아들일 수 없는 사회가 가면을 강요하고 있다고 느낄 때가 많다. 하지만 영원히 가면을 쓰는 삶은 불가능하기에 가면을 벗어야 하는 시점이 오고 만다. 그리고 우리가 가면을 벗으면 어떤 일이 일어날까? 그 대답은 우울하고 뻔하다. 애초에 왜 가면을 썼는지 즉시 떠오른다. 진단이 늦었던 자폐인들이 증언하는 흥미로운 현상은 진단 직후 가족, 친구, 특히 직장 동료와의 관계가 조금씩 깨진다는 것이다. 이는 설명할 수 없고 명확한 원인이 없는 경우가 많지만, 진실의 끝에는 암울한 깨달음이 있는 법이다.

　종종 (당시에는 의식하지 못했으나 내게도 일어난 일이다) 우리는 자신이 자폐인이라는 사실을 알게 되면 본능적으로 조금 긴장을 풀게 된다. 자신이 신경 다양성을 타고났다는 사실을 알게 되면 이상한 카타르시스가 뒤따른다. 내 삶이 이런 식인 **이유**가 있다는 일종의 깨달음을 얻기 때문이다. 그 결과 우리는 몇 년 만에 처음으로 한껏 숨을 내쉬고, 자신의 자폐적 특성을 받아들이고, 가면을 벗는 것이다…. 뭐, 즉시 그 대가를 치르게 되지만. 우리는 가면을 벗은 자아가 과연 환영받지 못한다는 사실을 쏜살같이 깨닫게 되고, 그래서 서둘러 가면을 다시 고쳐 쓰고 (그리고 가면이 벗겨질까 두려워 단단히 고정하고) 우리는 절대 자기 자신으로 살 수 없다는 사실을 깨닫는다.

이 책에 설명한 여러 가지 개념 중 가면 쓰기가 자폐인에게 가장 큰 문제를 일으킨다. 너무나도 아이러니한 일이라 나는 이 상황의 부조리에 씁쓸하고 허탈한 웃음을 금할 수 없지만, 사실은 사실이다. 문제는 가면 쓰기에 능숙해지면 진단이 늦어질 수 있다는 것이고, 훨씬 더 교활하게도 의사를 만나기 전에 해야 하는 예비 자가 진단마저 지연될 수 있다. 아득한 미래로 미뤄지기도 하는데, 일반적으로 우리 자신과 의사가 정확히 무슨 일이 일어나고 있는지 알아내기 위해 검사를 고집할 수밖에 없는 일종의 위기 순간이 발생할 때까지 지연된다. 가면 쓰기는 본래 잠재의식적으로 이루어지며 자신의 진정한 신경 성질을 숨겨 자신이 어떤 사람인지 이해하지 못하게 막는다.

그리고 진단을 받아 우리 머릿속에 무슨 일이 일어나고 있는지 알아낸 후에도 하루를 견뎌내기 위해 가면을 쓰다 보면 우리의 욕구가 왜곡될 수 있다. 우리가 고통 없이 유유히 사는 듯 연기하는 데에 능숙하다면 누가 우리를 도우려 할까? 딜레마다. 우리는 써야 하기 때문에 가면을 쓰지만, 그렇게 함으로써 우리 자신에게 너무 많은 해를 끼치게 되어 결코 가면을 벗을 수 없는 상태가 된다. 빙빙 도는 악순환이다.

주변에 있는 자폐인의 삶이 수월해지도록 돕고 싶다면 그들이 조금씩 가면을 벗을 수 있도록 배려해야 한다. 하지만 그 전에 중요한 전제 조건이 있다. 가면 뒤에 있는 사람을 포용해야 한다. 자폐인 친구나 가족에게 기대하는 바를 조정해야 하며, 그들의 가면 쓴 페르소나보다 본래 모습이 훨씬 환영받는다는 것을 보여주어야 한다. 이런 일이 얼마나 드문지, 그리고 우리가 심지어 '친구'에게도 받아들여질 수 없는 존재라는 사실을 깨닫고 부끄러워하며 가면 뒤로 숨는 일이 얼마나 잦은지 생각하면 마음이 아프다.

심리 탈진

자폐인의 필요가 충족되는 것이 왜 중요할까. 단순한 연민과 공감 이상의 이유가 있다. 우리를 너무 오랫동안 너무 세게 밀어붙이면 생기는 결과. 다른 모든 인간과 마찬가지로 자폐인에게도 한계점이 있다. 그러니까, 무너지기 전까지 견뎌낼 수 있는 헛짓거리의 상한선이. 나는 여기서 이것이 전혀 특이하지 않다는 점을 분명히 밝히고 싶다. 이 글을 읽는 모든 사람은 일이 너무 많아 감당할 수 없을 때 일종의 감정적 폭발을 경험한 적이 있을 것이다. 이러한 보편적인 인간 경험을 이해해야 한다. 자폐인의 심리 탈진을 해석할 때 도움이 되기 때문이다.

 심리 탈진은 자폐성 장애의 가장 악명 높은 증상이다. 이유는 여럿인 것 같다. 첫째, 심리 탈진은 눈에 띈다. 쇼핑하러 나갔는데 자폐인이 심리 탈진 상태에서 소란을 피우고 있다면 (특히 인파가 붐비는 토요일이라면 누가 그들을 비난할 수 있을까) 알아차릴 수밖에 없다. 둘째, 책이나 시나리오에 자폐인 캐릭터를 등장시키고 싶은 비자폐인 작가들이 좋아하는 증상이다. 심리 탈진 상태에서 소란을 피우는 이야기가 매력적인가 보다. 따라서 픽션에서 자폐성 장애를 재현할 때는 (눈에 띄게) 자제력을 잃은 자폐인이 포함될 가능성이 높다. 셋째, 심리 탈진은 비자폐인 부모와 보호자가 집착하는 증상으로, 그들은 심리 탈진 상태의 자폐아가 엉망이 된 모습을 유튜브에 올려 동정심을 얻으려고 하는 경우가 많다. 이 세 가지 이유가 섞인 결과, 심리 탈진 상태의 자폐인을 지켜보는 일은 끔찍한 악몽이자 끊임없는 스트레스와 공포의 원인이라는 서사, 주로 비자폐인이 만들어낸 서사가 탄생하는 것이다.

비자폐인 친구들이여, 그 마음 모르지 않는다. 그러나 보는 사람이 힘들다면 실제로 경험하는 사람은 얼마나 끔찍하겠나. 나는 살면서 여러 번 심리 탈진을 겪었다. 공공장소에서 소란을 피웠던 기억을 떠올릴 때마다 수치심에 짓눌렸으나 이는 부당한 감정이었다. 혼자 앓았던 경우도 많다. 몇 년 동안 나는 그것이 무엇인지, 원인은 무엇인지 전혀 몰랐다. 나는 내가 그저 짜증을 내고 있다고, 나는 성격이 나쁘거나 미성숙한 사람이라고 생각했다(인간은 스스로 인식하지 못하는 장애로 인한 행동을 납득하기 위해 자신에게 이토록 잔인해진다). 그리고 이는 비자폐인이 자폐인의 심리 탈진을 묘사할 때 쓰는 표현이기도 하다. 전문가들로부터 (의사와 교사) 자기 화를 이기지 못해 난리를 피웠다며 비난을 받은 자폐인이 수백 명, 아니 수천 명은 있을 것이다. **실제로 일어난 사건은 완전히 다른 것인데도.**

일반적으로 신경 전형인이 인내의 한계에 도달해 감정을 분출하면 주변 사람들은 엄청난 애정과 지지를 표한다. 자신도 비슷한 한계점이 있기에 그 사람이 한계에 부딪혔다는 것을 아는 것이다. 자제력을 놓지 않고는 그런 수준의 학대나 트라우마를 감당할 수 없다는 사실을 알고 있으므로 고통스러워하는 사람에게 애정과 지원을 쏟을 수 있다. 누군가가 이혼, 상실, 이사, 범죄 피해 등으로 인해 심각한 스트레스를 겪을 때 이런 반응이 이어지는 모습을 자주 목격한다. 이들을 위한 연민이 산더미처럼 쌓인다. 그러나 자폐인이 똑같은 일을 겪을 때는 아무것도 누리지 못하는 경우가 많다. 왜 이런 이중 잣대가 있는 걸까?

비자폐인 구경꾼들은 사람들의 한계가 서로 다르다는 사실을 인지하지 못하기 때문이다. 가령 자폐인이 레스토랑에서 심리 탈진을 겪는다면 그들은 주변 환경과 상황에 그럴 만한 이유가 없으리라고 추론한다. 그들은 자신이 식당의 소음을 감당할 수 있다는 것을 알고 있으므로 저기 있는 사람은 대체 왜 난리일까 의아해한다. 이들이 이해하지 못하는 사실은 자폐인의 삶에서는 이 세상에 살아 있다는 것만으로도 이미 스트레스의 한계, 인내의 한계에 가까워진다는 것이다. 우리는 항상 한계선 밑에 아슬아슬하게 존재하는 반면 비자폐인은 대부분 한참 밑에서 일생을 보내며, 끔찍한 일이 일어나 갑자기 그 한계를 넘어가는 자신을 발견할 때까지 한계선이 존재한다는 사실조차 거의 인식하지 못한다. **우리의 삶 자체가 한계선이기 때문에 우리는 자주 선을 넘고 만다.** 이것이 바로 심리 탈진을 겪는 자폐인이 동정심이나 관심을 거의 받지 못하는 이유라고 생각한다. 심리 탈진이 발생할 만한 상황이 아닌 것 같으니 공감받을 '자격'이 없다고들 생각하는 것이다.

    심리 탈진이 임박하면 낌새가 느껴진다. 자폐인들은 자기만의 속도에 맞춰 긴장을 풀거나, 방해나 부끄러움 없이 혼자 심리 탈진을 겪을 수 있도록 안전하고 조용한 공간으로 간다고 종종 말한다. 부끄럽기 때문이다. 나는 나이도 많고 진단도 늦었던 탓에 장애인 차별을 통째로 내면화했고, 심리 탈진을 겪으면 다 큰 어른이 떼를 쓴다는 생각만 하게 된다. 이것이 평생 내게 제시된 사고방식이고 내가 받은 대우이기에 이 모든 것을 잊기란 매우 어렵다. 나는 다른 사람의 심리 탈진을 결코 성가신 일로 받아들이지 않을 것이다. 아니, 그런 잔인한 관점은 나 자신에게만 취할 수 있다. 심각한 심리 탈진 후에는 후유증으로 수치심을 겪을 가능성이 매우 높다. 자제력을 잃은 모습이 타인의 시선에 노출되었다는 수치심, 순간의 흥분 속에서 했던 말이나 행동이 부끄러운 것이다.

    심리 탈진이 시작할 것 같으면 조치를 취해 물리칠 수 있다. 나의 경우 동요를 가라앉히고 심리 탈진을 촉발한 자극과 거리를 두면 본격적인 심리 탈진은 어느 정도 피할 수 있었다. 하지만 피할 수 없는 상황도 있었다. 자, 나는 주제가 무엇이든 모든 자폐인을 대변할 수 없지만 심리 탈진에 관해 논의하는 지금 그 불가능성을 가장 강하게 체감한다. 모든 자폐인은 다양한 방식으로 심리 탈진을 겪으니 오직 내가 느끼는 감정만 말할 것이다.

심리 탈진은 끔찍하다.

최악은 통제력을 잃는다는 것이다. 내 뇌의 작은 부분이 여전히 작동하고 있는 것처럼 보이지만 작동 영역은 구석으로 쓸려가고 쓸데없는 지저귐 같은 것 외에는 할 수 있는 것이 거의 없는 반면, 내 뇌의 나머지 부분은 일제히 폭죽처럼 폭발한다. 제대로 된 의사소통 능력을 상실한다. 많은 자폐인과 달리 나는 심리 탈진 중에도 어느 정도 말을 할 수 있지만, 언어가 뭉개지고 어조는 언제나 평소보다 더 공격적이다. 미소가 일그러지듯 근육이 전부 굳어 움직이기가 어려워지고, 편안함을 느끼기는 더욱 어려워진다. 내 두뇌는 마치 주파수를 맞추지 않은 오래된 아날로그 텔레비전에서 보던 것처럼 지직거린다고 묘사하면 가장 적절할 것이다. 고통스럽다. 집중은 불가능하다. 내 몸의 모든 부분이 '투쟁과 도피fight or flight'[12] 중 어느 쪽이 나을지 미친 듯이 저울질하고, 분명 두 가지를 동시에 시도하는 쪽이 명백한 최선이라고 결론짓는다.

나는 분명 바닥에 누워 있을 테고, 몸을 웅크린 채 울고 있

[12] 위급한 상황에 맞닥뜨렸을 때 나타나는 신체적 반응. 스트레스의 원인에 맞서 싸우거나 도망치도록 대비하게 된다.

을 지도 모르지만 항상 그러지는 않는다. 반복적인 동작을 (자기 자극 행동) 할 수도 있지만 평소보다 훨씬 더 격렬하되 가슴 아플 만큼 무용하리라. 도움이 될 수도 있지만 그다지 효과적이라고 느껴지지 않겠지. 어쨌든 내 몸은 똑같은 동작을 반복한다. 최악의 경우 내 다리에 주먹질을 하고, 팔이 빨갛게 될 때까지 긁거나, 심지어 물건에 머리를 부딪힌다고 한다. 나는 지금 관찰자로서 냉정하게 이 글을 쓰고 있다. 지극히 편안한 태도로 청중 앞에게 연설하고, 책을 쓰고, 학생들을 가르치는 사람이 이런 식으로 고통을 겪는다는 이야기가 얼마나 이상하게 들릴지 어림할 수 있다. 나를 실제로 만난다면 이런 일이 일어나리라고 상상하기 어렵겠지. 하지만 일어난다. 그것이 자폐성 장애, 숨겨진 장애다.

운이 좋다면 대략 30분 안에 끝날 것이다. 그러나 그 여파는 훨씬 더 오래 지속되리라. 심리 탈진의 여파는 보통 하루 이틀 동안 지속된다. 그런 상태에서는 생산적인 일을 해낼 수 없기 때문에 며칠을 날리고 만다. 종합하면, 전형적인 심리 탈진을 겪고 나면 하루를 통째로 망치고, 추가로 이틀쯤 타격이 있으며, 당시 옆에 있던 사람과의 관계를 (그리고 나 자신과의 관계까지) 해치고, 직접적인 상처를 입지는 않더라도 육체적으로 소진된다.

두 번째 유형의 심리 탈진은 첫 번째 유형만큼 자주 일어나는데, '심리 차단shutdown'이라고 부른다. 훨씬 수동적이고 공격성이 덜한 강제 휴식으로, 견딜 수 없는 수준의 스트레스에 지속적으로 노출되어 잠시 긴장증에 걸린 듯한 상태가 되는 것이다. 의사소통이 완전히 중단될 뿐만 아니라 움직이거나 생각하는 능력조차 잃을 수 있다. 심리 탈진보다 은근하고 생활에 방해가 적지만, 실제로는 그 자체로 꽤 무서운 증상이다. 나는 살면서 심리 차단을 경험한 적이 적지만 영영 겪지 않기를 바라고 있다.

이 모든 것은 꽤 무거운 이야기다. 이해한다. 그리고 이 글을 읽는 독자의 상당수가 심리 탈진이나 심리 차단을 겪는 사람을 외부에서 바라본 경험이 있어 그것이 얼마나 무서운지 알리라 생각한다. 사람들은 종종 나에게, 혹은 다른 성인 자폐인에게 질문하고는 한다. '심리 탈진을 피하려면 내가 어떤 도움을 줄 수 있을까?' 나의 대답은 항상 똑같다. 자폐인의 자율성을 존중할 것. 대부분의 자폐인은 붕괴가 임박했을 때 무엇을 해야 하는지 알고 있다. 즉시 스트레스의 원인에서 벗어나 가능한 한 자극이 적은 곳, 조용한 방 같은 곳으로 가서 조금씩 스트레스를 줄이고 회복해야 한다. 아주 간단한 처치임에도 이런 자연스러운 회복이 얼마나 드문지, 놀랄 일이다. 비자폐인은 자폐인이 심리 탈진의 초기 단계에서 보여준 행동을 끔찍하다고 인식하고 비난하거나 처벌하기 바쁘다(가령 방을 나가는 행위는 아주 흔한 일이지만 '무례하다'는 이유로 분노를 유발하기도 하는데, 자폐인에게는 상황이 악화하는 것을 피하기 위한 자동 안전장치일 뿐이다).

자폐인이 자신을 공격하는 스트레스 유발자에게서 도망치기 위해 자리를 떠나면 소리치고 자극하며 자폐인을 따라다니는 일도 잦다. 이러한 상황에서 심리 탈진은 절대 피할 수 없으며, 전부 '자리에 맞게 행동'하지 못한 사람들이 초래한 결과라고 할 수 있다. 자폐인이 회복을 위해 스스로 격리할 수 있도록 허용해야 한다. 자폐 아동의 경우 스스로 격리하는 일이 힘들 수 있다. 그도 그럴 것이, 혼자 평정을 되찾으라며 네 살배기를 고속도로 휴게소 한가운데에 두고 떠날 수는 없지 않은가.

아이들의 경우, 너무 직접적으로 접근하지 않는 것이 좋을 수 있으므로(그것이 효과적이라는 사실을 확실히 아는 게 아니라면) 숨이 막힐 정도로 꼭 껴안지 않아야 한다. 포옹은 과할 수 있으며 심리 탈진을 악화시킬 수도 있다. 대신 1미터쯤 거리를 둔 채 다그치지 않는 부드러운 어조로 괜찮다고, 그들이 진정할 때까지 곁에 머물며 기다리겠다고 이르면 된다. 미리 일련의 진정 활동을 (일종의 구급품인 셈) 정해두고 위기 상황에 제안하는 것도 좋은 생각이다. 심호흡하기, '손가락 불기'(우리 딸이 어린이집에서 배운 훌륭한 진정 활동으로, 손가락을 뻗은 다음 생일 촛불을 끌 때처럼 한 번에 하나씩 입김을 불어 진정한다), 색칠이나 노래 부르기도 효과가 있다. 단순히 '숨을 쉬어' 혹은 '노래를 불러봐'라고 말하면 되는 것이다.

물론 애초에 스트레스 유발 원인을 줄이는 방법도 있다.

무엇이 스트레스를 대폭 증가하는지 가려내고, 가능한 한 스트레스를 없애거나 줄일 수 있는 방법을 찾으면 된다. 지금껏 1장에서 이야기했던 불편한 사회적 소통은 전부 그 예시라고 할 수 있다. 또 한 가지 난데없는 예시를 들어보자면, 자폐인이 좀처럼 견디지 못하는 행동을 강요하지 않는 것이다. 가령 전화라든가….

전화 공포증

1870년대 이전에는 자폐인들이 전반적으로 더 행복했으리라는 상상을 할 때가 있다. 따르릉거리는 전화를 받아야 할 일이 절대 없다는 사실을 확실히 인식하며 종일 안전할 수 있는 인생, 상쾌하고 편안한 꿈 같았으리라. 그런데 알렉산더 그레이엄 벨이 어슬렁어슬렁 나타나 자신의 요란하고 거슬리는 발명품으로 이 평화로운 세상을 산산이 조각냈다. 나는 독재자가 아니라면 역사적 인물에 악의를 품는 경우가 거의 없지만, 개인적으로 알렉스만큼은 쓰레기통에 처박아줄 수도 있을 것 같다.

덕분에 가족이 멀리 떨어져 있어도 연락을 유지할 수 있게 되었다는 등 전화가 긍정적인 방식으로 세상을 바꿔놓았다고 반박하기 전에, 전화와 통화에 대한 나의 증오심은 상당히 비합리적이며 전적으로 통화를 향한 심각한 공포증에 기반하므로 이 대목에서 내가 세계 최고의 분별력을 자랑하지는 못하리라는 점을 밝혀야겠다. 하지만 멀리 떨어진 곳에 있는 상대와 소통할 때 글을 사용하는 것이 추세라는 사실도 지적해야겠다. MZ세대는 분명 통화보다 왓츠앱을 통해 채팅하기를 선호하는 것 같다. 그러니 울리는 전화기를 기꺼이 가만 둘 수 있는 것이 자폐인뿐만은 아닌 셈이다. 그러나 전화 공포증은 분명 자폐인에게서 흔히 찾아볼 수 있는 특징이며, 나는 이것이 왜 그런지 정확하게 설명하고자 한다.

첫째, 많은 자폐인에게 전화기는 단순히 불안과 두려움의 원인 이상이다. 문제는 그보다 훨씬 더 심각하다. 자폐성 장애는 장애다. 이는 모두가 똑똑히 알아야 할 사실이다. 자폐는 장애가 아니라고 말하고 싶은 자폐인도 있을 것이다. 그런 사람들에게는 일단 그 심정 잘 알겠다고 해두겠다. 그러나 사실 우리 사회가 작동하는 방식 때문에 이 세상에서 자폐인으로 사는 삶은 여러 면에서 상당한 장애를 겪는다. 이것이 자폐성 장애에 내재한 특성인지, 아니면 단순히 자폐인을 고려해 설계되지 않은 세상 때문에 생긴 결과인지(장애의 사회적 모델[13]) 여부는 치열한 논쟁의 여지가 있는데, 양쪽 모두 논거는 탄탄하다. 하지만 어느 쪽이 옳든 자폐는 장애가 맞다.

통화의 힘겨움도 자폐성 장애의 신체적 특성 때문이다. 전화로 이루어지는 대화의 속도라든가 표정과 같은 부차적 의사

[13] 장애인의 신체를 수정해 기능적으로 완전하게 만드는 대신 사회적 차별과 배제를 수정하면 장애인도 비장애인만큼 기능할 수 있다는 관점.

소통의 부족 때문에 성공적인 의사소통이 상당히 어려워진다. 자폐인은 대답을 마련하고 정보를 받아들이는 데에 더 많은 시간이 필요한 경우가 잦은데(우리의 두뇌가 원래 이런 식으로 작동하기에 어쩔 수 없다) 통화는 이를 전혀 허용하지 않는다. 통화 중에 생각하는 데에 1초라도 더 시간을 쏟는다면, 이어지는 찰나의 침묵이 상대방을 불편하게 만들고 만다. 상대가 짜증이나 혼란으로 신경이 곤두서는 것이 느껴진다. 전화 통화는 라디오 같다. 소리가 멈추면 큰일인 것이다. 그래서 닦달당한 나머지 최대한 빨리 대답하려고 애쓰다가 실수를 저지르거나 동의하지 말아야 할 것에 동의하기도 한다. 한 번 통화할 때마다 무심코 초래한 엄청난 재난들을 전부 해결하려면 아마 하루쯤은 할애하게 되는 것 같다.

그러나 자폐에는 더 심각한 문제가 있다. 바로 자폐인의 삶에서 한 부분을 차지하는 과민청각으로, 이 책에서도 내차등장할 주제다. 개인적으로 나는 내 귀가 나를 쓰러뜨리려고 호시탐탐 노리고 있다고 느낄 때도 있다. 청각이 너무 예민해서 내가 집중력을 발휘하려고 할 때마다 주의를 잡아끌기 때문이다. 책을 읽으려는데 집 어딘가에 있는 TV가 켜지면, 내 부지런한 귀는 들리는 단어를 모조리 흡수해 이 쓸모없는 정보를 '매우 긴급'이라고 표시된 봉투에 담아 뇌로 보낼 것이다. 내가 읽어야 할 책은 그 시끄러운 방해자와 경쟁 상대도 못 된다. 통화를 할 때도 나는 대화에 집중하려고 애쓰건만 전자 통신의 작은 메아리들, 이상한 쉭, 삑, 펑, 하는 소리들이 끼어들어 목소리를 덮어버린다. 뒤에서 이런 혼란이 벌어지는데 대화 내용을 전부 처리해낼 가능성은 없다고 해도 무방하다. 사실 이것은 '공포증'도 불안도 아니다. 이는 장애의 발현이므로 이해와 조정이 절대적으로 중요하다. 자신이 장애인이라는 사실을 스스로 인정하기로 한다면 이것이 얼마나 중요한 문제인지 알 수 있다. 나는 '전화 공포증' 같은 단순한 증상으로 고통받는 것이 아니다. 장애 때문에 기술을 제대로 사용하지 못해 고통 받는 것이다.

그러나 전화에 관해서는 할 말이 더 많다. 많은 자폐인이 전화에 관해 질문받았을 때 하는 대답은 전화가 굉장한 방해처럼 느껴진다는 것이다.

트위터 사용자 '헤이즐(@anlasair)'에게 질문했더니 그는 이렇게 답했다. "전화를 걸면 다른 사람에게 내 존재를 강요하는 듯해 무례하다는 느낌이 들어요…. 나는 문자나 이메일이 훨씬 좋아요. 여유가 있을 때 답하면 되잖아요. 반면 통화는 지금 당장 주의를 요구하고요."

나 역시 뼛속 깊이 느끼는 감정이다. 나는 어떤 이유로든 다른 사람을 성가시게 할까 봐 걱정이 태산이다. 누군가에게 물을 좀 줄 수 있는지 물어보느니 차라리 목이 말라 죽는 게 낫다. 이것은 극도의 수동적 공격성이 아니라 다른 사람의 평화를 방해하기 싫은 두려움이다. 나 자신의 평화가 얼마나 소중한지 알아서 그러는 것이다. 타인을 방해한다니, 나로서는 상상조차 할 수 없는 일이다. 내 부모님이든, 은행 콜센터 직원이든, 전화벨을 울리는 난폭한 방식으로 그들의 삶을 방해하고 싶지 않다. 정말이지 무례하다! 그러니 꼭 전화 통화를 해야만 하는 상황이라면, 나는 그들의 바쁜 생활에 최소한으로 개입할 방법을 찾기 위해 어김없이 오랜 시간을 쏟을 것이다.

우리가 줄곧 온라인 상태를 유지할 수 있는 새로운 기술의 세상에 살고 있다는 점을 떠올려보면, 자폐인이 그토록 두려워하는 통화가 아닌 접촉 방식에 고마움을 느끼리라는 것은 굳이 말하지 않아도 명백하겠지.

아이러니하게도 현대의 스마트폰이 가장 쉬운 대안을 제공한다. 복잡한 은행 거래가 온라인 채팅으로 이루어지고 병원 진료가 온라인 양식 작성으로 처리될 수 있다면 자폐인에게 더 적합한 세상이 도래할 것이다. 특히 비발화 non-speaking 자폐인[14], 글은 잘 써도 통화라는 장벽은 좀처럼 넘을 수 없는 자폐인에게. 하지만 그 세상은 아직 도래하지 못했다. 가장 선호하지 않는 앱인 통화를 사용해야만 하는 순간, 우리 자신의 평안보다도 상대의 평안을 걱정하며 전화를 걸어야만 하는 순간이 너무나도 많은 것이다.

[14] 말하기를 통해 의사소통하지 않는 자폐인.

자폐와 의료

자폐인의 의료에는 문제가 많다. 서구 의학은 인간의 삶 체험에 존재하는 동질성에 지나치게 의존한다. 수반되는 비용과 의료 혜택이 필요한 사람 수를(사실상 모든 사람이다) 고려했을 때 시스템의 기능을 위해 감수해야 하는 부분이다. 신경 다양성이라는 개념은 의료 시스템을 전복하고 문제를 복잡하게 만든다. 그러나 사실 인간의 삶 체험은 전혀 동질적이지 않으며, 특히 자폐인은 간호사와 의사의 기대에 들어맞지 않는 방식으로 삶과 건강, 몸을 경험한다. 문제는 자폐인이 필요한 의료 혜택을 받지 못하는 현실인데, 이는 종종 예상치 못한 방식으로 자폐인의 이미 평균보다 낮은 기대 수명을 갉아먹는다.

자폐인이 자신의 건강에 이상이 있다는 사실을 발견하는 과정부터 시작해보자. 이 과정만 해도 난관이 많다. 첫째, 자폐인은 내부 수용 감각, 즉 사람의 신체에서 발생하는 감각과 요청을 식별하고 이에 따라 행동하는 능력에 문제가 있다. 내부 수용 감각은 몸의 이상을 발견하는 데에 매우 중요한데, 자폐인의 경우 종종 작동하지 않는다. 예를 들어, 어떤 자폐인은 몸으로부터 자신이 배고프거나 목마르다는 신호를 받지 못한다. 나에게도 이런 문제가 있다. 나는 갈증이 극한에 도달하기 전까지는 아무것도 느끼지 못해 하루 종일 물 한 모금 마시지 않고 지내다가 오후 8시가 되어서야 내가 탈수로 인해 지독한 두통을 앓고 있으며 입안이 바짝 말랐다는 것을 깨닫는다. 화장실에 가라고 말하는 신호를 감지할 때도 비슷한 문제가 발생할 수 있으며, 예상대로 스트레스 심한 결과를 겪게 된다.

그러나 내부 수용 감각이 둔하면 우리 몸이 고통을 전달하는 방식에 심각한 문제가 생긴다. 의료 전문가에게 자신이 겪고 있는 통증의 정도를 알리는 일은 매우 유용하다. 내가 보기에 의사들은 환자의 통증 호소에 의존해 의료적 판단을 내리는 것 같다. 그도 그럴 것이, IT 기술자가 컴퓨터에 어떤 문제가 있는지 파악하는 방식으로 인간 환자의 내부 체계에 접근하기란 불가능하지 않을까. 그러나 의사와 간호사가 환자의 통증 보고에 의존하려면, 환자가 자신의 통증 수준이 가령 10점 만점에 6점이라고 말할 수 있어야 한다.

문제는 내게 통증 수준이 어느 정도인지 물어봐도 절대 답해줄 수 없다는 것이다. 이것은 내부 수용 감각의 문제이기도 하지만, 전에 말했던 의사소통 문제의 결과이기도 하다. 나는 질문을 액면 그대로 받아들일 수 없으며, 자신 있게 대답할 만큼 주제넘은 짓을 하는 것도 불가능하다. 그도 그럴 것이, 나는 객관적으로 10점 만점에 10점짜리 통증이 무엇인지 모르니까. 정말 내가 그렇게 심한 통증을 경험한 적이 있을까. 편두통과 군발두통[15]을 달고 살지만, 분명 다른 누군가는 이보다 훨씬 심한 통증을 경험했을 텐데. 참조할 만한 것이 없으니 오리무중이

[15] 충혈, 눈물, 콧물 등 자율 신경 증상을 동반하는 심각한 두통이 주기적으로 나타나는 질병.

라, 가장 온건하고 합리적인 방법을 쓸 수 밖에 없다. 평균치에 머물러 '5'라고 말하기.

문제는 대부분의 의사가 대답을 듣자마자 '아, 그렇다면 별로 심각한 상황은 아니구나'라고 생각하고 이 정도면 괜찮다고 기록한다는 것이다. 우리 자폐인은 신중하고 논리적으로 행동하기 위해, '거창한' 말을 하거나 과장하지 않기 위해 애쓰다가 절실히 필요한 치료를 놓치게 된다. '거짓'이거나 '부정확'하다고 느껴지는 이야기를 신경 전형인보다 더 싫어하기 때문이다. 바보 같아 보일 수도 있지만 이는 실질적인 문제다. 해결책은 전 세계의 자폐인들에게 자신의 거짓말 혐오를 어떻게든 이겨내도록 강요하거나, 자폐인은 대화할 때 무의식적으로 절제된 표현을 사용하기도 한다는 간단한 사실을 의사들에게 알림으로써 적절한 진료를 수행하고 의료적 결정을 하도록 교육하는 것이다. 나는 이 두 가지 선택지 중 어느 것이 더 쉽고 합리적인지 알고 있다⋯.

그러나 의사소통 문제는 위의 한 가지 예시에만 국한되지 않는다. 문제는 의료 혜택을 받는 내내 이어진다. 그리고 그 시작이 내 존재의 절대적인 골칫거리, 전화인 것이다.

오직 하나님만, 크툴루[16]만, 독자 여러분이 믿는 신이 누구든 오직 그 전지적 존재에게만 알려진 이유로 영국에서 보건의

---

[16] 공포 문학의 대가 H. P. 러브크래프트의 작품에 등장하는 사악한 신적 존재.

진료를 예약하려면 아주 유서 깊은 예약 시스템을 이용해야 하는데, 이는 예약이 가능해지는 순간 한 자리쯤 차지하려는 희망을 품고 절박한 전화를 거는 것이다. 인터넷의 혁명, 이메일과 온라인 예약 시스템의 발명 따위가 그들만은 완전히 비껴간 것 같다. 온라인 예약이 가능하거나 필요한 수술도 있지만 NHSNational Health Service[17]의 세계에서는 여전히 전화가 왕이다. 인터넷에서 자폐인을 대상으로 이런 어려움을 직접 겪은 적이 있었는지 설문조사를 했더니 응답자 900명 중 500명은 진료 예약을 위해 전화를 해야 했다고 답했다. 자폐인 500명에게 아플 때 전화를 거는 것 외에 다른 선택의 여지가 없었던 것이다. 통화를 해야 한다는 사실 때문에 진료를 보기 힘들다고 말한 사람이 상당수였고, '찰리세즈'라는 응답자는 통화 스트레스 때문에 적극적으로 진료를 피한다고 말했다. 이 모든 것이 장애 차별의 결과다.

　　방금 확인한 것처럼 통화를 전면적으로 피할 만큼 두려워하는 자폐인이 상당하다는 사실은 잘 알려져 있다. 분명 의료계에 종사하는 사람들 모두가 알고 있을 것이다. 자폐성 장애에 관한 고정관념 중에서 잘 알려져 있는 동시에 예외적으로 정확한 것이다. 그렇지만 여전히 우리 사회는 자폐인에게 몸이 안 좋을 때 전화를 걸도록 강요하고 있다. 자폐인은 전화를 걸지

[17]　영국 국민 의료 보험.

않을 것이고, 그 결과 전국의, 실로 전 세계의 자폐인들은 첫 번째 장애물을 극복하지 못해 필수적인 치료를 놓치게 될 것이다. 언젠가 나는 '온라인 예약' 시스템으로 지역 보건의에게 진료를 예약하려고 시도했지만 실패했다. 전화를 걸지 않고 의료 지원을 확보할 수 있는 온라인 예약 시스템을 사용하기 시작하려면 가장 먼저 전화를 걸어 신청해야 했기 때문이었다. 그 결과 지역 보건의에게 진료를 보고 싶을 때마다(고혈압 같은 심각한 질병에 관한 진료일지도 모른다) 주의해야 할 정도로 혈압이 치솟고 으레 편두통이 생기고 마는 통화라는 행위를 해야하는 것이다. 이는 의료가 운영되는 올바른 방법일 수 없다.

비록 통화라는 난관을 극복한다고 해도 진료 현장에서 의사와 직접 대화를 나눌 때 생기는 의사소통의 어려움이 있다. 나는 의사에게 이야기할 때 너무 스트레스를 받아 서두르는 바람에 신중하게 준비한 네 가지 질문 중 세 가지를 묻지 못한 채 답답한 진료실을 뛰쳐나오게 될 것이다. 모든 의사소통이 그렇듯이 몸의 이상을 의사에게 설명하는 일도 문제와 오해의 여지가 많다. 개인적으로 나는 의사와 환자 사이에 존재하는 권력의 불균형이 두려워서 의사들이 나를 진지하게 받아들여주기를 바라며 그들의 환심을 사려고 노력하는 데에 열중한다. 환심을 사기 위한 노력 중에는 시간을 너무 많이 차지하지 않으려는 것도 있는데, 그래서 일단 가장 긴급한 문제를 설명한 후에는 의사를 짜증 나게 할까 걱정스러워서 다른 문제를 언급하기가 힘들어진다. 이런 나의 어려움은 일반적인 의사소통에 얽힌 또 다른 트라우마 반응인 것 같다. 어쨌든 다음 진료 예약을 잡든(그러려면 통화를 해야 한다) 상담하고 싶었던 증상이 저절로 사라지기를 바라며 그냥 살아가든, 결국에는 심신이 너덜너덜해지고 만다. 정말이지 내가 아직 살아 있다는 것이 신기한 수준 아닌가.

문제는 의사들이 신경학 이해의 발전에 근접할 수밖에 없는 운명임에도 불구하고 종종 다른 사람들과 마찬가지로 오래된 고정관념을 믿는 경향이 있다는 것, NHS에는 자폐성 장애에 관한 최신 정보를 교육한 역사가 없다는 것이다. (마침내 그 역사가 형성되고 있는데, 그 계기는 올리버 맥고완의 개정 '의료 전문가를 위한 학습 및 자폐성 장애에 관한 필수 교육'을 도입한 것이다. 젊은 자폐인 올리버 맥고완의 비극적인 사연을 찾아보라. 실제로 긍정적인 변화가 일어나기 전에 얼마나 지독한 일들이 일어나야 했는지 알고 놀라리라.) 많은 의사가 자폐에 관해, 그리고 자폐가 의사소통과 의료 접근성에 미치는 영향에 관해 잘 알지 못한다.

개인적으로는 사소한 수정과 변화 몇 가지로 자폐인의 보건을 상당히 개선할 수 있으리라 본다. 보건의에게 진료 예약을 할 때 이메일을 쓰도록 표준화하면 훌륭한 시작점이 될 것이다. 분명 기술 진보 사회를 살아가는 우리에게 가당찮은 일은 아니다. 그리고 자폐인의 의사소통이 어떻게 다르고 어느 지점에서 큰 기능 장애가 일어나는지 이해하는 의사들이 있다면 얼마나 좋을까. 우리가 또 궁금한 것이 있냐는 질문을 받았을 때 현명하지 못하게 '저기, 또 다른 문제가 있는데요…'라고 말해도 달려들 것처럼 쏘아붙이지 않도록 교육받은 의사들이 있다고 상상해보라. 자폐인은 속내를 전부 털어놓기가 힘들다는 사실을 안다면, 우리에게 걱정거리를 전부 공유할 수 있는 기회를 제공함으로써 진료의 속도를 올릴 수도 있고 예약을 잡을 때 미리 진료 이유를 적을 수 있는 시스템을 마련할 수도 있을 것이다. 그도 그럴 것이, 왜 모든 것에 말하기가 필요한가? 자폐인의 상당수가 말을 못 한다거나 안 하기로 선택했다는 것을 모르는 걸까?

NHS에서 온라인 예약을 표준 예약 방식으로 정하고 왜 진료가 필요한지 미리 상세하게 적을 수 있게 해준다면, 수많은 자폐인이 마침내 법적 권리인 의료 혜택을 받을 수 있으리라 확신한다. 하지만 나는 이런 일을 실현할 만한 힘이 없는 한낱 개인이기에, 그날이 올 때까지 자폐인들에게 병원에 갈 때 동반인을 데려가는 일에 익숙해지도록 조언하고 싶다. (가족이나 파트너, 친구 같은) 친한 사람이 전화 예약을 해주거나 의사 진료에 필요한 것들을 해결할 수 있도록 도와준다면 정말 좋을 것이다. 물론 운이 좋아 그럴 만한 사람이 있어야겠지만. 진료처럼 스트레스 높은 환경에서 타인의 손과 눈, 귀는 놀랄 만큼 유용한 자원이고, 지금으로서는 최선의 결과를 보장할 방법일 것이다. 나는 우리가 이토록 타인의 친절에 기댈 필요가 없기를 바랄 뿐이다.

이제 자폐인과 소통할 때는 예상을 조정하고 다음과 같은 우리의 차이점에 공감하는 것이 중요하다는 사실을 이해했을 것이다.

▶ **우리는 가면을 착용하고 생활할 때가 대부분이고, 그 결과 대화(와 슬프게도 전반적인 삶 자체)에 어려움을 겪을 수 있다는 사실에 유의할 것.** 우리 중에는 가면 쓰기에 너무 능숙해서 자기 자신에게도 자폐를 숨길 수 있는 사람들이 있다.

▶ **'가면' 쓰기는 아주 힘든 일임을 기억할 것.** 당신이 우리가 가면을 착용하는 이유에 속한다면(즉, 당신이 가면을 벗은 우리를 참지 못하는 사람이라면), 이 사실을 곰곰이 고민해볼 가치가 있을 것이다.

▶ **우리가 스몰토크나 사소한 의사소통을 망치더라도 비난하지 말 것.** 속내 이야기를 너무 많이 했다고 해서 세상이 끝장나는 것도 아니잖아? 우리가 대화를 그만두려고 애쓰는 게 드러난다고 해서 자존심에 엄청난 짐이 되는 것도 아니고? 좀 더 친절하게 대해달라. 세상 사람들이 전부 당신만큼 대화를 좋아하지 않는다는 사실을 알아주면 좋겠다.

▶ **심리 탈진이 발생하면 다음과 같은 보편적인 규칙을 따라줄 것.** 물러서기, 거리 확보하기, 판단 유보하기. 마지막이 특히 중요하다. 자제력을 잃어 수치스러워하는 우리를 더 괴롭히지 않으면 좋겠다.

▶ 의사소통의 차이로 인해, 특히 의료 서비스를 받을 때, 심각한 결과가 발생할 수 있다는 사실을 이해할 것. 가능하다면 바쁘고 무관심한 전문가에게 우리의 경험을 '번역'함으로써 선뜻 도움이 되어달라.

2장 자폐, 우정, 사랑

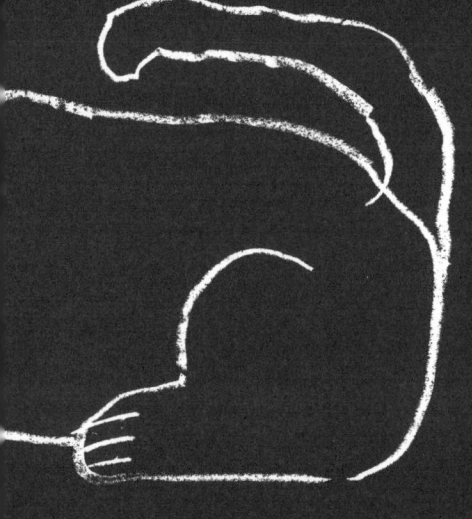

공감력이 없다는 거짓말

처음으로 자폐성 장애에 관해 그럴듯한 설명을 들은 곳은 학교였다. 그때 나는 학생이 아니라 교사로 일하고 있었다(종종 어린 나이에 자폐인인 것이 확인되었다면 어떤 삶을 살게 됐을까 궁금해지곤 한다). 교육계에는 ASD Autistic Spectrum Disorder, 즉 자폐 스펙트럼 장애라고 알려져 있는데, 교사 일을 하다보면 이 용어를 자주 듣는다. 그도 그럴 것이, 자폐 진단을 받는 아동의 수는 지난 몇 년 사이 급속히 증가했다. 많은 사람이, 보통 상당히 무지한 관점에서, 수치의 증가는 신경 다양성이 끔찍한 '전염병'이라는 증거라며 사악한 무언가가(MMR 백신[18]이라는 주장이 유명하다) 원인이라고 암시한다.

이는 얼토당토않은 관점으로 현상을 해석한 결과다. 사실 자폐성 장애에 관한 우리의 이해는 1990년대 초입을 통과하며 비약적으로 발전했다. 이제 우리 사회는 모든 인구 집단에 자폐

---

[18] 홍역 Measles, 볼거리 Mumps, 풍진 Rubella을 예방하는 백신.

인이 존재한다는 사실을 과거보다 훨씬 잘 알게 되었다. 나이를 불문하고 여성 자폐인의 숫자가 상당하다는 사실이 밝혀지자 (어찌 이런 일이!) 총합이 크게 증가했다. 원주민, 흑인 등 다른 소외된 집단에 속한 자폐인에 관한 인식이 높아진 것도 같은 결과로 이어졌다. 그러니 숫자가 증가하지 않는 것이 이상할 테다.

이제는 모든 학급에 최소한 한 명의 자폐아가 있는 것이 일반적이며, 서너 명일 때도 있다. 그래서 교사들은 서둘러 자폐성 장애에 관해 배우기 시작했다.

아니, 그건 내 희망 사항에 불과하다.

안타까운 현실인데, 일반적으로 교육계의 자폐성 장애에 관한 이해는 꽤 구식이고 졸렬하다. 거짓이라고 밝혀진 착각과 고정관념도 사라지지 않아 이런 형편없는 이해에 한몫하며, 교사들은 최신 이론과 개념을 숙지하지 못한다. 내가 학교에서 받았던 비자폐인 교사와 교육자의 교육은 잘못된 정보로 뒤죽박죽이고 모순적이었다. 그들이 제시한 많은 고정관념 중에서 가장 큰 문젯거리는 자폐 학생에게 공감 능력이 없다는 말이었다.

공감은 인간의 삶에서 중요한 부분을 차지한다. 우리가 공유하는 사회는 타인의 정서적 경험을 인식하고 함께하는 능력에 상당히 의존하고 있다. 그리고 자폐인은 그 능력이 없단다. 소수의 의견도, 특이한 관점도 아니다. 어딜 가나 마주칠 수 있는, 자폐에 관한 거짓말 중에서도 가장 널리 퍼져 있는 거짓말이다. 자폐 아동은 서로 다른 사람이 서로 다른 생각과 신념을 가지고 있다는 사실을 이해하지 못하며, 다른 사람이 자신과 다른 감정을 느낄 수 있다는 사실을 이해할 능력도 없기에 끔찍한 행동을 한다는 착각이다. 그런 거짓말 속에서 자폐아는 자기 자신에 사로잡힌 괴물로 묘사된다.

한 집단의 사람들 몇몇에게 공감력이 부족하다는 관점이 정립되면, 즉시 편견이 집단 전체로 확장된다. 미디어가 '사이코패스'나 '소시오패스'를 향한 고정관념을 형성한 것과 유사하다. 사실 사이코패스와 소시오패스 모두 어엿한 신경학적 질환을 앓고 있는 것이지만, 인간 이하의 괴물같은 존재로 묘사될 때가 많다. 살짝만 들여다봐도 〈아메리칸 사이코〉[19]의 방수 우주복을 입은 패트릭 베이트먼이라든가 〈케빈에 대하여〉[20]의 무시무시한 청소년 케빈이 나타나는 것이다. 자폐는 이런 식의 재현으로 대중 인식의 전환점을 맞이해서는 안 되겠지만, 자폐인은 공감력이 없다는 거짓말이 계속 퍼져나간다면 상황은 악화할 수밖에 없다.

[19] 메리 해론이 감독, 크리스천 베일이 주연한 스릴러 영화. 화려한 삶을 즐기는 성공적인 투자 은행가가 은밀하게 연쇄살인을 즐기는 내용. 방수복을 입고 살인을 저지르며 춤을 추는 등 독특한 묘사로 화제가 되었다.

[20] 린 램지가 감독, 틸다 스윈튼과 에즈라 밀러가 주연한 영화. 자유롭게 살던 여성이 의도하지 않은 임신 때문에 가정 생활에 정착하는데, 아들 케빈은 어릴 때부터 일부러 대소변을 가리지 않는다든가 남의 앞에서 자위를 하는 등 문제적인 행동을 하다가 결국 참극을 저지른다.

사실 자폐인도 공감력을 발휘할 수 있고 발휘한다. 신경 전형성 공동체와 마찬가지로 어떤 자폐인은 다른 자폐인보다 공감력이 뛰어나기도 하다. 정서적, 육체적 고통에 관한 공감력은 확실히 풍부한 경우가 많다. 나는 (가령 우는 아기처럼) 고통받는 사람을 보면 극심한 슬픔과 걱정을 느껴 그 순간 흡수한 감정 때문에 마음이 너덜너덜해질 정도다. 자폐인들은 종종 '감정의 스펀지'가 된 느낌이라고 말한다. 어떤 종류든 갈등이 발생한 방에 들어서면 즉시 그곳의 부정적인 감정을(누군가는 '분위기'라거나 '공기'라고 표현할 것이다) 오롯이 흡수하는 바람에 앉아서 쉬거나 눈물을 흘리게 될 수도 있다. 나는 어떤 공간에 들어갔는데 그곳에 있는 사람들이 미소를 짓고 있었음에도 바로 전까지 격렬하게 싸우다가 잽싸게 멈췄다는 사실이 느껴져서 그곳의 긴장감과 절망감 때문에 속이 울렁이는 채로 자리를 떠난 적이 있다. 이는 신경 전형성의 공감과 똑같지 않을 수도 있지만, 우리 자폐인에게 공감력이 전혀 없다고 주장하는 것은 그저 어리석은 짓이다.

그러나 모든 고정관념과 마찬가지로 일말의 진실도 있으니(유효한 가정이 될 수준은 아니다) 확실히 검토해볼 만하다. 우리 자폐인은 내부에서 부글부글 끓어오르는 감정의 소용돌이를 **느끼기는 해도 나타내지는 않는** 경우가 많으며, 어떻게 해야 할지 잘 모른다. 예를 들어, 자폐성 장애(와 조현병 같은 일부 신경 다양성에 기인한 질병)에 관해 알려진 특성 한 가지는 '무덤덤한 얼굴flat affect'이라는 것이다. 두 가지 유사 개념을 언급하면 곧장 알아들을 것이다. 바로 '포커페이스'와 '휴식 중인 썅년의 얼굴resting bitch face'[21]이다. 그러나 포커페이스는 일반적으로 목적이 있는 무표정이고 휴식 중인 썅년의 얼굴은 뚜렷한 부정적인 영향을 야기하는 반면, 무덤덤한 얼굴은 완전히 중립적이다. 내부에서 무슨 일이 일어나더라도 얼굴에 반영되지 않는다. 이는 자폐인이 친구의 슬픔에 공감해 내면적으로는 완전한 충격에 빠졌으나 겉으로는 태연하고 무관심해 보이는 어색한 상황으로 이어질 수 있다. 분명 짐작했겠으나 이로 인해 몇 가지 문제가 발생할 수 있다. 무덤덤한 얼굴이 모든 자폐인에게 보편적으로 나타나는 현상은 아니지만(실제로 우리 자폐인 중 상당수는 표현력이 매우 뛰어나며 나 자신도 그중 하나라고 생각한다) 독자 역시 그런 자폐인을 몇 명 만났을 가능성이 클 정도로 흔하기는 하다.

그런데 우리가 상대의 감정 상태에 공감과 이해를 표현하는 데에 성공했다고 한들 적극적인 응원을 위해 무엇을 해야 하는지 전혀 모를 수도 있다. 내 생각에 이는 흔한 상황으로, 내게도 너무나 익숙하다. 절친한 친구나 파트너가 나쁜 일이 있어 흐느껴 울고 있다면 나는 인간으로서 마음 깊이 공감하겠으나 겉으로는 어색하게 앉아 약간 눈살을 찌푸리고 아마도 입술을

---

[21] 별다른 의도 없이 은연중에 짓는 심각하고 화난 듯한 표정을 뜻한다.

앙다물고 있을 것이다. 머릿속에 안아줘야겠다는 생각이 떠오를 수도 있지만 (떠오르지 않을 확률도 똑같다) 갈팡질팡하다가 안아주지 못할 때가 많다. 그 대신 드라마 〈데어데블〉에 나오는 벤저민 포인덱스터[22]처럼 효과가 있다는 것을 아는 뻔한 문구에 의존한다. "정말 안타깝다. 너무 힘들 것 같아요." 실제로 발생하고 있는 감정적 사건을 이해하기 힘들어서 그러는 것이 아니고(잘 이해한다) 어떻게 반응해야 할지 몰라서 그러는 것이다. 나는 '스몰토크'의 규칙을 모르듯 우리 사회가 적절하다고 생각하는 반응이 무엇인지도 모른다.

자폐성 장애의 관점에서 볼 때 공감과 관련한 매우 흥미로운 개념이 또 한 가지 있는데, 이는 '마음 이론theory of mind'이다. 마음 이론은 자신과 다른 존재들에게 그들만의 생각과 힘, 감정 상태가 있다는 것, 그들이 본질적으로 나와는 분리된, 나의 생각이나 관념과도 분리된 자율적 생물이라는 것을 인식하는 능력을 가리킨다. 가령 내가 당신에게 자율적인 존재로서 내가 무엇을 생각하고 있는지 추측하라고 한다면, 당신은 적어도 우리가 똑같은 생각을 하고 있다고 가정하지는 않을 것이다(아마 당신은 이런 생각을 하고 있겠지. '이 이상한 남자는 왜 나한테 이런 질문을 하지? 어디서 온 인간이야?'). 축하한다! 당

---

[22] 마블 코믹스에 등장하는 악당으로, 사이코패스 살인자로 묘사된다.

신은 마음 이론을 숙지하고 있으며 결과적으로 완전한 능력을 갖춘 인간으로 간주된다. 좋은 일이다.

불행하게도 사람들은 오랫동안 자폐인에게 마음 이론이 결여되어 있다고 주장했다. 마음 이론이 동물의 지각력을 확인하는 표준 테스트로 사용된다는 사실은 신경 쓰지 말 것. 마음 이론을 모르는 인간도 있다고 주장하면 불편한 일이 생길 테니까. 마음 이론은 적어도 1990년대와 2000년대에는 자폐성 장애 연구의 표준 개념이었고, 이는 쉬이 확인할 수 있는 사실이다. 자폐인은 마음 이론을 모른다는 가정은 기이한 연구에 기반을 두고 있는데, 여기서 그 연구를 설명하고 싶다. 일단 자폐아에게 물건을 숨기는 아이에 관한 만화를 보여주면서 물어본다. "여기 A와 B 두 어린이가 있어. 둘이서 장난감을 갖고 놀던 중에 A가 화장실에 갔어. 그 동안 B가 장난감을 가방 속에 숨긴 거야. 화장실에서 돌아왔더니 장난감이 없네? A는 어디서부터 장난감을 찾아볼까?"

그러자 즐거운 얼굴로 가방을 가리킨 자폐아의 수가 상당히 많았다('B가 아는 것을 A는 모를 수 있다'는 사실을 이해하지 못한다는 뜻이었다). 이에 연구자들은 자폐인은 마음 이론이 부족하다고 공공연히 선언할 수 있었다. 문제는 후속 질문도, 다른 가능성에 대한 고려도 전혀 없었다는 점이다. 가령 자폐아가 그렇게 답한 이유는 'B는 지금까지 자주 그랬을 거고, 그래서 A는 가방을 보면 된다는 걸 알았을 거야'라고 짐작해서일 수도 있지만, 그에 대해 되물어본 사람은 아무도 없었다. 또한 문제의 만화 속에 달리 장난감이 있을 만한 곳이 그려져 있지 않다는 사실을 지적한 사람도 없었다. A가 "장난감이 어디 갔지?" 하고 두리번거리는 그림에서 A와 B는 광활하고 흰색 배경 속에 서 있고 곁에는 오로지 그 빌어먹을 가방 하나만 그려져 있었다. 그러니 아이는 거기 말고는 딱히 짚을 곳도 없었던 것이다.

이는 자폐 연구자가(역사를 통틀어 비자폐인이 압도적으로 많았다) 허술한 근거를 기반으로 내리는 중대하고 광범위한 결론의 훌륭한 예시다. 하지만 그로 인한 영향과 피해는 이미 발생했고, 2020년대에도 우리는 여전히 그 피해를 걷어내고 자폐인의 진실을 똑바로 인식하기 위해 노력하고 있다. 앞서 언급했듯 분명 자폐인에게도 공감 능력이 있다. 사실 자폐인 상당수는 공감력이 상당한 듯한데, 비자폐인이 보기에는 매우 특이한 방식으로 발현될 뿐이다.

많은 자폐인이 '과공감력'을 갖고 있다고 한다. 이는 위험하거나 불편한 상황에 처한 사람과 동물을 보면 일종의 극단적인 감정적 반응이 생긴다는 뜻이다. 나 역시 어려움에 처한 아이들을 보면 강하게 반응한다고 앞에서 말했지만, 내 공감이 아이들에게 국한된 것은 아니다. 자폐적 공감의 다른 흥미로운 특징 중에는 동물을 향한 극단적인 공감이(정말이지 **극단적**이다) 있다. 자폐인들이 종종 동물의 권리에 관해 아주 강한 견해를 견지하는 데에도 이유가 있는 것이다. 그래서 우리 중 상당수가 어떤 종류든 동물이 고통받는 모습을 견디지 못한다. 나도 고통받는 동물을 보거나 울음소리가 들리면 즉시 그 동물의 안위를 향한 불안과 두려움에 압도되며 곤경에 처한 동물에게 강한 슬픔과 동정심을 느낀다. 과연 나는 환경 보존과 동물 복지를 지극히 염려하며, 2020년 초 호주에서 산불 때문에 수많은 동물이 죽었던 것 같은 끔찍한 소식을 듣게 되면 정말이지 눈물이 터질 것 같다. 공감력이 부족한 사람의 행동은 아니다.

따라서 자폐인은 공감력이 어느 누구 못지않다고 할 수 있겠다. 물론 우리가 공감을 표현하는 방식이 흥미를 자극할 만큼 다양하고 (비자폐인이 볼 때는) 전형적이지 않을 수 있다. 그것도 우리가 공감을 표현할 수 있을 경우의 이야기지만. 어쨌든 **대부분의 자폐인은 공감력이 있다.** 따라서 자폐인은 의미 있는 인간관계를 형성할 능력이 없다고 걱정하고 의심하는 비자폐인은 진정해도 될 것이다. 자폐인은 대체로 친구를 사귈 능력이 충만하다. 다양한 어려움이 있기는 하지만.

외로움을 느낄 줄 안다

보통 자폐인은 지구상에서 가장 내향적인 사람이라고들 생각한다. 사실상 은둔자라고, 외딴섬의 오두막에 살면서 평생 다른 사람을 만나지 않는다고 해도 전적으로 만족할 사람들이라는 것이다. 자, 우리 자폐인 중에는 이런 가정이 사실일 사람들도 있다. 내 꿈은 은퇴한 뒤 스코틀랜드의 섬에서 은둔자의 삶을 사는 것인데, 누가 뭐래도 이 꿈을 단념하지 않을 것이다. 그러나 자폐인의 내향성은 그렇게 간단한 문제가 아니다.

자폐인 중에는 여러 중요한 특성을 종합했을 때 상당한 외향인이라고 할 만한 사람들이 있다. 그러니까, 비자폐인이 예상하지 못한 방식이더라도 자폐인 역시 (휴식 시간이 주어져야 한다는 단서가 있지만) 사람들과 함께 어울리고 관심을 받으며 잘 지낼 수 있다는 뜻이다. 신경 전형인의 외향성과 똑같아 보이지 않을 수도 있지만, 자폐인과 비자폐인에게서 똑같은 방식으로 발현되는 것은 아무것도 없다. 요점은 자폐인이 반사회적이며 심지어 인간을 혐오한다는 오래되고 널리 퍼진 고정관념에는 굉장한 오류가 있다는 것이다. 그러나 많은 자폐인이 스스로 외향인으로 정체화했음에도 불구하고, 내가 이야기해본 상당수는 사회적 불안이나 두려움을 느껴서, 혹은 자신의 성향을 '때려 눕혀 없애버린' 결과 때문에 타고난 외향성을 꽃피울 수 없었다고 말했다. 역설적으로 들릴 수도 있으니 잘 살펴보자.

선천적으로 외향성을 타고난 자폐아를 상상해보라. 사람들과 함께 있을 때 행복하고, 관심을 즐기고, 주변 사람들로부터 에너지를 얻기도 한다. 공감력이 뛰어나고 타인과 어울리며 잘 지낸다. 그러나 그들은 자폐가 있기에 신경 전형성을 지닌 동료들에 비해 사뭇 다른 의사소통 기술을 가지고 있다. 내가 1장에서 설명한 것들 말이다. 시간이 지나며 이러한 의사소통 방식의 차이는(주변 사람들은 '힘겹다'거나 '어렵다'고 말할 것이다) 문제로 발전한다. 친구와 사이가 틀어지고, 싸움이 일어나고, 따돌림이나 심지어 괴롭힘까지 당한다. 외향인 자폐아는 조금씩 끔찍한 사회적 경험으로부터 은유적인 타격을 받아 움츠러들고 사람들과 보내는 시간을 점점 줄이게 된다. 남은 생애 동안 그들은 사회적 상호 작용을 조심하고 경계하고 심지어 두려워하지만, 타고나길 외향적인 성향을 없앨 수는 없다. 대신에 그들은 일종의 비자발적인 내향성을 강요당하게 된다.

이것은 아마도 전 세계적으로 수천 번은 반복되었을 이야기이며, 그 결과 우리 자폐인은 극도로 내성적이고 조용하며 인간 접촉을 경계하는 것처럼 보이게 되었다. 그러나 자폐인 공동체 내부에는 트라우마를 유발하지 않는다는 전제하에 더 많은 상호 작용을 통해 힘을 얻고자 하는 사람들이 있다. 슬프게도, 자폐인들이 필요한 것을 얻을 수 있을 만큼 편안하고 안전한 세상에 도달하기까지 갈 길이 멀다. 그러므로 지인 중에 자폐인이 있다면 우리에게 타인과 함께하고자 하는 욕구가 없다고 가정하지 않는 쪽이 현명할 것이다. 자폐인도 외로움을 느낄 줄 안다.

현재로서는 자폐성 장애의 내향성에 관한 거짓된 이야기가 이어지고 있으니 사교적인 자폐인들은 학교에 들어갈 때부터 은퇴할 때까지 줄곧 자기 자신일 수 없다. 학교에서 점심 시간과 쉬는 시간마다 도서관이나 계단 밑 눈에 띄지 않는 구석에 숨어 혼자 있는 자폐아는 걱정거리로 보이지 않는다. 교사는 '괜찮다'고, '저 애는 자폐아'라고 생각하리라. 그래서 자폐아는 조용히 탐지망을 피해 다니고, 그들의 강렬한 외로움은 결국 더 위험한 우울증으로 탈바꿈한다. 외로움이 반드시 우울증으로 발전한다고 말하는 것은 아니지만, 자폐성 장애에 관한 낡은 관념 때문에 놓치기 쉬운 확실한 인과관계가 있다.

    자폐인이 친구와 어울릴 때는 어떤 모습인지, 사교 상황에서 어떤 태도를 취하는지 알고 싶다면, 신경 다양성을 지닌 학생들이 방과 후에 참석하는 자폐 친화적 동아리를 살펴보라. 내 경험에 따르면 이러한 동아리는(가령 뜨개질, 체스, 환경 및 동물 복지, 모의 전쟁 게임 등 주제는 다양하다) 자폐인 학생을 포함해 여러 신경 다양인을 광범위하게 포용하며, 이런 모임에서는 자폐인이 사회적 접촉을 즐기는 모습을 쉽게 접할 수 있다. 그들은 자신의 관심사에 관해 이야기하고, 취미의 세세한 사항에 관해 논쟁하고, 웃고, 농담하고, 친구와 아무 말 없이 나란히 앉아 있다. 이런 경험은 성인이 되어서도 계속되며, 나는 내가 경험한 가장 따뜻하고 즐거운 사회적 활동에는 어떤 방식으로든 다른 자폐인이 함께하고 있었다고 단언할 수 있다. 문제는 무엇보다 가능성의 여부다. 사회적 연결을 추구하는 자폐인이 괴롭힘을 당하거나 악의적인 대우를 받을 염려 없이 존재할 수 있는 안전한 공간은 매우 드물기 때문에(대부분의 삶의 영역에서 이것은 사실상 표준이지만) 이런 공간을 찾는 일은 시간이 걸리고 심지어 불가능하다고 느껴질 때도 있다.

많은 자폐인이 친구를 구하고 있다. 상당수가 친구를 원하고, 함께 시간을 보내고자 하고, 친구에 관해 잘 알고 싶어한다. 물론 모든 사람이 그런 것은 아니다. 친구 없이 꽤 행복하게 지내는 자폐인도 있다는 사실을 다시금 상기해야겠지만, 개인적으로는 이것이 표준이 아니라 예외라는 확신을 굳히고 있다. 다른 자폐인은 (충격적이고 두려운 사실이지만) 신경 전형성을 지닌 여러분과 비슷하다. 물론 우리가 우정이라는 구불구불한 장애물 코스를 헤쳐나가는 방식은 표준이라고 인식되는 것과 조금 다를 수 있겠지만.

우리들의 사교생활

인터넷에서 조금만 찾아보면 우리 자폐인의 내면에 도사리고 있는 한 가지 심각한 공포에 관한 이야기를 찾을 수 있을 것이다. 언제든 우리를 공격해 하루를 완전히 망치려고 벼르고 있는 공포. 이 원시적인 공포는 우리가 가장 무방비하고 취약한 순간에 가장 깊이 파고든다. 마지막으로 그 공포를 느꼈던 순간을 기억한다. 그때 나는 평온하고 행복했으며, 친구와 함께 앉아 최근 우리 중년의 생활에 일어난 일들을 검토하고 햇살 아래에서 맥주를 마시며 즐거운 시간을 보내고 있었다. 그런데 갑자기, 정말이지 난데없이 공포가 실현되었다. 다른 사람이 나타나서 합류한 것이다.

지나치게 극적으로 묘사한 것을 사과하고자 한다. 그러나 여럿이 어울리는 자리에서 예상치 못한 인물이 나타났을 때 생기는 공포를 어떻게 표현할 수 있을까? 내게 여럿이 어울리기 위한 마음의 준비는 매우 어려운 일이며, 항상 어려웠다. 오랫동안 나는 이것이 내가 싸우고 극복할 수 있는 일종의 내향성이라고 생각해서 억지로 파티나 공연, 모임 등에 자주 참석했다. 지금은 이런 행동이 비생산적이라는 것을 알고 있다. 이러한 자폐적 특성을 '극복'할 수는 없다. 적어도 나는 극복 방법을 모른다. 사실 자폐인은, 여러 면에서 외향적인 자폐인조차(그리고 놀랄 만큼 많은 자폐인이 외향성 자질을 가지고 있다), 사람들과 함께 있으면 놀라운 속도로 배터리가 소모되며 모임이 끝난 후나 심지어 도중에도 상당한 휴식 시간이 필요할 때가 많다. 내가 자폐인이라는 사실을 알게 된 후로 사교 활동이 기대되는 상황에 이따금 자리를 떠나 누워 있는 시간을 갖기 시작했는데, 큰 도움이 되었다.

그러므로 자폐인들은 이 간단한 처치를 유념한 채로 사회적인 상황을 더욱 신중하게 계획하고 준비해야만 한다. 누가 참석할지 알아두는 것도 당연히 계획에 포함된다. 나는 자폐인이 모인 대규모 트위터 커뮤니티에 단둘이 만나는 것과 여럿이서 어울리는 것 중 어느 쪽을 선호하는지 물었고, 천 개가 넘는 답변을 받았다. 대다수가 단둘의 만남을 선호했지만(82퍼센트),

댓글을 살펴보니 맥락이 큰 영향을 미친다고 했다. 가령 모인 사람이 전부 자폐인이거나 게임과 같은 공유 활동이 있는 경우에는 이쪽이 더 편하다고들 했다. 그래도 우리는 일대일 방식을 선호한다. 왜냐하면 내가 이미 설명한 다른 문제들의 여파를 줄여주기 때문이다. 한 사람을 상대할 때는 스몰토크를 한 차례만 해도 되고(잘 아는 사이라면 전혀 할 필요 없다), 말할 차례를 식별하는 것도 훨씬 쉽고, 유머 시도나 주제 변경이 긍정과 부정 중 어떤 반응으로 이어질지 짐작하는 것도 훨씬 수월하다.

우리는 일대일 모임을 계획하고 준비한다. 인사를 연습하고, 관련 대화 주제를 검토하고, 어디에 앉고 싶은지 결정하는 (이를 위해 온라인으로 장소를 검색하고 좌석 배치도를 살펴볼 수도 있을 텐데, 숨어들 수 있는 자리가 가장 좋고 으슥한 벽감이나 벽에 등을 기댈 수 있는 곳도 선호의 대상이다) 등의 준비 작업을 진행하는데, 지금껏 겪은 쓸쓸한 사교 활동을 돌이켜보면 이러한 종류의 준비는 분명 할 만한 가치가 있다. 문제는 많은 자폐인이 종류를 막론하고 놀랍거나 예상치 못한 일을 받아들이는 데에 어려움을 겪는다는 것이다. 나는 그것이 우리의 기본 스트레스 수준이 이미 너무 높기 때문이라고 생각한다. 그래서 우리가 세심하게 준비한 모임에 제삼자가 참여하는 모습을 지켜봐야 한다면 심각한 상처와 스트레스를 받게 된다. 혼자 해낸 신중한 계획이 갑자기 전부 쓸모없게 되었으니까.

어색한 스몰토크를 반복해야 할 지도 모르는 데다가, 언제 입을 열어야 할지 알아내야 한다는 두려운 과제가 더해진다. 자, 그렇다고 모든 자폐인이 일대일 사교 활동만을 원한다는 말은 아니다. 여러 사람이 모이는 자리를 좋아하는 자폐인도 많다. 모이는 사람이 많아서 (내 생각에는 넷 이상) 필요할 때마다 잠시 숨어 재충전할 기회를 즐길 수 있을 정도라면 큰 모임을 특히 좋아할 만하다. 나도 휴식이 필요할 때마다 10분쯤 입을 다문 채로 웅크리고 있어도 아무도 눈치 주지 않는 모임에서는 친구와 지인 여럿이서 즐거운 저녁을 보낼 수 있었다. 그러나 모임에 예상치 못한 인물이 나타났을 때 느끼는 불편함은, 적어도 이번 장에서는, 우리가 논할 수 있는 가장 보편적인 자폐성 장애의 특성이리라.

그렇다면 어떻게 해야 할까? 이 문제에 있어서는 어려움 없이 자폐인 친구와 가족을 포용할 수 있다. 그들이 모임을 계획하고 준비할 것이 거의 확실하니 그들의 계획과 준비를 인정하고 존중하라. 절대적으로 불가피한 경우가 아니면 작업 중인 사람에게 스패너를 던지지 말 것. 다른 사람들도 함께하기를 원한다면, 자폐인에게 다른 사람이 나타날 수 있다는 것을 알려야 한다! 제삼자가 나타날 가능성이 있을 듯하면 살짝 귀띔하라. 그리고 자폐인 친구를 만날 때 다음 지침을 마음에 새기면 좋을 것이다.

▶ **모임 직전에 장소를 변경하지 말 것!** 갑작스레 장소가 바뀌는 바

람에 내면의 균형이 와르르 무너져서 곧장 집으로 간 경험이 여 럿이다. 심술 부리는 것이 아니다. 새로운 장소에 정신적으로 준 비가 되어 있지 않아 공황에 빠진 것이다. 최악의 경우, 바꾼 약 속 장소는 내가 알지 못하는 곳, 가본 적 없는 곳이리라. 이러면 내가 나타나지 않으리라고 거의 확신할 수 있다.

▶ **자폐인이 먼저 앉거나 서 있을 자리를 선택하면 잘 따라줄 것.** 내가 앞에 설명한 많은 이야기와 마찬가지로 권리 의식과 자기 중심주의에 취한 것처럼 들리겠지만 너무 부정적으로 받아들이 지 말아달라. 이것은 **선호가 아닌 필요에 얽힌 문제다.** 자폐인 의 요구 사항은 다른 장애인의 요구 사항과 동일하게 지극히 현 실적이다. 자폐인의 요구와 가령 휠체어 경사로의 차이점은, 자 폐인의 요구 사항은 눈에 보이지 않고 행동에 기반하며 과도하 고 버릇없는 태도로 묘사되어 오해하기 쉽다는 것이다. 실제로 는 전혀 그렇지 않지만. 결론적으로 자폐인은 만족해야 할 내면 의 요구 사항이 있기에 그들이 하고 싶은 대로 최대한 자유를 허 락해주면 좋을 것이다. 그들이 원하는 것이 사생활이나 침묵, 안 락함, 조명, 소리, 무엇이든.

▶ **자폐인이 피곤해하거나 당신의 바람보다 일찍 떠나려고 해도 침 착하게 받아들일 것.** 항상 그런 것은 아니지만 친구와 만나면 에 너지량이 크게 요동치는 바람에 도망치고 싶은 충동을 억제해야 할 만큼 극도로 지칠 때도 있다. 따라서 만남이 갑작스럽게 중단 되는 상황도 예상해야 한다. 이는 당신과 함께 있는 시간이 아주

재미있다는 증거이며, 애초에 우리가 애써 버텼다는 것만으로 굉장한 일이다!

우리들의 조금 다른 우정 방식

자폐인의 우정은 부분적으로 자폐인의 성격에서 '매력적이지 않은' 특성들에 가면을 씌웠기에 가능하다고 말한다면 완전한 틀린 이야기는 아니다. 그래서 자폐인의 우정을 다소 회의적인 시선으로 바라보게 되지만, 솔직히 나는 좋은 친구들과 함께하는 삶이 너무 감사해서 더 깊이 들여다보고 싶지 않은 심정이다.

자폐인은 인간관계와 상당히 껄끄러운 관계를 맺고 있다. 우리가 의사소통하는 방식의 차이는 앞서 말했던 모순적인 내향적 외향성과 함께 분명 잠재적인 문제 요인이 된다. 우리는 친구를 원하는 동시에 가능한 한 빨리 그들로부터 벗어나고 싶은 충동을 느낀다. 밖으로 나가서 친구와 함께 시간을 보내고 싶지만, 집으로 달려와 찬장에 숨어 회복하고 싶은 마음도 간절하다. 살면서 겪은 트라우마는 우리가 친구들과 상호 작용하는 방식에 항상 영향을 미치겠지만, 트라우마 때문에 친구를 원하지 않을 거라고 짐작해서는 안 된다.

그러나 늘 그렇듯이, 자폐인이 생각하는 우정과 신경 전형성의 세계에서 우정이 의미하는 바는 상당히 다르며 이로 인해 갈등이 발생할 수 있음을 쉽게 알 수 있으리라.

나는 매일 트위터에 너무 많은 시간을 쏟는다. SNS를 이용해 사람들과 어울리려는 것이다. 담백하게 고백하겠다. SNS에서 시간을 보내는 것, (대부분 직접 만난 적은 없는) 지인과 메시지 주고받기는 내게 효과적인 사고 활동이다. 우리는 아이디어, 농담, 공감을 나눈다. 이야기를 하고, 비밀을 털어놓고, 조언한다. 각자 자신이 사는 집, 마을, 국가, 반구에서 글로 어울리는 것이다.

이런 교류가 왜 그토록 폄하되는지 모르겠지만, 아무래도 대다수는 이렇듯 온라인에만 기반하는 관계를 '나란히 앉아서 맺는' 현실 속 관계의 어렴풋한 모방이라고 보는 것 같다. 어차피 하는 일은 똑같은데. 나로서는 왜 주변에 앉아 있다는 사실이 우정의 절대적인 기준으로 간주되는지 잘 모르겠지만, 조만간 함께 붙어 앉을 수 있다는 확신이 없다면 그것은 우정이 아닌가 보다.

우정은 주기적으로 물리적인 근접성을 공유해야 한다는 관념은 너무나도 강하고 당혹스럽다. 즉각적이고 신뢰할 수 있는 전자 통신이 이루어지기 전, 한 곳에 함께 앉아 있는 소통의 유일한 대안이라고는 터벅터벅 우체국에 다녀오는 것이나 더 모험적으로 비둘기를 이용하는 것뿐이던 시절에는, 같은 자리에 있지 못하는 관계가 꽤 불만스럽고 힘들었을 것이다. 다만 지금은 2020년대 초반인데 무엇이 문제란 말인가? 왜 사람들은 온라인 우정이 하등하다고 고집하는 걸까? 신체적 접촉을 할 수 없어서? 글쎄, 나는 결혼식에서 하는 포옹을 제외하고는 단 한 번도 내 친구들과 몸이 닿아본 적이 없다고 자신할 수 있다. 자폐인이 중요시 하는 원칙은 신체적 접촉을 최소화하는 것, 지극히 친밀한 사람들에게만 허락하는 것이다.

주로 어쩌면 전적으로 온라인에 기반한 모임에 참여하고 있고 실제로 '만난' 적은 없지만 신실한 진짜 친구가 있는 자폐인이 상당하리라 짐작한다. 또한 신경 전형인에게 사는 곳에 기반한 '전통적인' 우정이 효과적인 것과 마찬가지로 우리에게는 이런 식의 우정이 효과적이고 만족스럽다고 믿는다. 우정을 유지하기 위해 자주 물리적으로 근접해질 필요도 없고, 정기적으로 연락할 필요도 없다. 나는 사람들과 주기적으로 연락하는 것이 정말 힘들다. 사회적 상황에서 어색해하는 경향과 단순한 건망증이 결합한 결과인 것 같다. 자폐인의 뇌에서 흔히 나타나는 선천적 건망증은 종종 문제를 일으킨다. 나는 한 프로젝트나 걱정, 관심사에 푹 빠져서 시간 가는 줄 모르다가 몇 주, 심지어 1년이 지난 후 다시 세상을 인식하고 내게 중요한 사람들도 모두 기억해내고는 하는데, 그때쯤 가장 친한 친구, 여동생, 부모님은 모두 체념하고 내가 죽었을 가능성을 받아들인 상태더라.

하지만 자폐인은 다른 사람의 소식을 듣지 못해도 별로 개의치 않는 것 같다. 똑같은 자폐인을 친구로 두면 긴 세월 동안 연락을 하지 않아도 우정에 큰 어려움이 없다. 우리의 우정은 신경 전형인의 우정보다 훨씬 느린 속도로 쇠퇴하는 걸까. 자폐인 친구에게는 꼬박 한 해 동안 깜빡하고 연락을 안 해도 즐거운 메시지를 보내면 자연스럽게 과거에 나누던 대화를 이어갈 수 있을 것 같다.

내 생각에 이것은 자폐의 장점이며, 자폐인이 상대로부터 연락이 없어도 부정적으로 해석하지 않고 아무것도 미리 짐작하지 않는 본래적인 능력 덕분이라고 생각한다. 우정에 합리적인 자신감과 행복감을 느낄 때는 오랫동안 연락이 끊겨도 편안하게 받아들이는 경향이 있는 듯한데, (지금 나는 위험하게도 탄탄한 근거가 될 만한 데이터 없이 과학적 가설 같은 것을 내놓으려 한다) 이는 자폐인의 우정이 갖고 있는 자연스러운 특성일 수 있다. 자폐인에게 우정은 더 단단하고 견고하며, 좀처럼 무너지지 않고 유지 관리의 필요성도 훨씬 덜하다. 따라서 우리는 신경 전형인 친구들도 이런 식으로 대할 것이다. 비록 우정의 성공률은 훨씬 낮겠지만.

그러니 당신에게 자폐인 친구가 있다면(알든 모르든 분명 있을 것이다) 다음 사항을 염두에 두는 것이 정말 좋으리라.

▶ **그는 다른 친구들처럼 '지속적'이지 않을 수 있다.** 갑자기 나타났다가 사라질 수도 있고, 종종 아무 말도 없을 것이며, 오랫동안 보이지 않을 수도 있다. 반려 고양이처럼. 이것은 그가 당신을 미워하거나 소중히 여기지 않는다는 신호가 아니다. 분명 우리에게는 우정이 작동하는 방식이 다르기 때문이다.

▶ **전적으로 온라인에 기반한 관계에 오롯이 만족해서 실제로 '만나고' 싶은 욕구가 생기지 않을 수도 있다.** 다시 말하지만, 이는 그들이 당신과 당신이 옹호하는 모든 것을 경멸한다는 뜻이 아니다. 단지 (우리 자폐인에게) 현실의 만남이란 힘든 일이고 기본적으로 불필요하다는 뜻이다. 스트레스를 잔뜩 받을 수 있는 상황에 자신을 억지로 몰아넣는 것보다 지금의 우정을 즐기는 쪽이 훨씬 더 낫다.

▶ **쉽게 지치는 것처럼 보일 수 있다.** 사교 모임의 중심에 있다가도 (심지어 파티의 핵심 역할을 하다가도) 갑자기 혼자 멀리 떨어져 있을지도 모른다. 만나서 함께 시간을 보내다가 갑자기 작별 인사도 없이 자리를 떠날 수도 있다. 이는 당신의 호감도를 판단한 결과가 아니다. 사회적 배터리가 갑자기 방전되어 나타난 자연스러운 결과다.

나는 작별 인사도 없이 친구들을 두고 떠난 경험이 몇 번이나 있다.

주목할 만한 사례 하나는 노팅엄에 공연을 보러 갔다가 일어난 일이다. 문득 땀에 젖고 술에 취한 사람들과 부대끼며 음악을 즐길 힘이 완전히 소진되었다. 오래된 폰으로 복잡한 작업을 하려 한다고 상상해보라. 배터리가 금세 80%에서 0%로 떨어지는 놀라운 순간이 닥치기 마련이다. 나는 뒤돌아 인파를 헤치고 출구로 갔고, 차가운 밤 공기 속으로 발을 내디뎠다.

마치 시린 물에 뛰어든 것 같아 정신이 번쩍 들었다. 나는 기차역으로 걸어가는 길에 깊은 죄책감을 느꼈지만, 필요한 조치였다는 사실을 알고 있었다. 작별 인사는 너무나 어렵고 힘든 일이었으리라. 나는 집에 와서 바로 잠자리에 들었다.

사랑에 빠진 자폐인

앞에서 언급했듯이 사람들이 구글에 자주 검색하는 질문 중에는 (구글의 예상 검색 알고리즘이 믿을 만한 것이라면) 이런 간단한 것도 있다. '자폐인도 사랑을 느낄까?' 나는 절망적일 만큼 순진한 사람이라 어떻게 이런 질문을 하냐며 웃고 말지만, 결국 사람들이 의아해하는 데에는 이유가 있다. 이제 그 이유를 파헤쳐볼 시간이다.

여러 번 확인했듯 자폐인에 관한 고정관념에 의하면 우리는 말도 안 될 정도로 어색하고, 절망적일 만큼 냉담하며, 누구나 지루함과 경멸감으로 눈을 굴리게 만드는 주제에 매료되는 사람이다. 이는 우리가 매일 같이 마주하는 자폐의 초상이다. 이런 특성은 전부 1980년대 영화 〈레인 맨〉을 기반으로 한 것이 분명하기에, 더스틴 호프만이 연기한 주인공의 이름을 따서 '레이먼드 배빗 모델'이라고 부르고 싶다. 이 영화가 대중의 의식 속에 자폐성 장애의 이미지를 확고히 새긴 이래로 레이먼드 배빗 모델은 자기만의 생애를 얻어냈을 만큼 널리 퍼졌다. 비자폐인 신경 다양성 '전문가'에게 주기적으로 도움과 부추김을 받아 끝없이 확산되고 재생되며 대중의 자폐성 장애에 대한 오해 중 상당 부분에 원인을 제공했다.

배빗은 연애 관계든 성애 관계든 성인으로서 다른 인간과 어떤 종류의 관계도 맺을 수 없는 사람으로 묘사된다. 어린아이 같고 순진한 그는 연애에도 성애에도 관심이 없다. 그 결과 자폐인은 전부 그렇다고 믿는 사람이 너무나도 많아졌다.

지금껏 알려진 바에 의하면 자폐성 장애의 주요 원인은 유전이라, 부모가 자녀에게 물려주는 것이다. 자폐인 상당수가 진단을 받은 후 자신의 부모에게도 자폐적 특성이 많다는 것을 깨닫는다고 한다. 마찬가지로 아이가 학교의 지시로 검사를 받았다가 진단으로 이어지면 부모도 자신이 자폐인과 공통점이 많거나 실제로 자폐가 있다는 사실을 알게 되고는 한다. (이는 너무나도 흔한 일이라 나는 아이가 자폐 진단을 받으면 일의 진행 속도를 조금 높이기 위해서라도 자동으로 부모 역시 검사를 받아야 한다고 믿는다.)

자폐인은 진단을 받으면 기억에 기반해 가족을 전부 돌아보며 가상의 진단을 내리는 방식으로 반응한다. 조부모와 이모할머니, 삼촌들, 먼 사촌들에게 자폐인의 특성이 얼마나 많았는지 되돌아보는 것이다. 자폐는 온 가족의 문제인 것처럼 보일 때가 많다. 자, 자폐인이 섹스를 하지 않는다면 이런 일이 일어나겠는가.

자폐인도 인간이며, 대부분의 인간과 마찬가지로 연애와 성적인 관계를 향한 욕구가 있다. 자폐인이라고 해서 이런 인간의 기본적인 욕구가 사라지지는 않는다. 물론 자폐인 사회에는 연애적 끌림을 느끼지 못하는 에이로맨틱aromantic과 성애적 끌림을 느끼지 못하는 에이섹슈얼asexual이 많지만, 이는 신경 전형성의 사회에서도 마찬가지다. 자폐인들도 데이트하고, 끼 부리고, 아무하고나 잠자리하고, 정착하고, 결혼하고, 이혼한다. 이는 앞서 언급한 배빗 모델과 자폐성 장애가 아이들에게만 영향을 미치기에 복잡한 성인들의 관계와는 무관하다는 믿음이 (마치 18번째 생일이 되면 마법처럼 자폐성 장애를 '졸업하게' 되는 것처럼) 결합해 좀처럼 폭넓은 논의나 고민의 대상이 되지 못한 결과다.

자폐인의 연애만 다루는 책 한 권을 쓸 수도 있을 것이고 그래야 온당하리라. 그러나 여기서는 기본적인 내용만 다루려고 한다. 그러나 자폐인의 우정이 신경 전형성의 우정과 어떻게 다른지 설명한 내용 중 상당 부분이 자폐인의 연애에도 적용될 수 있다는 점을 알면 유익할 것이다. 가령 자폐인은 장거리 연애에 더 적합할 수 있는데, 멀리 사는 자폐인 친구들이 가까이서 시간을 보내지 않고도 잘 지내는 것과 똑같은 원리다.

자폐인이 전통적이지 않은 관계를 맺을 가능성이 높다는 일화 증거도 많다. 자폐인은 '전통'에 큰 의미를 두지 않는 경우가 많고 분명 전통적이지 않은 것을 선호할 때 더 행복해하며 자신의 이런 면모에 전혀 개의치 않는 듯하다. 우리는 자폐인이 LGBTQ+ 공동체[23] 중에서도 TQ+와 강한 유대 관계를 맺고 있다는 사실을 알고 있다. 이는 '규범'을 향한 경멸감 덕분에 우리가 존재해야 하는 방식대로 존재할 수 있고 살아야 하는 삶을 살기 때문이라고 믿는다. 증조할머니와 증조할아버지가 선호했던 좁은 정의에 자신을 끼워 맞추지 않는 것이다. 또 다른 예는 폴리아모리[24]를 추구하는 자폐인이 많다는 것이다. 그들은 규범을 무시하고 자신에게 맞는 색다른 것을 포용하며 살아간다.

한 가지는 확실해 보인다. 성애적, 연애적 친밀 관계에 있어서는 감각 민감성이나 시선 회피 같은 문제가 약해질 수 있다는 것이다. 이런 관계에서는 상대를 향한 신뢰가 엄청나게 높아지기 때문인지, 아니면 정말 '사랑'에 마법 같은 힘이 있는 것인지, 잘 모르겠다. 하지만 의사소통하고 타인의 의도를 이해하는 데에 상당한 문제를 겪고 있는 사람들에게 연애는… 어려울 수 있다.

예를 들어 나는 누군가가 끼를 부려도 절대 알아채지 못한다. 그냥 친절하게 구는 거라고 생각하고는 5년에서 10년쯤 지난 후에 식은땀을 흘리며 잠에서 깨어 실은 그것이 유혹이라는

---

[23] 레즈비언Lesbian, 게이Gay, 양성애자Bisexual, 트랜스젠더Transgender, 자신의 정체성을 고민하는Questioning 이들에 더해 다른 정체성까지 포함하는 넓은 의미의 성소수자 공동체.

[24] 비독점적 다자연애. 두 사람이 아니라 여러 사람이 연애 관계를 이룬다.

사실을 깨닫는다. 그때 나 역시 상대에게 매력을 느꼈고 심지어 끼 부리는 행동을 시도했을 가능성이 있다는 것을 유념해야 한다. 나는 유혹을 할 수는 있어도 당하지는 못하는 것이 분명하다. 문제는 유혹이 내가 이미 불평했던 은근한 암시 심리전의 극단이라는 것이다. 서로가 서로에게 매력을 느끼는지 판단하기 위해 고통스러울 정도로 복잡한 기호와 상징의 게임이 펼쳐지고 만다.

안타깝게도 '생각이 너무 많은' 사람들에게, 사실과 희망 사이에 있는 이 이상한 공간을 고통 없이 탐색하기란 불가능한 일이다. 상대의 유혹은 전부 다른 것으로 설명할 수 있다. 그저 기분이 좋거나, 술에 취했거나, 어떤 식으로든 착각한 것일 수도 있으니까. 그리고 우리가 직설적으로 진심을 물어볼 일은 죽었다 깨어나도 없다. 모든 자폐인에게 이런 경향이 있는 것은 아니다. 이는 우리 자폐인이 자신에게 해로울 때조차 신경 전형성 사회의 관습을 흡수한다는 사실을 보여주는 좋은 예시거나, 신경 유형이 무엇이든 사랑에 있어서 명확한 것 따위는 없다는 사실을 보여주는 슬픈 예시다.

어쨌든 우리는 출 수 없는 춤을 추면서 모든 가능성이 좌절되기 전에 관계를 시작할 수 있도록 우연히 동작 몇 가지라도 성공하기를 바랄 뿐이다. 그러나 관계의 영역에서 명확하고 명시적인 의사소통이 전적으로 부족한 현실에도 불구하고 자폐인은 상대가 자폐인이든 비자폐인이든 꽤 성공적인 관계를 유지하는 것 같다. 그리고 자폐인들이 함께 잘 어울린다는 생각에는 일리가 있지만, '자폐인들끼리 모이면 전부 잘 지낼 것'이라고 오해해서는 안 된다. 이는 스코틀랜드 사람들은 전부 친구일 것이라는 단순하고 말도 안 되는 발상에 버금간다.

자폐인은 (예상할 수 있듯 인간이기에) 각양각색이므로 자폐인들의 관계가 완벽하리라고 보장할 수 없다. 사실 자폐적 특성은 놀랄 만큼 충돌 가능성이 높다. 자폐성 장애에 관한 글을 쓰는 작가 조앤 림버그가 내게 이런 말을 했다. "한 사람에게 필요한 자기 자극 행동이 다른 사람에게는 지옥 같은 감각 자극일 수 있는 거죠." 이런 불행한 충돌을 직접 경험한 사람으로서 나는 마음 깊이 동의한다.

말은 이렇게 했지만 자폐인이 서로에게 아주 좋은 파트너가 될 수 있다는 관점은 합리적이다. 서로 다른 방식으로 함께하는 경험은 특별한 관심사를 함께하는 것처럼 상당히 긍정적인 효과를 발휘할 수 있다. SNS상의 많은 자폐인이 '나란히 놀기parallel play', 즉 조용히 옆에 앉아 각자의 특별한 관심사를(4장에서 더 자세히 설명할 예정이다) 나누는 일이 얼마나 즐거운지 이야기한다. 솔직히 말하면 연인과 함께하는 방식 중에서도 꽤 즐거운 축에 속하지 않나.

포옹, 키스, 섹스 등 신체 접촉의 문제에 관해서는 감각 민감성에 적용되는 일반적인 주의 사항이 그대로 적용된다. 그도 그럴 것이, 특히 섹스는 매우 강렬한 감각 경험이고, 신체 접촉이 너무나도 많이 이루어져 자폐인에게는 과도할 수 있다는 것이 (바라건대) 이해하기 쉬우리라. 그리고 덧붙일 말도 없는 것은 그 활동의… 께름칙함이다. 온도, 습도, 땀 등의 감각에 지나치게 예민한 사람으로서 이런 민감성은 성적인 행위에 있어서 문제가 될 수 있는데(잘 알겠지만 '땀에 푹 젖은 침대에서 자야 하는 밤' 같은, 영화 속 낭만적인 섹스 장면에서 쏙 빼놓는 것들) 이런 것들은 불쾌감을 줄 수 있으므로 후에 성욕에 문제를 일으킬 수도 있다. 비자폐인이 자폐인과 성적인 관계를 맺게 될 경우, 섹스에 대한 욕구와 일부 감각적 측면을 향한 혐오 사이에서 균형을 맞추는 일이 얼마나 어려울 수 있는지 유념하면 좋을 것이다. 그리고 더 편안하고 만족스러운 관계를 위해 유익한 대화를 나눌 시간도 있으리라.

다음 장으로 넘어가기 전에, 취약성에 관해 간단히 이야기하고 싶다. 최근에 알게 된 개념 중 자폐인 사회와 관련이 깊은 흥미로운 것이 있는데, 바로 '친구 범죄 mate crime'다. 이것은 우리가 친구라고 믿었던 사람들이 저지르는 학대와 홀대를 뜻하는 용어이며, 불행하게도 자폐인들이 흔히 겪는 문제다. 예를 들면, 누군가가 뒤틀린 방식으로 우리의 신뢰를 얻어내 나중에 큰 문제를 일으키는 것이다. 돈을 요구하는 등 금전적인 문제나 조종하고 학대하는 정서적인 문제, 심지어 성폭력으로 이어지기도 한다. 자폐인이 쉽게 당하는 이유는 우리가 속기 쉬운 바보라서가 아니라, 친절하게 대해주는 사람들을 깊이 신뢰하기 때문이다.

'친구 범죄'는 자폐인에게 한정된 문제가 아니고 트라우마로 인한 문제다. 그러나 너무 많은 자폐인의 삶에 강렬한 트라우마가 있기 때문에 교집합이 크다고 할 수 있다. 자폐인의 상당수는 친절해 보이는 사람을 쉽사리 신뢰할 때가 많아서 피해를 입을 수 있다. 그것이 상대의 목적이라면. 자폐인과 함께하는 삶을 살고 있다면, 눈을 크게 뜨고 새로운 사람들을 잘 관찰하기를 추천한다. 고압적으로 굴거나 자폐인을 무시할 필요는 없다. 그저 또 하나의 보호막이 되어달라. 새로운 친구에게 나쁜 의도가 있는 것 같아 걱정스럽다면 그 걱정을 공유하면 된다. 우리 자폐인을 위해 눈과 귀가 되어달라. 그러면 우리는 타인의 불쾌한 꿍꿍이에 빠져들지 않을 것이다.

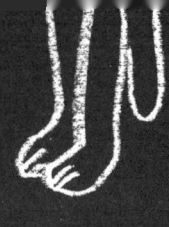

3장 신발 끈 묶기의 불쾌함에 관하여

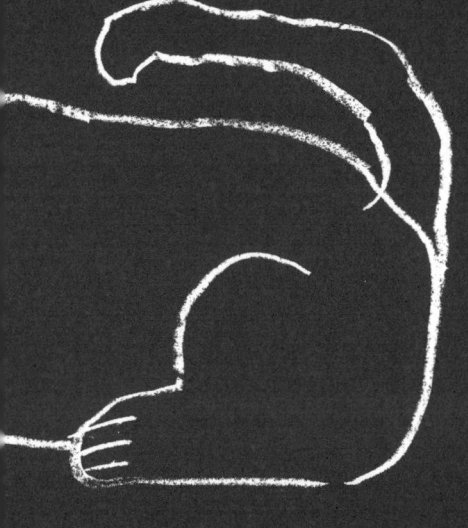

들쭉날쭉한 능력

'첫 번째 리본 고리를 만들고, 두 번째 고리를 만든 다음 둘을 묶으라고. 좋아, 첫 번째 고리… 그런데 왜 가만히 있지를 않을까? 그다음 고리를 만들어 묶으라고? 어떻게? 어떻게 이 염병할 끈들을 고리로 만들어 묶는 걸까? 끈을 밀어 넣어 고리를 엮으라니. 글로 써놓기만 하면 그만인가. 됐어, 안 할래. 불가능한 일이야. 땀 한 방울 안 흘리고 성공할 수 있는 사람 있으면 나와 보라고 해.'

열여덟 살 때 나는 가족과 함께 슬로베니아의 아름다운 마을로 휴가를 떠났다. 대학에 진학하기 전 소년기의 끝자락에서 내지르는 마지막 환호 같은 여행이었다. 휴가가 진행되는 동안 스트레스도 없고 즐거웠으며(자폐인의 휴가 경험에 관한 자세한 내용은 7장 참조), 먹을 것도 훌륭하고 풍부했다. 하지만 우리 부모님에게 이 여행에 관해 물어보면 아마 둘 중 한 사람은 심술궂게 말할 것이다. "그놈의 신발 끈."

인디 음악과 관련 패션에 새로 관심을 쏟기 시작한 열여덟 살 청년으로서 오랫동안 골머리 앓던 문제의 우아한 해결책을 찾아낸 무렵이었다. 사실 나는 오랫동안 신발 끈을 묶는 데에 어려움을 겪고 있었다. 좋은 GCSE[25] 성적을 자랑하고 높은 A레벨[26] 점수를 기대하는 유능한 십 대로서 신발 끈을 단정하게 묶고 다니지 못한다는 사실에 끝없는 수치심을 느꼈다.

나는 신발 끈 묶기가 절망스러울 만큼 복잡하고 줄곧 행운이 이어져야만 해낼 수 있는 과제라고 생각했(고 지금도 그때와 똑같이 생각하고 있)다. 구멍마다 끈을 잘 끼운 걸까? 마지막에 깔끔하게 리본을 묶어야 하는데. 한쪽에 끈이 너무 넉넉하게 들어가는 바람에 (지난 전투가 남긴 유산 때문에) 마지막 매듭을 묶을 때 문제가 되지는 않을까? 오늘 내 손가락은 자기들만의 난해한 모험에 빠져들지 않고 고분고분 내가 시키는 대로 할까? 십 대인 나는 이 모든 것을 참을 수 없었다. 아침마다, 하루에 서너 번 아니 다섯 번씩 매듭이 쓸데없이 풀릴 때마다 좌절스러운 얼굴로 무릎을 꿇고 직면해야 하는 과제, 아무래도 쓸데없는 짓거리였다.

어렸을 때는 찍찍이 운동화를 신었지만, 십 대 후반에는 그런 자기 이미지를 파괴하는 행위를 할 수 있을 리가 만무했다. 그러니까, 나는 (취미로 플라스틱 병사 미니어처를 수집하는

---

25 영국의 중등 교육 과정.
26 영국의 대입 시험.

괴짜였으니) 패션의 제왕은 아니었지만, 나조차도 사랑스럽고 편안한 찍찍이 캔버스화를 신고 A레벨 학생 휴게실에 나타났을 때 눈보라처럼 휘몰아칠 비웃음을 견딜 수 없었다. 그러나 록 음악을 향한 새로운 관심, 그보다도 록 음악의 패션은(이때는 2000년대 초, 스트록스[27]의 시대였다) 나에게 단순하고 아름다운 해결책을 제공했다. 바로 끈을 풀어 놓는 것. 완벽하지.

무심의 미학이 구원자가 되어 나의 멍청함을 가려주었다. 이제는 인정하건대 그 시절 검은색 하이탑 컨버스 끈을 풀어헤쳐 걸을 때마다 정강이 주위에 펄럭이도록 놔둘 수 있다고 믿었던 것은 암묵적인 패션의 규칙을 완전히 오해한 결과였지만, 그때는 그 누구도 나를 막지 못할 듯 의기양양했다. 마침내 다섯 살짜리 아이들도 해내는 일을 하지 못하는 일상적인 치욕을 마주할 필요가 사라진 것이다.

나는 무려 인생의 치트키를 발견한 사람처럼 휴가지의 호수와 마을을 거닐었고, 부모님은 옆을 스치며 나를 노려보는 독일과 오스트리아 관광객들에게 미안한 표정을 지었다. 아버지는 조금씩 쌓이는 짜증에 빌어먹을 신발 좀 단정하게 정리하라고 거듭 요구했고, 나는 당시에 인지했던 것 이상으로 강력하게 거듭 반발했다.

문제는 끈 묶기가 왜 그렇게 어려운지 몰랐다는 것이다.

[27] 1998년부터 활동한 미국의 록 밴드. 부스스한 머리에 티셔츠, 청바지, 재킷, 낡은 컨버스 등을 매치해 자유분방하면서도 세련된 스타일을 선보였다.

가령 나는 실행 기능 장애dyspraxia[28] 진단을 받은 적이 없으며 (사실 그런 말을 들어본 적도 없었다) 자폐 진단은 그로부터 15년 후에 이루어질 일이었다. 내가 아는 것은 내게 신발 끈 묶는 기술이 끔찍할 정도로 부족하다는 것, 제대로 공을 받거나 던지거나 차지 못해서 느끼는 우울감이 반복되고 있다는 것뿐이었다. 이런 신체적 결함을 이유로 자신을 탓하지 않을 수 없었고, 솔직히 말하면 나의 청소년기 남성 정체성이 심하게 훼손되었다. 90년대 후반의 학교 문화에서 남자는 육체적인 능력이 전부였다. 최소한 어느 정도 조율된 몸짓으로 공을 받고 달릴 수 있어야 했다. 그러나 나로서는 할 수 없는 일이었고, 조롱은 당연한 결과였다. 이 문제를 개선할 수 있다면 아주 작은 해결책에서도 짜릿함을 느꼈으니 쉽사리 포기할 리 없었다.

자폐인에게는 놀라운 점이 가득하다. 그 놀라움을 발견할 수 있을 만큼 옆에 오래 머물기만 한다면 직접 확인할 수 있을 것이다. 놀라운 점 하나는 우리가 기본적이고 일상적인 일들을 해내지 못한다는 것이다. 또 하나는 압도적으로 복잡하고 어려운 작업은 아무런 문제 없이 쉽게 해낸다는 것이다. 전자는 우리에게 극도의 좌절감을 안겨준다. 주변 사람들도 좌절감을 느낀다. 우리가 대처하지 못하는 것처럼 보이는 이유를 제대로 이

---

[28] 발달 조절 장애developmental co-ordination disorder라고 부르기도 한다. 운동 능력에 문제가 생기는 장애로, 글씨 쓰기, 단추 잠그기, 신발 끈 묶기 등을 잘하지 못한다.

해하지 못한다. 학교에서 자폐 아동을 '문제'로 인식하는 이유 중 하나는 일상적인 과제를 수행하는 데에 어려움을 겪기 때문이다.

자폐인 공동체에서는 이 현상을 '들쭉날쭉한 능력spiky skillset'이라고 부르기로 했다. 어떤 기술은 극도로 잘해내는 반면 다른 기술은 굴욕적일 만큼 젬병이라는 뜻이다. 지인 중에 자폐인이 있다면, 그 역시 한 가지는 잘하고 한 가지는 못 하기가 난데없어 고슴도치 가시마냥 들쭉날쭉할 것이다. 그래서 자폐인은 예측하거나 분류하기 어렵다. 우리 존재의 근본적인 특징이며, 우리가 세상과 상호 작용하려고 할 때 실제 문제를 일으키는 원인일(다른 원인도 있지만 훨씬 심각하다) 것이다.

예를 들어, 명망 높은 기관에서 강의을 앞두고 있다면 준비에 여념이 없어 끼니를 챙기지 못할 수 있고, 뛰어난 화가, 무용수, 분석가로서 인상적인 작업에 몰두하고 있다면 샤워 같은 자기 관리는 능력 밖의 일이 될 수도 있다. 혹은 화가 날 정도로 하루하루 계획 없이 살면서도 SNS 계정은 폭발적으로 인기를 얻고 있을지도 모른다. 이런 현상이 우리 삶에 어떤 영향을 미치는지 설명하기 전에, 왜 이런 현저한 능력 차이가 생기는지 좀 더 깊이 살펴보려고 한다.

이번 장을 시작하며 십 대 시절에 신발 끈 묶는 것이 힘들었다는 이야기를 했다. 스무 해가 지난 지금, 서른여덟 살의 나이에도 여전히 힘들다. 실은 자폐인에게 꽤 흔한 문제다. 이유는 다양하다.

첫 번째 이유는 많은 자폐인이 앓고 있는 실행 기능 장애다. 실행 기능 장애가 있으면 손이나 팔, 다리, 발을 의미 있는 방식으로 움직여야 할 때 어쩔 줄을 모르고 당황하게 된다. 자폐인 상당수는 실행 기능 장애 때문에 움직임이 서툴다. 잘 넘어지고, 머리를 부딪히고, 눈을 찌르고, 체육 수업 중에는 공이 날아가는데도 손만 퍼덕거려 다른 학생들을 웃겨준다. 이는 우리 뇌의 의도와 신체의 노력이 단절되어 일어나는 일인데, 보기에는 우스꽝스러울 수 있지만 직접 경험하면 울적해진다. 그러나 나는 기타를 칠 줄 알고, 비디오 게임이라든가 앞서 언급한 작은 플라스틱 병사들을 색칠하는 일은 꽤 능숙하다. 전부 섬세한 운동 기능과 세밀하고 조심스러운 움직임이 필요한 활동이다. 그러니 분명 실행 기능 장애만으로 모든 것을 설명할 수는 없다.

두 번째 이유는 감각이다. 적어도 나의 경우는 그렇다. 나는 물리적으로 신발 끈을 싫어한다. 신발 끈은 때때로 땅에, 쓰레기와 웅덩이와 개똥 속에서 질질 끌리며 처량한 비애의 꼬리로 썩어가고, 우리는 이 더러운 것을 손가락으로(밥 먹을 때 사용하는 손가락이다) 세심하게 어루만져 난해하고 복잡한 패턴으로 묶어야 하는 데다가 이 작업을 몇 번이나 반복해야 한다. 그래서 나는 손을 더럽히지 않으려고 필사적으로 서두르게 된다. 우리는 감각 문제가 자폐인의 행동에 어떤 영향을 미칠 수 있는지 이미 알고 있다(적어도 아는 게 옳다. 이미 내가 충분히 설명했으니까). 촉각적 두려움은 어떤 대가를 치르더라도 괜찮으니 신발 끈을 만지고 싶지 않다는 회피로 이어진다. 여기에 무릎과 등을 한껏 구부린 채 몸을 굽히는 불쾌한 감각까지 추가되는 것이다. 매우 흔한 엘러스-단로스 증후군(관절과 피부가 정상보다 훨씬 더 유연하고 신축성이 강해 상당한 통증과 불편함을 유발하는 상태)이 있다면 상태는 더욱 심각해진다.

마지막으로, 매듭은 실망스러웠다. 내가 얼마나 세심하게 노력하든 20분 이내로 느슨해지고 미끄러져 풀리고 말았다. 문제를 해결할 핵심 정보, 중요한 단계를 놓친 것 같았다. 실제로 놓치고 있었다. 나는 서른다섯이 되어서야 레딧 사이트에 올라온 글을 통해 신발 끈에 관해 제대로 배웠는데(글쎄, 어른이 되어 친구들에게 신발 끈에 관해 조언을 구할 생각은 전혀 없었으니까), 첫 번째 리본 고리의 방향을 좀 더 주의 깊게 선택해야 했다. 처음에 했을 때 밑으로 갔던 끈이 실은 위로 올라와야 했다. 그 끈으로 먼저 고리를 만들고 나머지 끈으로 두 번째 고리를 만들면 식은 죽 먹기였다. 그렇게 묶으면 일어서자마자 풀리는 일은 없었다. 다시 말하는데, 그때 나는 서른다섯 살이었다. 이 깨달음이 내 인생을 바꾸었다고 말해도 아주 작은 과장일 뿐이다. 이제 신발 끈은 몇 초가 지나도 풀리지 않는다. 어쩌면 당신도 신발 끈을 묶을 때 잠깐 동작을 멈추고 먼저 어느 끈으로 고리를 만들어야 할지 고민하게 되려나. 이미 아무 생각 없이 똑같은 방식으로 수천 번쯤 묶었겠지.

그러니 내가 신발 끈 묶기를 싫어하는 것이다.

돈 문제

문제가 신발 끈뿐이었다면 얼마나 좋았을까. 많은 자폐인이 성인기에 진입하며 엄청난 어려움을 겪는다. 정말이지 18세부터 21세까지의 학습 곡선은 너무나도 가파르기에 누구든 살아남는다는 것만으로도 놀랍다. 많은 자폐인이 성인기를 잘 살아내기 위해 분투하고 있다. 일상의 과제가 너무나도 많아서 우리 능력을 넘어서고, 과제에 숙달하기 위해 필요한 지원은 부족하다. 일반적인 문제는 나쁜 재정 상황인데, 이는 종종 안정적인 고용 기회가 없어 악화된다. 돈은 우리가 살고 있는 이 세상에서 꽤 중요한 것이고, 일반적으로 말하자면 자폐인들은 여러 가지 이유로 수입을 얻고 유지하는 데에 어려움을 겪는다. 이 문제에 얽힌 특히 명확하고 고통스러운 예시를 살펴보겠다. 바로 구독과 무료 체험이다.

이 예시에 관해 설명하기 위해 몇 년 전으로 돌아가보겠다. 나는 상대적으로 안전한 러프버러대학교의 품에서 초기 성인기의 혼란스러운 악몽을 그럭저럭 성공적으로 헤쳐 나갔고, 어찌어찌 학위를 확보했으며, 신용 카드를 세 개 만들고 (당연한 말이지만 평범한 학자금 대출 외에 또 다른) 대출을 확보해서

나 자신을 먹여 살렸다. 패스트푸드점에 취직하면서 꾸준한 수입이 생기자 (마침내 적자에 허덕이는 대신 현금을 모을 수 있게 된 것이다) 그 즉시 잡지 무료 구독을 신청했다. 이것 자체로도 성취였다. 전화 통화를(인터넷 거래가 널리 퍼지기까지 몇 년 남은 시점이었다) 하고 내 은행 정보를 공유했으니까. 나는 그날 아침 침대 뒤에서 없어졌던 카드를 찾은 참이었고, 잠깐 통화하는 동안 이상한 침묵이 이어지고 시각적 단서가 없어 혼란스러워도 감당할 자신감이 있었다. 그날 별다른 할 일이 없기도 했다. 일정이 명확하면 이런 종류의 일에 필요한 에너지를 찾는 데 도움이 된다. 그래서 자랑스럽게도 한 차례의 통화 후에 영화 잡지 《엠파이어》의 3개월 무료 구독권을 갖게 되었다.

그리고 3개월이 지났다. 1년이. 2년이.

마침내 5년이 지났고 나는 구독을 취소했다. 하지만 실제로는 3년 넘게 잡지를 받지 못한 상태였다. 집을 이사했음에도 잡지사에 알릴 용기가 부족해(이 통화는 도저히 감당할 수 없었다), 러프버러에 있는 누군가에게 내 보잘것없이 텅 빈 슬픈 지갑으로 장기 무료 구독을 선물한 것이다. 처음에는 세 달이 지나면 구독을 취소할 생각이었다. 신규 구독자 선물을 손에 넣은 뒤 아낀 돈을 세면서 당당하게 떠남으로써 자본주의 체제에 저항하는 것이다. 그러나 삶과 자폐가 나를 가로막았다.

나는 이 사건으로 300파운드쯤 잃었다고 추정한다. 그 당시에는 소형 중고차를 살 수 있을 만한 금액이었다. 그리고 이것은 단지 하나의 예일 뿐이다. 나는 최근 열정적인 연구자의 정신으로, 얼마나 많은 자폐인이 '무료 체험 구독'이라는 함정에 빠졌는지 알아보기 위해 트위터에서 여론 조사를 실시했다. 결과를 보니 동병상련이라는 말이 사실인 듯했다. 충격적이었으나 예상과 일치하는 충격적인 결과였다. 대다수의 성인 자폐인에게(1000명이 넘는 참가자 중 약 75퍼센트) 비슷한 일화가 있었고, '얼마나 잃었다고 생각하시나요?'라는 질문에 대한 가장 일반적인 대답이 '300파운드 이상'이었다. 오해하지 말라. 이런 손실은 무엇보다 구독 전략을 이용하는 기업 탓이니까. 그도 그럴 것이 기업에서는 자기들이 어떤 짓을 하고 있는지 잘 알고 있으며, 내 생각에 구독 취소하는 것을 깜빡하는 고객들에 의존하는 전략은 비장애인보다 장애인의 주머니를 털어갈 때가 훨씬 많을 것이다. 그러나 이는 자폐인이 직면한 (겉보기에는) 하찮은 어려움이 사실 얼마나 거북한 것인지 증명하는 아주 좋은 예시다. 신경 전형성 사회에서 많이들 비슷한 사연이 있다고 해도 놀랍지는 않겠지만, 자폐인 사회만큼 손실이 크거나 자주 발생하지는 않을 것이다.

왜 이런 일이 일어나는 걸까? 가장 중요한 이유는 우리에게 '실행 기능'이 부족하기(지금만큼은 기꺼이 이 단어를 사용하려 한다) 때문이다. 실행 기능이란 계획, 우선순위 지정, 일정 조직 등 성인이 제대로 작동하기 위해 필요한 일련의 기술이다. 우리 자폐인들은 그 방면에서 무언가 조금… 엇나간 것 같다.

마치 깜빡하고 특정 소프트웨어를 설치하지 못한 것 같다. 그래서 적당한 그래픽 카드 없이 새로운 비디오 게임을 실행해야 하는 컴퓨터처럼, 우리 두뇌의 모든 부분이 맡은 작업 외에 다른 일까지 수행해내야 하는 것이다. 상상할 수 있듯 이는 딱히 효율적이지 않은 상황이며 툭하면 문제가 생긴다.

모든 자폐인에게 이 난제를 극복할 수 있는 개인 도우미가 주어진다면 얼마나 좋을까, 나는 종종 생각한다. 얼마나 많은 일이 이루어질지 상상해보라. 그러나 우리는 도움을 받는 대신 청구서 납부 기한과 약속을 깜빡하고, 돈과 시간과 중요한 기회, 심지어 의료 보험까지 날리고 만다. 우리 뇌의 핵심 부분이 작동을 멈춰버리기 때문이다. (나의 경우 웃음이 날 만큼 자주) 잊어버리고, 할 일이 쌓이고 쌓임에 따라 처리할 에너지도 잃게 되고, 결국에는 절대 해결할 수 없는 모양새가 되어 처리하려고 시도하는 일조차 너무나도 두려워진다.

이렇게 평생 엉망으로 살다 보면 돈을 잃는 것 이상의 문제가 생긴다. '절망적인' 상태에 익숙해지고, 어느 수준에 도달하면 악순환에 갇혀 빙빙 돌다가 인생에 젬병이 되고 만다. 이것은 우울증과 동시에 발생하여(나중에 살펴보겠지만 이 인과관계는 매우 흥미롭다) 심각한 고통, 심지어 노숙 상태로 이어질 수도 있다. 시작은 직장에서 상사가 참석하는 중요한 회의나 마감을 놓치는 것이리라. 나의 경우 상황이 급속도로 악화하여 퇴근 후 교육에 빠지기 시작했다. 완전히 잊어버렸다. 메모로 적어놓았고 온라인 달력에도 기록해두었으나 확인할 때마다 예상치 못한 일이 발생했고, 결국 단기 기억이 지워져버린 것이다.

자주 발생하는 일이다. 가령 나는 해야 할 일 목록을 바라보다가 앞으로 10분 안에 긴급하게 해야 할 일이 있다는 것을 알아차리고 그것을 하기로 결정하고도, 깜짝이야! 누군가가 나에게 말을 걸거나 벽지에 흥미로운 패턴이 있거나 헬리콥터가 머리 위로 날아가면, 계획의 기억이나 흔적조차 없이 즉시 잊어버린다. 눈 깜짝할 사이 6시간이 지나고 할 일은 터무니없이 지체되지만, 그 일은 내 머릿속에서 완전히 사라졌기에 나는 내 실패에 관해 아무것도 모르는 채로 그저 천진할 뿐이다. 운이 좋다면 며칠 안에 그 일을 하지 못했다는 사실을 깨달을 것이다. 운이 나쁘면 귀띔해주는 동료조차 없을 것이고, 나의 부끄러운 지체는 자꾸만 길어지는 '해고할 이유' 목록에 조용히 또 하나의 항목으로 추가될 것이다.

실행 기능 장애

이런 순간이 쌓이면 삶이 망가질 수 있지만, 자폐 진단을 받을 때 실행 기능 장애에 관한 설명을 듣지는 못하는 데다가 이에 대한 지원은… 글쎄, 한마디로 없다. 실제로 대부분의 성인 자폐인은 진단 후 어떤 종류의 지원도 제공받지 못한다. 나는 내가 자폐인이라고 확인받은 순간을("축하합니다!") 기억한다. '그러니까 지금 막 자신이 자폐인이라는 사실을 알게 되었으니, 이제 어떻게 해야 할까요?' 라든가 '이런, 조금 있으면 기분이 이상해질지도 몰라요'라는 식의 흐릿하게 복사된 팸플릿 더미를 건네받았을 때 느꼈던 곤혹스러움도 기억한다. 각종 팸플릿들은 하나같이 더 많은 정보를 얻고 싶으면 지역 도서관에 가라고 조언했다. 지난번에 주택 보험을 바꿨을 때도 그보다는 더 유용한 지원을 받은 것 같다(앞에서 한 이야기를 살펴보면 알겠지만 이조차 오래 전이었지).

나는 병원을 떠났고, 머릿속에는 묻지 못한 백만 가지 질문이 가득해 망망대해에 표류하는 듯 혼란스러웠다. 다행스럽게도 당시에 심한 우울증 때문에 상담을 받고 있었던지라 적어도 안전한 환경에서 도움을 받아 자폐 진단이 무슨 뜻인지 이해할 수 있었다. 하지만 그때에도 나는 지도 한 장 없이 어두운 숲에 버려진 것 같은 느낌이 들었고, 도대체 무슨 일이 일어나고 있는지 알아내기 위해 분투해야 했다. 슬프게도 NHS는 학습 장애와 같은 동반 질환이 없는 한 성인 자폐인에게 지속적인 지원을 제공하지 않는다. 심지어 동반 질환이 있는 경우에도 지원받기란 가혹할 정도로 어렵고 기회는 불공평할 때가 많다.

따라서 우리는 항상 무너질 가능성이 있는 생활을 살 수밖에 없고, 사고 두어 번이면 무너질 정도로 재앙이 임박한 상태인 경우도 많다. 성인 자폐인의 실업률, 노숙률, 자살률은 매우 높은데 (자폐 성인은 일반 인구보다 자살을 시도할 확률이 3배 더 높다[29]) 과연 이 통계에 놀랄 사람이 있을까. 생활 속의 실수, 자신은 남들과 다르다는 느낌, 그래서 사회의 역학 관계 속에서 보호 받지 못한다는 느낌 때문에 자폐인의 고용은 극도로 불안정해진다.

고용의 선로에서 탈락하면 실질적인 노숙의 위험이 생기는데, 자폐인으로서 집이라고 부를 수 있는 안전하고 확실한 피난처가 없는 것보다 더 나쁜 상황은 상상할 수 없다. 영국 노숙자 인구의 약 12퍼센트가 자폐인이라고 한다. 일반 인구 중 자폐인의 비율을 가장 높게 추정할 때도 이 정도 수치는 나오지 않는다. 이는 집이라고 부를 곳도 없고, 자기 목소리를 내거나 어떤 종류로든 의사 표현을 하지 못하는 수많은 취약한 자폐인이 존재한다는 뜻이다. 그들 중에서 진단을 받은 뒤 쓸데없는 전단지 더미만 넘겨받은 채로 안녕히 가시라는 경쾌한 인사와 함께 쫓겨난 사람이 얼마나 많았을까? 이쯤이면 꽤 심각한 국가적 사안 아닐까.

그러나 우리가 어찌어찌 직장에서 잘리지 않고 집을 잃지 않는다 해도 혼란스러운 생활과 스트레스의 증거는 줄곧 눈에 보일 것이다. 그래서 주거 공간을 유지하고 (훨씬 더 중요하게는) 건강을 유지하는 것과 같은 멈추지 않는 생활 과제는 많은

---

[29] K. Kolves, 'Assessment of suicidal behaviors among individuals with autism spectrum disorder in Denmark', *JAMA Network Open*, 12 January 2021., 9(42), 31 July 2018.(원주)

자폐인의 능력을 벗어나는 일이 된다.

전구를 교체하려면 자폐인이 몇 명이나 필요할까?[30] 대답은 한 명이지만(우리는 바보가 아니니까) 작업에 착수하기까지 1년은 걸릴 테고 그사이 어둠 속에서 살아가는 방법을 배울지도 모른다. 집에 무언가 문제가 생기면 내가 그것 없이 살아가는 방법을 배우는 학습 모험이 시작된다. 사실 나는 내가 문제를 해결할 가능성이 적고 도움을 요청해 해결할 가능성은 더욱 적다는 점을 알 만큼 눈치가 빠르기에 문제의 물건이나 서비스 없이 살아가는 법을 배우는 쪽이 합리적인 것이다. 어떤 식으로든 욕실을 사용할 수 없게 되면(가령 샤워기에서 나오는 습기로 인해 아래층 방 천장이 걱정스러울 정도로 휘어지기 시작하는 경우) 방사능 오염이라도 생긴 것처럼 문을 닫아두고 잊어버리려고 애쓰며 남은 욕실, 사실상 찬장밖에 없는 비좁은 욕실을 최대한 활용하는 식이다. 다리미판이 부러지면 바닥에 수건 몇 장을 깔고 다림질할 것이다. 아니면 다림질을 아예 중단하는 것도 좋겠지. 오븐이 작동을 멈추면 오븐이 필요한 음식을 먹지 않고 콩 통조림이나 볶음 요리로 이루어진 변화무쌍한 식단으로 살아남는다.

물론 이런 식으로 살아서는 안 되고 생활의 문제를 무시하면 장기적으로 더 큰 고통이 이어질 뿐이지만, 우리에게 선택권

30 영미권에서 즐기는 농담. 특정 집단이 전구를 교체하려면 몇 명이나
    필요한지 묻고 그 집단에 관한 고정관념을 이용해 답하는 방식.

이 있을까? 개인적으로 나는 에너지가 너무나도 적어서 이러한 문제를 해결하기란 불가능하다고 느끼며, 어떤 종류든 도움의 손길이 나타나지 않는 한 무시하고 사는 것 외에는 선택의 여지가 없다고 느낀다. 그렇게 내가 사는 집은 점점 무너져가고, 집주인의 유령이 점점 더 크게 자라나며, 쫓겨날 것이라는 위협이 항상 그늘처럼 내 위로 드리운다. 전국 곳곳에서 수천 가구가 (세계 곳곳에서 수십만 가구가) 똑같은 어려움을 겪고 있다고 상상하면, 노숙인 통계가 더욱 우려스러울 것이다.

좋은 소식은 이러한 어려움을 겪고 있는 자폐인을 도울 수 있는 방법이 많다는 것이다. 생활의 어려움을 전부 해결하기는 어렵지만, 구체적인 사안에서 양질의 도움을 얻고 주변 사람들의 적절한 공감을 받을 수 있다면 그렇게 끔찍한 일이 일어나지는 않을 것이다. 신발 끈 문제를 자세히 살펴보자. 이는 신체의 협응력, 인내심, 기억력과 관련된 문제였다. 자폐성 장애가 있든 없든 우리 모두 이따금 어려움을 겪는 능력들인 것이다. 차이점이라면 일반적으로 신경 전형인들은 신발 끈 묶기처럼 자신에게 쉬운 일로 애먹는 사람에게 딱히 동정심을 갖지 않는다는 것이다.

사실 어린이집에서 배워야 한다고 여기는 과제를 해내지 못하는 사람은 이상한 사람, 어딘가 잘못된 사람으로 인식되기에 (공 받기에 서툰 사람들이 받는 조롱과 비슷하되 더 심각하다고 생각하면 된다) 우리 자폐인들은 스스로 이상하고 잘못된 사람이라고 느낀다. 이는 인내심, 공감, 연민만 발휘하면 해결할 수 있기에 실망스러운 문제고, 분명 고칠 수 있다. 신발 끈을 묶지 못하는 스물다섯 살 된 친구가 있다고 해보자. (대담하게 말해보건대) 불신, 조바심, 곁눈질은 상황을 더욱 악화시킬 뿐이고 아무리 오랜 시간이 지나도 그들이 직접 신발 끈을 묶지 못하도록 막을 것이다.

일과에 집중하기

나는 내 자폐성 장애로 기묘한 미신 같은 것을 만들어냈다. 아니, 일상을 소재로 유사 미신 같은 것을 만들었달까. 초자연이 없는 미신, 최선의 결과로 이어지는 패턴과 행동을 식별해 그대로 반복하려는 진심 어린 욕망. 그냥 믿음이라고 해볼까. 독자 여러분도 가령 '행운'의 물건에 관해 아는 바가 있을 것이다. 어떤 운동선수들은 대회에 출전할 때마다 '행운의 부츠'를 신고, '행운의 바지'를 입으면 시험에 합격한다는 사람들도 있다.

 자폐인으로서 나는 줄곧 끔찍한 날들을 보내다가 이따금 전반적으로 그다지 나쁘지 않은 하루를 보낸다. 당연하게도 나는 '그다지 나쁘지 않은' 분위기를 가능한 한 오랫동안 유지하기를 바라고(끔찍한 날은… 그저 끔찍할 뿐), 이를 달성하는 한 가지 방법은 변수를 제한하고 동일한 행동을 계속하는 것, 엄격하고 융통성 없는 일과를 만드는 것이다. 그중 일부는 다른 사람이 보면 오래된 미신처럼 신묘하고 특이해 보일 것이다.

자폐인이 얼마나 간절히 일과를 유지하고 싶어하는지, 루틴이 깨지면 얼마나 짜증을 내는지 설명하는 글이 많다. 종종 루틴을 혼란스러운 세상에 질서를 부여하거나 우리 삶에 내재된 막대한 스트레스를 관리하는 방식으로 바라보는데, 나는 반박하지 않을 것이다. 사실 이 책의 다른 대목에서 이 두 가지 메커니즘을 탐구할 계획이다. 하지만 또 다른 이유가 있다. 지난 몇 년 동안 내가 차츰 이해하게 된 이유인데, 자폐인은 성공을 경험하면 그 성공의 세세한 부분까지 재현하려고 한다는 것이다. 어느 좋은 날, 아마도 몇 달 만에 찾아온 기분 좋은 날은 반복해야 할 모델, 가능하다면 완벽하게 복제해야 할 모델이 된다. 나는 하루를 훌륭하고 긍정적으로 유지하기 위해, 무질서하고 두려운 하루로 무너져버리지 않기 위해 하루의 모든 부분을 있는 힘껏 맹목적으로 반복한다는 사실을 깨닫게 되었다. 어느 날이건 쉽사리 무너질 수 있기 때문이다.

가령 나는 매일 아침 산책을 즐긴다. 자폐성 장애와 ADHD 사이에서 줄타기하는 사람으로서 약간의 규칙적인 운동과 에너지 소모의 필요성은 아무리 강조해도 지나치지 않으며, 걷기는 그 자체로 내 관점과 하루를 개선하는 보장된 방법이다. 그러나 그 이상의 의미가 있다. 나는 문을 열고 나갈 때부터 항상 같은 방향, 왼쪽으로 걷는다. 오른쪽으로 걷는 것은 내 머리와 마음에 재앙을 불러일으키는 행위다. 사다리 아래로 걷거나 테이블 위에 새 신발 두기를 피하는 사람들과 마찬가지다. 그러나 상황은 더욱 우스꽝스럽게 복잡해지곤 한다.

물론 나는 우리 동네의 거의 모든 거리와 골목길을 걸어보았기에 (걷기는 내가 편두통과 군발성 두통에 즐겨 대처하는 방식이기도 하다) 익숙한 산책 경로가 많다. 내가 걷는 동안 내부의 위성 내비게이션 시스템은 각 교차로의 최근 실적을 판단한다. 댈러스 로드를 걷는 것이 도움이 됐었나? 그곳에서 긍정적인 생각이나 감정을 느꼈나? 드물게 '좋은 날'에 그 거리를 지난 적이 있었나? 그렇다면 나는 어김없이 그 길을 택할 것이다. 그렇지 않다면 긍정적인 일이 일어날 때까지 전염병이 창궐한 곳처럼 그 거리를 피할 것이다.

이런 행동에 논리라고는 없다는 사실을 알지만, 내가 의식하는 한 내 뇌는 어디에 가든 자동적으로 이런 사고과정을 거친다. 나는 불굴의 고집을 발휘해 습관을 고수한다. 그러지 않으면 '나쁜 하루'를 보내게 될 위험이 생기고 이는 내가 가볍게 받아들이는 사안이 아니기 때문이다. 걷기 문제를 생각해보라. 나 혼자 구체적인 목적지 없이 걷는 것은 좋다. 마음껏 방황할 수 있으니까. 그러나 다른 사람과 함께 걷고 있다면, 가장 느낌 좋은 거리로 걸어갈 자유가 제한되고 슬픔, 스트레스, 고통, 그보다 더 나쁜 것과 연관된 길을 걸어야 한다. 솔직히 말해서 목적지가 어디든 내가 좀처럼 누군가와 함께 걷지 못한다는 사실은 놀랍지 않다.

마찬가지로 나의 일과도 의식이나 의례의 느낌이 있다. 물론 모든 사람에게 상당히 표준적인 아침 일과가 있다. '똥, 샤워, 면도shit, shower, shave'라는 널리 퍼진 표현이 이를 입증한다. 왜 샤워 후에 면도를 하는지는 이해할 수 없지만. 어쨌든 이 일과를 고집하는 사람 중 실수로 혹은 필요에 따라 순서를 조금 바꾸거나 하나를 완전히 잊어버리는 더 심각한 일이 일어날 경우 하루가 완전히 망쳐질 것 같아서 두려워하는 사람이 몇이나 될까? 내가 아침 의식의 한 부분을 놓칠 경우, 가령 거실 소파에 늘어져 앉아 커피를 마시며 트위터를 확인하는 시간이 없다면 그 후 몇 시간 동안 극심한 불편함을 느낄 것이다. 집에서 2시간 떨어진 곳에 왔는데 가스 밸브를 잠그지 않았다는 사실이 떠오른 것처럼 안절부절못하게 된다. 자신의 어리석음으로 인해 정말 끔찍한 일이 일어나리라는 두려움 때문에 극도의 불안에 시달리는 것이다.

일반 대중이 흡수한 것은 자폐인의 엄격한 일과에 관한 허구다. 묘사를 살펴보면 거의 사랑스럽거나 신기하게 느껴지는데, 현실은 전혀 그렇지 않다. 확고하게 고정된 일과를 향한 자폐인의 욕구는 대부분의 비자폐인이 생각하는 것보다 강력하며, 일탈의 부정적 여파는 심각할 수 있다. 자폐인에게 일과를 지키고 싶은 욕구가 있다는 것을 존중하고 그 기저에 어떤 심리가 있는지 이해하는 사회가 필요하다. 일과를 바꿔야 하는 상황에서는 연민이 필요하다. 일과 변경이 자폐인에게 해롭다는 점을 인식하고 있으며 이를 진지하게 받아들이겠다는 약속이 필요하다. 그도 그럴 것이, 이 장에서 무언가를 배웠다면 자폐인의 일상생활이 스트레스와 불안, 불편으로 가득하다는 사실을 알 테니, 최소한 우리에게 연민을 베풀 수는 있을 것이다. 그렇지 않은가?

관성 극복하기

아이작 뉴턴은 잠에서 깨어난 후에 좀처럼 하루를 시작할 수 없어 몇 시간이고 침대 끄트머리에 앉아 있는 날이 많았다고 한다. 일반적인 설명은 그의 머릿속에 흥미로운 생각과 발상이 너무 많아 그것들을 단속하기가 불가능했다는 것이다. 분명 뉴턴의 낭만적인 신비감을 더해 주는 설명이지만, 나를 비롯한 수많은 자폐인이 매일 대처해야 하는 무언가와 굉장히 닮았다.

나는 역사적 인물을 자폐인으로 '진단'하는 일에 관심 없다. 역사 속에 자폐인이 있었다는 말로 충분하다고 생각하며, 그중 몇몇이 상당한 수준의 명성과 재산을 얻었을 가능성도 높다. 뉴턴 (혹은 찰스 다윈, 에이다 러브레이스, 헨리 캐번디시) 같은 사람이 자폐인이었을 지도 모르겠지만 확신할 수는 없다. 그러나 이들 중 일부에게 있었던 자폐성 장애를 연상시키는 특성이나 개인적인 '기벽'을 확인하는 작업에는 딱히 해로운 점이 없으리라. 그리고 뉴턴의 특이한 습관은 확실히 눈에 띈다.

자리에서 일어나 일과를 시작하지 못한 뉴턴의 모습은 흔히들 '자폐성 관성autistic inertia'이라고 부르는 특성과 매우 유사해 보인다. 이런 특성은 (실행 기능 장애와 마찬가지로) 자폐인의 삶에서 긍정적이라기보다는 부정적으로 인식될 가능성이 높다. 자폐성 관성은 과제나 집중 대상을 바꾸지 못하는 특성을 뜻한다. 한 가지 일, 가령 독서에 완전히 몰두하는 바람에 책을 내려놓고 달콤한 차 한 잔을 마시는 것조차 불가능한 누군가를 상상해보라. 차를 마시고 싶고, 차를 만든다고 상상하면 즐거운 데다가 책이 엄청나게 재미있는 것도 아니지만, 책장에서 찻잎으로 초점을 바꾸기란 너무나도 막막한 일이다. 자폐인의 뇌는 하나의 활동에 강렬하게, 심지어 전력을 다해 참여하고 있기에, 뒤로 물러나 스스로 정비하고 다른 활동으로 이동하기가 쉽지 않다.

그 결과 멋지고 재미있고 편안한 일을 하고 싶은 내적 욕구에 신체와 뇌가 적극적으로 반대하고 나서는 흥미롭되 좌절스러운 현실이 탄생한다. 다른 활동을 하고 싶은 욕구와는 무관하므로(다른 활동이 지루하거나 힘들어서 피하는 미루기 습관과는 다르다), 자폐성 관성은 상당한 기쁨이 될 수 있는 일을 하지 못하도록 막는다. 예를 들어 내가 평생 반복한 현상인데, 줄곧 바라던 새롭고 흥미로운 무언가를 손에 얻는 순간 혐오감이 치미는 것이다. 가령 내가 오랫동안 기대했던 비디오 게임이 있다고 해보자. 개발 과정을 강박적으로 추적하고 출시가 지연되면 분

개하며, 마침내 플레이할 수 있는 순간을 향한 기대감에 지나치게 흥분한 상태로 지냈다. 그런데 결국 중요한 출시일이 도래해 게임을 손에 쥐게 되었는데⋯ 갑자기 하고 싶은 마음이 없어진 것이다.

나는 항상 이 현상이 과도한 흥분에서 비롯된 일종의 번아웃이라고 생각했지만, 이제는 안다. 실제로 내 뇌는 하나의 현실에서 다음 현실로 적응하지 못해서 고생하고 있었다. 흥분과 기대, 기존 상황에 수반된 온갖 것에 사로잡힌 나머지, 기대를 실현할 수 있다는 새로운 상황에 적응하지 못했다. 자폐인은 초점을 전환하는 데에 엄청난 시간과 에너지가 필요하다. 언젠가 이 특징을 빙글빙글 회전하는 자동차에 비유한 적이 있다. 신경전형인은 자동차가 유턴하는 것처럼 쉽게 하는 일을 전환할 수 있다. 반면 일반적으로 자폐인은 원양 정기선과 비슷한 속도로 유턴을 하기에 엄청난 인내심이 필요하다.

충분한 시간이 주어지면 마침내 초점을 바꿔 몇백 시간 동안 게임에 깊이 집중할 수 있겠지만, 일단 중대한 주의력의 반전을 이뤄내야 한다. 주의 전환 지연은 삶의 모든 영역에서 발생하며 자폐인의 삶에 막대한 장애를 초래할 수 있다. 문제는 앞서 언급한 대로 미루는 습관이나 심지어 순전한 게으름으로 오해당하기가 너무 쉽다는 것이다. 정보가 없는 외부인에게는 집중 대상을 전환하지 못하는 것이 끔찍한 성격적 결함처럼 보일 수 있다. 이를 '자폐'라는 장애의 핵심 부분으로 보는 대신 그가 무책임한 패배자인 증거라고 생각해 관계를 맺거나 고용할 때 고려해야 한다고 생각하는 것이다.

자폐성 관성은 내적으로 발현되는 특성이라 자폐인이 이로 인해 문제를 겪을 때 타인의 적극적인 도움을 받기가 어렵다. 그러나 자폐성 관성의 본질에 관해 기본적인 이해를 갖추고 풍부한 인내심을 보여준다면 자폐인이 과제와 초점 변화를 이뤄내기 위해 필요한 공간과 시간을 확보하는 데에 큰 도움이 될 수 있다. 자폐인에게 '지금 이것을 하라', '지금 그것을 하라'는 식으로 지시하고 개입했다가는 이미 훌륭한 관계를 맺고 있지 않는 한 실패할 수밖에 없다. 그도 그럴 것이, 8장에서 볼 수 있듯이 우리 중 상당수가 권위를 불신하기에 명령도 싫어한다. 게다가 '병리적 요청 회피'[31]라는 문제도 있다.

이 흥미로운 특징은 자폐성 장애로 인한 것인데(ADHD의 특징일 수도 있는 것이, PDA의 정확한 원인은 상당히 애매하다), 온라인에서 많이 논의되고 있으며 이 문제에 집중하는 모임뿐만 아니라 심지어 자선단체도 있지만, 지금으로서는 의료계에서 오롯이 받아들여지는 개념이 아니라 일부 의사만이 기꺼이 진단해줄 것이다(이 자체로 매우 특이한 상황이다). 그러니까 자폐성 장애에 관한 담론에서 굉장히 논란의 여지가 있는 위치를 차지하고 있는데, 일부 자폐인은 PDA가 존재한다고 확신하는

---

[31] Pathological Demand Avoidance, PDA. 불안이나 감각적 과부하를 자극하거나 일과에 지장이 되는 타인의 기대나 요구를 극도로 거부하는 증상.

반면 단호하게 그런 건 없다고 주장하는 이들도 있는 상황이다. 나는 첫 번째 진영에 속한다고 할 수 있는데, 주로 나 자신에게서 그런 특성이 역력하기 때문이다. 어쨌든 PDA의 존재를 향한 의심도 인정할 수밖에 없다. 게다가 이름에도 문제가 있다. '병리적'이라는 단어를 두고 자폐인 사회에 분열이 생겼다. 신경 전형성의 사회에 자폐가 질병이 아니라는 점을 알리느라 많은 시간을 쏟았는데, 자폐의 주요 특성에 질병이라는 이름표를 붙인 탓이다. 그러니 이 대목에 특별한 주의를 기울여 썼으며 같은 방식으로 읽어달라고 당부하면 되겠지.

PDA는 타인이 자폐인에게 행하는 모든 종류의 요청을 중심으로 이루어지는 일련의 행동에 적용되는 개념이다. 여기서 '요청'이라는 용어의 모호성이 인상적이다. 직접적인 명령부터 마치 군대에서 훈련을 담당하는 하사관이 울부짖는 듯한 강력한 지시, 몹시 사랑해 절대 해를 끼치고 싶지 않은 친구가 해주는 친절하고 상냥한 알림까지 온갖 것이 포함되니까. 알다시피, 그런 것은 중요하지 않다. '요청'이 정확히 무엇이든, 누가 요청하는 것이든 반응은 동일하리라. 즉각적이고 종종 극단적인 저항. 보드게임 〈버커루!〉에서 플라스틱 노새에게 모형 짐을 지우고 또 지우다 보면 짐의 종류가 무엇이든 결국 마구잡이로 발길질을 당하게 되는 것과 비슷하다. 요청을 받는 순간 전면적인 거부 반응이 이어진다.

상상할 수 있겠지만 같이 사는 사람이 이런 식이면 과연 생활의 난이도가 올라간다. 내 말을 믿어달라…. 오늘 아침에 부엌 창문을 열어 달라는 요청을 받았는데 그것 때문에 하루가 완전히 망쳐졌다. PDA는 연애 관계부터 직장, 학교, 낯선 사람과의 무작위한 상호 작용에 이르기까지 타인이 연관된 삶의 거의 모든 부분에 영향을 미치며, 너무나도 도드라지는 특성이다. 실제로 자폐성 장애는 여전히 가시화되지 않은 장애로 언급되지만 반박의 여지 없이 쉽게 눈에 띄는 특징들도 있다. 그저 그 특징이 무엇 때문인지 이해하면 되는 것이다.

당연한 말이지만 요청과 함께 거부 반응이 시작된다. 사소한 것을 예로 들면 현상을 더 잘 설명할 수 있으므로 내가 샤워하라는 요청을 받았다고 가정해보자. 자, 아무것도 숨기지 말자는 의미에서 하는 말인데, 나는 진심으로 샤워를 즐겨서 샤워가 엄청나게 편안하며 영혼에 좋은 활동이라고 생각한다. 게다가 샤워 후의 상쾌한 느낌은 독보적이다. 적당한 수압과 푹신한 수건만 있으면 샤워는 내가 누릴 수 있는 것 중 천국과 가장 비슷하리라. 그러나 어떤 이유로든 누군가가(정말이지 '누구든' 상관없다) 내게 감히 샤워를 하라고 제안한다면 나는 그날 절대 씻지 않으리라고 장담할 수 있다. 터무니없는 어깃장처럼 들릴 수 있고, 실제로 그렇다 해도 이해한다. 분명 여러 면에서 어깃장이 맞다. 그러나 이는 자발적이지도 않고 선택적이지도 않다. 반사 반응 테스트를 위해 무릎을 치면 다리가 튀어오르는 것과 마찬가지로 요청에 대한 본능적인 반응이다. 의사가 작은 망치로 내 무릎을 두드렸을 때 미친 듯이 흔들리는 다리를 멈출 수 없듯이, 무언가 요청을 받았을 때 단칼에 거부하고 싶은 충동을 억제하기란 불가능하다. 따라서 불행하게도 그 순간 샤워가 나에게 가장 좋은 것일지라도 내 두뇌는 무엇을 해야할지 지시받지 않으려 저항하기에 샤워를 못 하게 막는다. 비록 내가 불과 몇 초 전에 이미 샤워할 계획을 세웠더라도 달라지는 것은 없다. 요청이나 요구를 받았다는 사실이 우선하고, 정신 차려 보면 나는 기꺼이 하려던 일을 거부하고 있다.

이쯤이면 내가 절대 견딜 수 없는 인간처럼 느껴지겠지. 슬픈 사실은, 같이 사는 사람에게 PDA가 있다면 삶의 면면이 쉽지 않다는 것이다. 본능적인 저항감은 연습을 통해 극복하고 무시할 수 있으며 많이들 이 기술에 통달하게 되는 것 같지만, 내 안의 합리성이 분노에 찬 비합리적인 두뇌와 싸우는 동안 내부의 전투는 끊이지 않는다. 성공하더라도 두뇌의 '대역폭'이 좁아져 차 한 잔 마시겠냐는 물음에도 벌컥 짜증을 내고 신경질을 부리게 된다.

이런 끔찍한 상황에서 '병리학적 요청 회피'의 '회피' 심리가 발동한다. 요청을 받을 때마다 이토록 무자비한 대혼란을 처리해야 한다면 당연히 처음부터 타인의 요청을 피하려고 할 것이다. 따라서 (나처럼) PDA 성향을 가진 사람은 어떤 요청도 받지 않기 위해 엄청난 양의 에너지와 사회적 자본을 소비할 것이다. 내가 주도권을 잡아 요청받기 전에 할 일을 마치는 식으로 대처한다면 결과는 긍정적일 테지만(성공할 경우 비교할 수 없는 기쁨을 느낄 수 있다) 악순환에 빠져 고립될 수도 있다. 요구에 대처하지 않다가 내면 깊이 숨어버림으로써 요청하기 껄끄러운 상대가 되려고 애쓰는 것이다. 그도 그럴 것이, 내가 내 인생의 모든 사람을 따돌릴 수 있다면 그들이 내 시간과 관심을 요청하는 일도 사라질 테니까. 그렇잖아? 이런 반응은 그다지 긍정적인 대응 기제[32]라고 할 수 없을 것 같다.

나는 PDA와 자폐성 관성이 밀접하게 관련되어 있으며 심지어 같은 것이 다른 증상으로 발현된 결과일 수도 있다고 믿는다. 관성이 그 순간 우리가 지나치게 집착하는 것에 우리를 묶어두는 힘이라면, PDA는 다른 사람들이 그 결합에 끼어들려고 할 때 생기는 자연스러운 결과다. 자폐인은 할 일이나 주의 대상을 바꿀 때 문제를 겪게 되지만 결국에는 자신의 조건에 따라(이상적으로는 조심스럽고 평화로운 환경에서) 문제를 관리하는 법을 배울 것이다. 다만 질문이나 요구, 사건이 발생해(파트너의 요청이나 울리는 전화벨, 노크 소리 등) 그 느리고 섬세한 과정을 방해하면 내면에서 지옥이 펼쳐진다. 느린 배움이, 힘들게 돌아가던 유람선이 (12월 초에 크리스마스 조명을 풀 때처럼 조심스럽게 움직이다가) 갑자기 부서지고 마는 것이다. 우리의 과집중이 흐트러지고 기분은 예측 가능한 경로를 따라간다. 목

---

[32] 해결하기 어려운 문제나 위협이 생겼을 때 이에 대응하는 심리적 반응 양식.

적지는 분노, 짜증, 절망 또는 심각한 고통일 가능성이 많다. 요청하는 사람과의 사회적 관계는 손상되고 심지어 깨질 수 있으며, 그런 상황이 다시 발생하지 않도록 필사적으로 분투함으로써 악순환은 지속된다. 우리가 아는 대로 PDA가 탄생하는 것이다.

나는 이 책이 최대한 도움이 되기를 바라지만, PDA에 관해서는 (이것이 실재하는 병이라고 생각하든 생각하지 않든) 기본적으로 '친절하게 대해주세요' 이상의 확실한 조언을 제공하기가 어렵다. 좌절감을 느끼는 학부모와 교사들은 종종 내게 연락해 PDA 증상을 보이는 학생들을 도울 방법에 관할 조언을 구하는데, 실제로 내가 할 수 있는 조언은 '과집중을 주의'하라는 것뿐이다. 자폐인에게 경고 없이 갑작스럽게 다른 일을 해달라고 요청하는 행위는 심리 탈진으로 이어지는 탄탄대로이며, 다른 일을 해야 할 시점이 다가오고 있다고 부드럽게 예고를 거듭하는 것만으로도 도움이 된다.

고속도로 교차로를 상상해보라. 고속도로 교차로가 갑자기 나타나지 않는 데에는 그럴 만한 이유가 있다. 그랬다가는 상상할 수 없는 재난이 터질 테니까. 대신 일련의 표지판을 통해('9번 교차로까지 1킬로미터', '9번 교차로까지 500미터' 등) 교차로가 가까워진다는 사실을 운전자에게 주기적으로 알린다. 그 후에도 목적지에 다다를 때까지 신묘하고 이상하게 흥미로운 카운트다운이(3… 2… 1… **폭발!**) 이어지는 곳이 영국 고속도로다. 심지어 그 후에도 교차로는 90도로 꺾여 찌그러진 자동차로 난장판이 되는 대신 부드럽고 편안하고 완만한 곡선으로 방향을 바꾼다. 과제를 변경해야 하는 자폐인을 고속도로 교차로처럼 대해주면, 그들이 훨씬 만족하리라 믿는다.

슬슬 이해하기 시작했겠지만, 여기서 문제는 자폐인의 진실에 관한 이해가 부족하다는 것이다. 그도 그럴 것이, 상대의 문제를 이해하지 못하는데 어떻게 도움을 제공할 수 있을까? 하지만 일단 이해하고 난 후에는 이렇게 하면 된다.

▶ **생활 과제를 도와주겠다고 제안하기**(성가신 구독 서비스 몇 개쯤 대신 취소해줘도 좋겠다).
▶ **시간을 들여서 모든 연령대의 학생 자폐인에게 신발 끈 묶는 기술을 설명해주기.** 학생과 성인 자폐인에게 보다 실질적인 도움을 제공할 수 있을 것이다. 물론 우리를 얕보거나 수치심을 더 악화시키는 일 없이 존중심을 가지고 도와줘야겠지만.
▶ **그리고 궁극적으로 우리 자폐인이 도움을 거부해도 된다는 합의가 있어야 한다.** 결국 우리에게는 개인적인 자부심과 자율성을 향한 열망이 있기에. 하지만 친절한 도움 제안을 거절할 기회를 누릴 수 있다면 얼마나 좋을까!

성인 자폐인을 바라보는 시선을 완전히 바꿔보자. 우리는 무능력한 구제 불능도 아니고, 문제라고는 없는 완벽한 사람들도 아니다. 능력도 들쭉날쭉하기에 어른의 생활을 해내려 애쓰는 우리에게 어려움을 주는 과제는 늘상 존재할 것이다. 이런저런 성공이 없지는 않겠지만.

4장 취미 이상의 무언가

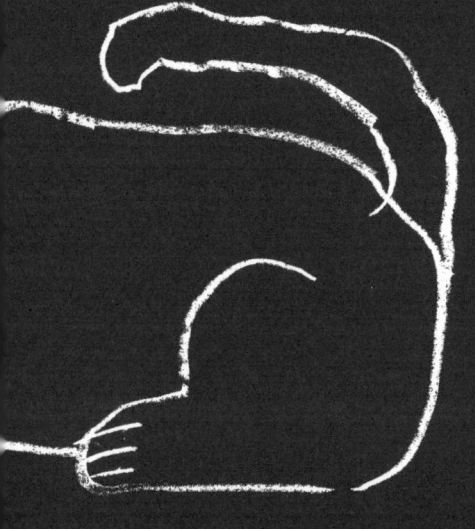

'특별한 관심사'는 얼마나 특별할까?

지난 수십 년 동안 '특별하다'라는 단어는 닳고 닳을 만큼 남용되어, 사용할 때마다 함의가 의심스러워 혼란스러울 지경이 되었다. 1990년대에는 특히 영국에서 '장애'를 대체하는 용어로 '특별하다'는 말을 사용하며 조롱의 의미가 생겼고, 신랄하고 유치한 모욕으로 쓰이는 경우가 늘어났다. 부정적인 함의는 여전히 유령처럼 주위를 배회하지만, '특별하다'는 말이 완전히 조롱으로 변하지는 않았다. 어쨌든 우리는 이 모든 것을 한쪽으로 치워두고, 이런 뉘앙스의 방해를 최소화해야 한다. 그러니 내가 '특별한 관심사special interest'에 관해 말할 때, 그리고 앞으로는 이 표현을 많이 사용할 텐데, '특별하다'는 말은 '더 좋거나 더 크거나 평소보다 다르다'는 뜻이다.

자폐인은 대부분 특별한 관심사를 갖고 있다. 자폐성 장애의 가장 보편적인 특성 중 하나인데, ADHD와 같은 다른 신경 다양성에서도 나타난다. 특별한 관심사란 우리에게 매우 큰 중요성이 있는 관심사, 신경 전형성의 세계에서 일반적으로 취미라고 일컫는 것보다 더 많은 내면의 공간을 차지하는 대상이다. 강렬한 감정을 느끼고, 집착에 가까운 열정으로 체험하며, 우리 마음의 최전선에 밀접해 있다. 우리에게 양분을 공급하고 삶을 지속해주는 것처럼 보이며, (적어도 나에게는) 다른 모든 것이 절망적일 때 내 삶에 의미를 부여할 만큼 중요하다고 느껴진다. 요컨대, 특별한 관심사는 중요하고 보편적이다. 그러니까, 이는 자폐의 잘 알려진 특성 중 하나라는 뜻이다. 여러 번 목격했듯 대중의 지식은 상당 부분이 단순한 고정관념과 가정에 의해 오염되어 있지만. 그렇다면 거기서 시작해보자.

자폐의 특별한 관심사에 관한 고정관념이라면, 바로 기차를 좋아한다는 것이다. 여기에는 이견이 없다. 왜인지 모르겠지만, 이 특별한 운송 수단은 최악의 클리셰가 되었다. 자폐를 향한 우리 대중문화의 관점에 너무나도 깊이 스며들어 자폐인의 거짓된 원형, 즉 장난감 기관차를 가지고 노는 시스젠더[33] 백인 소년이라는 이미지를 만들어냈다. 그리고 기차를 좋아하는 자폐인도 많지만(나도 그중 하나다), 그다지 관심이 없는 사람은 수천 명(아니 수백만 명)아닐까. 〈꼬마 기관차 토마스〉가 굉장하긴 하지만(엄청나게 식민주의적이고 극도로 자본주의적인 괴상한 메시지에도 불구하고), 토마스 시리즈를 좋아하고 장난감을 수집하는 것은 자폐인의 보편적인 특성과는 거리가 멀다.

[33] 태어났을 때 지정된 성별과 자신이 느끼는 성별 정체성이 일치하는 사람. 지정 성별과 정체화한 성별이 일치하지 않으면 트랜스젠더다.

자폐인의 특별한 관심사는 자폐인 개개인 만큼 다양해서, 다들 자유 시간이 생길 때마다 자기만의 관심사에 몰두한다. 관심사에는 제약이 없다. 조용하고 단독적이며 사유에 기반한 것일 수도 있고, 다른 사람들과 함께하는 신체 활동일 수도 있다. 내가 실생활에서 알고 있는 자폐인의 특별한 관심사는 〈뱀파이어 해결사〉, 비틀즈, 게임용 PC 조립, 잠수함, 길거리에서 춤추기, 소, 〈고슴도치 소닉〉, 디저트와 과자 만들기 등 다양하다. 그러나 구체적인 관심사는 가지각색이더라도 모든 특별한 관심사에는 공통점이 있다.

첫째, 특별한 관심사는 기분을 조절하고 스트레스를 관리하는 데에 도움이 된다. 이는 자주 간과되는 매우 중요한 특성이다.

둘째, 동호회나 팬덤, 모임 등 어떤 형태로든 소속할 사회 집단을 찾고 지속적으로 참여하는 데에 도움이 된다. 타인과 어울릴 방법을 찾지 못해 고생하던 사람들에게는 매우 귀중한 이점으로 작용한다.

셋째, (항상 그런 것은 아니지만) 종종 자신을 부양하는 수단이 되어준다. 집중하는 주제가 무엇이든 상당한 전문가가 되리라는 거의 필연적인 전망 덕분에 관심사로 약간의 돈을 버는 것도 충분히 가능한 일이고 일부는 관심사를 기반으로 아예 경력을 쌓을 수도 있다.

나의 특별한 관심사는, 내가 그것에 관해 책 한 권을(『내가 이야기하고 싶은 것들What I Want to Talk About』이라는 책으로, 어떻게 보아도 읽을 가치가 있다) 썼다는 점을 감안하면 꽤 훌륭하게 문서화되어 있다고 할 수 있기에 여기서 다시 자세히 설명할 의도는 없다. 내 모든 사랑과 열정을 공유하고 싶은 충동이 나를 짓누르기는 하지만. 그 대신, 나는 이러한 관심사가 어떻게 작동하는지, 그리고 그것이 자폐인에게 얼마나 중요한지 논의하고 싶다. 내가 레고나 마인크래프트를 언급한다면 그저 우연일 뿐이며, 자신의 관심사에 관해 이야기해야만 하는 자폐인의 절대적인 욕구를 증명하는 영구적인 서면 기록으로 사용하는 것은 절대 불허함을 밝혀둔다….

태풍 속 평온한 항구

자폐인의 삶은 스트레스와 불안으로 가득해 건강에 막대한 문제를 일으킬 수 있다. 만성적인 트라우마와 그에 따른 스트레스가 없는 자폐인이 있다면, 스트레스 심한 사회적 오해를 끊임없이 겪지 않은 자폐인이 있다면, 만나는 사람에게 줄곧 괴롭힘을 당하거나 무시당하지 않으며 학교와 가족생활을 일궈낸 자폐인이 있다면 어떤 사람일까, 때때로 이런 대답할 수 없는 질문을 던지기도 한다. 너무 낯설게 느껴지기 때문에 상상이 가지 않지만, 이런 자폐인도 분명 존재하리라.

우리가 '자폐성'이라고 간주하는 행동의 상당 부분이 그저 장기간 반복된 트라우마에 대한 정상적인 반응의 집합일 가능성도 매우 높다. 그렇게 생각하면 참담해서 잠 못 이룬 밤이 여럿이다. 그러나 어느 쪽이 진실이든, 심각한 의사소통의 어려움과 감각 민감성으로 인해 발생하는 이러한 지속적인 트라우마로 인해, 평범한 하루 중에도 극심한 두려움과 불안, 공황 상태에 빠지는 자폐인이 많다. 그래서 이런 스트레스에 짓눌려 무너지려 할 때 꼭 붙들어줄 일종의 안전망을 마련해야 한다. 바로 이 지점에서 특별한 관심사가 중요해진다.

중학교에서 영어를 가르치던 시절이었다. 수업을 앞두고 있을 때면 곧 내 앞에 모일 학생들 때문에 어김없이 두려움에 사로잡혔고, 반증이 많은데도 내가 어떻게든 수업을 망칠 거라고 걱정하고 또 걱정했다. 이런 순간이 닥치면 내게는 최선인 방편에 의지하게 됐다. 위키피디아를 열고 1950년대 증기 기관차에 관한 정보를 최대한 빠른 속도로 읽는 것이다. 지금 이 아주 간단한 처치가 얼마나 효과적이었는지 돌이켜보면 놀라울 뿐이다. 여하튼, 공해를 유발하는 다양한 거대 강철 바퀴 배열에 관해 읽으면 마음이 진정되었다. 아마 다른 사람들은 훌륭한 마사지를 통해 그런 식의 진정을 구할 수 있으리라(개인적으로 나는 어떤 종류의 마사지든 참지 못한다. 엎드려 누운 취약한 자세로 낯선 사람이 내 척추를 강타하는 것을 참기란 전적으로 불가능하다). 자꾸 물어본다 한들 증기 기관차가 왜 그렇게 도움이 되었는지 제대로 설명할 수 없다. 내가 내놓을 수 있는 유일한 합리적인 설명은 증기 기관차의 특별한 관심사라는 지위가 어떤 방식으로든 그 역할을 했다는 것이다.

글을 조금만 읽다보면 금방 진정할 수 있었고, 그 후에는 평소의 기준에 비춰봐도 꽤 높은 수준의 수업을 해낼 수 있었다. 그러나 학교의 경영진 중 한 사람이 내 인터넷 기록을 조회하고는 8학년에게 아포스트로피에 관해 가르쳐야 할 사람이 왜 그렇게 오랫동안 A4 퍼시픽 기관차에 관해 읽었는지 궁금해할 지도 모른다는 두려운 상상에 줄곧 굳어버리고는 했다. 결국 문제는 이거다. 우리 자폐인은 개인적인 어려움에 직면했을 때 자기만의 임시방편이나 술수, 맞춤형 해결책을 사용한다. 그러나 이것들은 약간 이상하다. 신경 전형인이 어려움에 빠진 우리를 발견한다면 그들만의 기묘하게 비관적인 방식으로 우리가 나쁜 짓을 하고 있다고 가정할 수 있는 것이다.

수많은 자폐인이 나처럼 스스로 진정하기 위해 관심사에 관한 글을 읽었던 경험이 있다. 특별한 관심사는 자폐성 장애에 내재된 특성일 뿐만 아니라, 적대적인 환경에서 장애로 인해 발생하는 스트레스와 불안을 처리하는 데 도움이 되는 탁월한 대응 기제인 듯하다. 예전에는 특별한 관심사를 따뜻한 물로 목욕하는 행위나 자신의 뇌 속에 숨는 행위, 심지어 포옹, 자기 뇌를 간지럽히는 행위 등에 다양하게 빗대 설명하곤 했다. 적어도 내게는 찢어지는 하품이나 맛있는 식사 후에 느끼는 기분 좋은 포만감처럼 기묘한 육체적 평안과 휴식의 느낌을 준다. 내가 관심을 쏟는 주제에 몰두함으로써 뉴런을 짓누르고 있던 두려움을 전부 제거하게 되는 듯하다. 솔직히 말해서 특별한 관심사가 없다면 버틸 수 없을 것 같다.

나는 나의 특별한 관심사를 안식처, 다른 것들이 전부 나를 괴롭힐 때 찾아갈 수 있는 장소로 사용한다. 어렸을 때 레고와 비디오 게임은 집안 분위기가 버거울 때 숨을 수 있는 장소였다. 우리 부모님은 1990년대에 조금 힘든 시간을 보냈는데, 주로 1991년쯤 발생한 심한 경기 침체 때문이었다. 부모님이 번번이 일자리를 잃은 탓에 우리 가족은 할아버지와 함께 지내게 되었고, 그곳의 환경은 잔잔하고 평화로운 안정 상태를 형성하는 데에 전혀 도움이 되지 않았다. 결과적으로 내 방은 내가 최근에 집착하는 것이 무엇이든 그것에 두뇌를 완전히 몰입할 수 있는 안식처가 되었다. 나는 레고를 많이 가지고 있었는데, 주로 바닥에 넓게 쌓아 도시 풍경을 만들었다. 경찰서, 소방서, 항구, 해적이 출몰하는 호수 등, 잘 알겠지만 표준적인 도시의 풍경 말이다. 나는 탈옥과 대규모 화재, 해적이 연루된 소동 등 상세하고 복잡한 서사를 만들어서 집안 전체를 짓누르는 압박감으로부터 완전히 단절된 생활을 했다. 이 특별한 정신적 '패닉룸'이 지겨워지면 슈퍼 겜보이를 켜고 잠시 동안 다른 가상의 세계에 머물렀다. 고슴도치 소닉의 푸르고 상쾌한 땅, 〈환상의 땅〉 속 신묘하고 알록달록한 미키 마우스의 세계를 가장 좋아했다. 게임을 완수하고 높은 점수를 획득하는 것이 목표인 일반적이고 평범한 게임 취미와는 달리, 나는 세계 자체에 집착했다. 나는 플레이할 수 있는 레벨 너머에는 무엇이 있는지, 배경의 나무 너머에는 무엇이 있는지, 어떤 광경이 숨겨져 있는지 궁금해하면서 몇 시간씩 세계관을 탐험했다.

분명 그때 열한 살이었던 내 머리로도 그 너머에는 아무것도 없다는 것을 잘 알 수 있었으나 (비디오 게임에서 얻을 수 있는 것은 프로그래밍한 것뿐이라 〈슈퍼 마리오 카트〉의 트랙 너머에는 보이지 않는 추가적인 공간이 없다) 개의치 않았다. 게임 속 더 넓은 세계를 상상하며 살았고, 진정한 피난처로 여겼다. 이 습성은 사라지지 않았다. 요즘 게임 속에는 훨씬 더 발전된 세계가 광활하게 펼쳐져 있다. 〈레드 데드 리뎀션〉 같은 게임에서는 마음껏 돌아다닐 수 있고, 나는 실제로 그렇게 한다. 자주. 마찬가지로 〈마인크래프트〉는 놀라울 정도로 다양하고 즐겁고 안전한 장소를 제공하기에, 나는 지난 10년 동안 그 안에 도시와 마을, 성, 풍경이 가득한 세계를 조용히 건설했다. 즐거움을 위한 곳, 현실 생활의 어려움이 버거울 때 찾아갈 수 있는 곳이다.

수많은 자폐인의 삶에 특별한 관심사가 그토록 큰 자리를 차지하는 이유는 이런 식의 현실도피가 가능하기 때문이라고 생각한다. TV, 영화, 문학, 게임 속의 가상적 설정이 특히 엄청난 인기를 누리는 이유도 마찬가지다. 한 친한 친구는 삶의 스트레스가 너무 심해졌을 때 도망칠 수 있는 잘 발달된 허구의 세계가 자기 머릿속에 숨겨져 있으며 이는 다양한 허구의 세계들을 조각조각 취한 것이라고 말했다. 분명 나에게도 해당되는 이야기다. 우리는 이러한 장소를 깊이 아끼게 된다. 오늘까지도 나는 소닉과 〈환상의 섬〉 게임의 레벨과 음악까지 기억하고 있고 (내가 커피를 끓이며 휘파람 부는 소리가 종종 들릴 것이다) 침대에 누워 잠들려고 애쓰다가 게임 속의 장소들을 다시 탐험하고 상상하기도 한다. 나의 기억은 열두 살 때처럼 풍부하고 생생하며, 나는 의식하지도 못하는 사이 깊이 잠들게 된다.

마블부터 〈마이 리틀 포니〉[34]나 〈브레이킹 배드〉[35]의 세계까지(그리고 이 두 세계관이 한 문장에서 함께 언급될 것이라고 누가 상상이나 했을까? 차라리 둘을 합쳐보면 어떨까!), 이 풍부하고 세밀한 가상의 세계는 자폐인이 탐험하고 평화와 고요함을 구할 수 있는 완벽한 환경이다. 그러나 단지 가상의 공간을 제공하기 때문에 특별한 관심사를 두는 것은 아니다.

자폐인의 관심사는 수집이 중요한 특징인 경우가 많다. 자, 다시 말하지만, 자폐인만 수집을 하는 것은 아니다. 그도 그럴 것이, 신경 전형성의 세계에도 수집이 취미인 사람은 많으니까. 모든 자폐인이 수집에 몰두하는 것도 아니다. (모든 자폐인에게

---

[34] 여아를 겨냥한 알록달록하고 귀여운 조랑말 모양 완구 브랜드로, 후에 애니메이션과 영화가 나왔다.

[35] 미국의 TV시리즈. 암 선고를 받은 고등학교 화학 교사가 병원비를 충당하기 위해 마약을 제조하기 시작해 후에 마약 업계의 거물이 되는 과정을 그린다.

해당되는 특징은 없다는 걸 기억하려나?) 그러나 자폐인 중에는 수집이 유난히 중요한 사람이 많다. 상당히 난해한 유형의 컬렉션을 마주치는 것도 꽤 흔한 일이다. 돌, 컵 받침, 깃발, 곤충, 바비 인형, 양말, 모형 기차, 놀이용 카드, 가디건, 또… 어떤 느낌인지 알겠지. 수집할 수 있는 물건이라면 아마 자폐인 한 명쯤은 이미 수집에 몰두하고 있으리라.

그리고 포켓몬이 있다.

닌텐도 게임보이에 포켓몬 게임이 처음 등장한 1990년대 후반부터 이 알록달록한 작은 괴물들을 수집하는 취미는 많은 자폐인에게 최고의 관심사가 되었다. 왜 포켓몬이 자폐인에게 압도적인 사랑을 받는지 생각해보면 참 재미있다. 내 생각에는 수집도 할 수 있고 포켓몬의 능력치 데이터를 중심으로 숫자놀이도 할 수 있기 때문인 것 같다.

더 자세히 살펴보면, 본 게임 시리즈든 모바일 〈포켓몬고〉든 모든 포켓몬은 자신의 능력치를 결정하는 수치를 갖고 있으며, 이 통계를 이해하려면 상당히 깊이 파고들어야 한다. **모든 자폐인이 숫자와 수학을 좋아한다고 주장한다면 거짓이겠지만, 현실과 완전히 동떨어진 말은 아니다.** 많은 자폐인이 숫자 데이터의 안정성과 고정성을 즐기는데, 포켓몬은 숫자를 잔뜩 제공한다. 이 작은 짐승들을 찾아서 녀석들이 얼마나 강한지, 다른 작은 괴물들과 싸우면 어떤 결과가 나올지 판단해 날렵하고 사나운 싸움꾼으로 키우는 게임은 많은 자폐인에게 달가운 경험이 된다. 생각할 거리도 많이 얻을 수 있다. 그것은 우리가 '이론 제작'이라고 부르는 활동 경험을 풍부하게 제공하며, 이를 통해 우리는 좋은 공격 조합과 포켓몬을 가장 잘 관리하는 방법에 관해 공상할 수 있다. 지루한 회의 시간이나 긴 기차 여행에서 할 일이 필요할 때 항상 유용한 활동이 되어주더라. 뮤츠를 최고로 강화해서 고스트와 에스퍼 공격을 조합해 사용하면 싸움에서 사실상 무적이 된다는 사실을 알아내는 일은 꽤 재미있을 뿐만 아니라 일종의 성취이기도 하다.

포켓몬 수집에는 목적이 있다. 흥미로운 돌을 수집해도 돌끼리 싸우다가 나가 떨어지는 일은 없으니까. 게다가 게임은 안전하고 관리하기 쉬운 사교 수단을 제공한다. 비슷한 집착이 있는 사람들을 만나서 함께 놀 수 있는 것이다.

비슷한 욕구를 해결해주는 관심사 중에는 〈워해머〉 같은 모의 전쟁 게임이 있다. 알려나, 공들여 색칠한 작은 병사들을 가지고 하는 게임 말이다. 이 게임은 본질적으로 모델을 수집하고 수치 통계를 파악하는 두 작업의 혼합이다. 그리고 〈월드 오브 워크래프트〉, 〈엘더 스크롤 온라인〉, 〈그랜드 테프트 오토 온라인〉과 같은 대규모 멀티플레이어 온라인 게임도 있다. 수많은 자폐인에게 편안함과 섬세함을 제공한다는 동일한 목표를 달성하는 게임들이다. 위에 언급한 게임들이 전부 한때 나의 관심을 사로잡았다는 사실이 놀랍지 않을 것이다.

수집은 장기적인 즐거움을 제공하며 언제나 생산적인 일

처럼 느껴진다. 우리에게 초점과 목표를 제공하며, 수집한 돌과 화석의 연대와 기원이라든가, GTA 게임 속에서 수집한 스포츠카의 속도와 내구성 등을 상세히 알면 자부심에 막대한 만족감까지 얻을 수 있다. 우리는 다시금 소용돌이치는 세상에서 고요한 장소를 찾아 머물 수 있게 된 것이다.

숨어서 회복할 공간을 얻는 것 외에도, 특별한 관심사를 통해 묘하게 즐거운 방식의 집중을 이어갈 수 있다. 인생의 '큰 그림'을 보아야 한다는 끊임없는 요구가 버겁고 지루해질 때, 뇌의 렌즈를 조정해 레이저 같은 집중력을 특정한 대상에 정확하게 맞추면 기분이 끝내준다. 마치 우리의 뇌가 타고난 능력을 발휘하도록 허락하는 것 같달까. 세상을 넓게 보라는 기대는 있지만 그런 것은 너무… 말도 안 되니까. '일방향성monotropism'이라는 개념을 지지한다면 딱히 놀랄 일도 아니다.

일방향성 - 집중력 터널

2005년 과학 학술지 《자폐성 장애Autism》에 디나 머레이 박사의 새로운 연구 논문 「주의력, 일방향성, 자폐성 장애의 진단 기준」[36]이 게재되었다. 1990년대 후반에 진행된 장기 연구로, 과거의 이론이나 연구보다 멀리 나아가 자폐성 장애, 어쩌면

---

[36] D. Murray, 'Attention, monotropism and the diagnostic criteria for autism', *Autism*, 9(2), June 2005, pp. 139-156.(원주)

ADHD까지 포괄하는 '거대한 통합 이론'을 제공하는 것이 목표였다. '일방향성'이라는 개념을 기반으로 자폐인의 뇌를 바라보는 새로운 관점을 상세히 서술했다. '한 방향 회전'을 뜻하는 그리스어 단어를 어원으로 하는 '일방향성'은 자폐인의 뇌가 전체보다는 각각 부분에 집중하는 방식으로 작동한다는 사실에 기반한 개념이다. 다른 방식으로 설명하자면, 자폐인은 나뭇조각을 봐도 그것이 붙어 있던 나무를, 실은 그 어느 나무도 떠올리지 못한다. 일방향성은 세밀한 집중이 자폐성 장애의 내재적인 특성이라고 가정하며 이것으로 자폐의 거의 모든 면면을 설명한다. 감각 민감성은 특정한 감각에만 집중해서 정신을 몰두한 결과고, 소통의 어려움은 특정 단어나 표현의 의미에만 집중해서 그 암시와 함의 등을 놓치는 결과라는 식이다. 그리고 자폐인의 특별한 관심사가 작동하는 방식도 아주 깔끔하게 설명해낸다.

자폐인의 특별한 관심사는 극도로 특정적인 경우가 있다. 흑사병이 창궐하던 시절에 의사들이 쓰던 가면에 깊이 매료된 자폐인의 이야기도 들어보았다. 17세기 역사를 공부하는 학생들의 악몽에 나타나는 긴 부리 달린 가면 말이다. 트위터에서 알고 지내는 지인 한 사람은 시계 끈에 관심이 있는데, 특히 특정한 색상과 유형의 나일론 끈을 구성하는 성분과 소재의 탄성을 바꿨을 때 착용감에 생기는 어떤 영향에 집중한다. 이는 특이 사례가 아니다. 넓은 관심사 중에서 특정한 집중 대상이 나타나 중요도가 높아지는 일도 잦다. 삶에는 위안이 되는 소소한 것들이 많아서, 기회가 있을 때마다 정밀히 살펴보고 복잡한 부분을 연구하면 마음이 편안해진다. 어쩌면 바로 이것이 신경 다양성 공동체에서 온갖 미니어처가 인기를 끄는 이유이리라.

일방향성 이론은 왜 이런 사례가 그렇게 많은지 이해하는 데에 도움이 된다. 디나 머레이 박사의 아들 퍼거스가 내게 말하기를, 우리 자폐인들은 "동시에 집중력 (혹은 사고 처리 자원)을 쏟을 수 있는 대상이 한정적인 편이에요. 대부분의 사람들은 '다방향적polytropic'이거든요. 사고 처리 수단이 여럿이거나 한 번에 여러 가지 관심사가 발생한다는 뜻이에요. 반면 자폐인은 일방향적이라 소수의 관심사에 오롯이 집중력을 쏟지요." 그 결과, 우리는 하나의 대상에 막대한 에너지와 시간을 투자할 수 있게 되었다. 우리는 넓은 영역을 비추는 자동차 헤드라이트나 투광등과 달리 레이저 광선처럼 세상에 접근한다. 집중력을 작은 초점에 맞춰 아주 깊은 곳까지 뚫고 들어가는 것이다.

그리고 이는 우리의 관심사에만 적용되는 이야기가 아니다. 머레이에 따르면, "신경 전형성 사회의 의사소통은 보통 다수의 입력과 출력 수단이 수반되고, 사람들은 말뿐만 아니라 어조나 표정, 신체 언어, 시선 등에 동시에 주의를 기울여야 해요. 대부분은 이 모든 것을 동시에 처리하고, 두 명 이상과 소통을 주고받을 수도 있어요. 의식적으로 주의를 기울이지 않고도 권력관계 같은 모든 종류의 사회적 맥락을 유념하며 어울리는 거예요." 일방향성 이론을 활용하면 이 책의 1장과 2장 상당 부분을 매우 효과적으로 설명할 수 있다는 사실을 쉽게 알 수 있을 것이다.

머레이는 일방향성이 자폐인의 감각 민감성을 야기하며, 이는 "주의력의 터널 외부에 있는 감각 정보"가 종종 누락되는 탓이라고 주장한다. 레이저 광선의 초점 바깥에 있기에 알아차리지도 못하는 것이다. 반면 이 '터널' 내부에 있는 감각 정보는 당연하게도 상당히 증폭된다. 집중력이 전부 그쪽으로 몰린다. 윙윙거리는 벌에게 마이크를 백 개쯤 가져다 대면 아무래도 귀가 멀 것 같지 않을까. 나는 '집중력 터널' 비유가 특히 마음에 든다. 나 자신의 경험에 잘 들어맞기 때문이다. 특별한 관심사에 완전히 몰두했을 때, 가령 인터넷으로 그 주제에 관한 글을 읽고 있을 때는 손에 들린 컴퓨터나 폰에 유난히 집착하게 된다. 슬랩스틱 코미디[37]의 한 장면처럼, 방 안에서는 누군가가 내게 싸움을 걸고, 이웃 건물에 불이 나고, 고질라가 천장을 뚫고 들어오는데도 나는 글에서 눈을 떼지 못할 것이다. 적어도 울리는 전화벨이나 문 두드리는 소리를 듣지 못할 테고, 몸이 즉시 뭔가를 먹거나 마셔달라고 요구해도 눈치채지 못할 것이다. 그저 이 모든 것이 '집중력 터널' 밖에 있어 내게는 실제로 존재하지 않는 것과 마찬가지라서 그렇다.

37 과장된 몸짓과 상황 연출을 이용한 코미디. 〈황금광 시대〉, 〈모던 타임즈〉 등 찰리 채플린의 영화가 좋은 예다.

일방향성이라는 개념에는 상당히 고무적인 가능성이 내재한다. 자폐성 장애의 핵심 원리로 널리 받아들여지려면 아직 갈 길이 멀지만, 나는 그저 시간문제라고 믿는다. 이 이론을 통해 개인과 사회 전반에서 자폐를 바라보는 관점이 재조정될 수 있다. 퍼거스는 다음과 같이 대화를 마무리했다. "그런데 일방향적 과집중력의 장점도 진지하게 생각해볼 필요가 있어요. 자폐인에게 그의 열정을 추구하는 데에 필요한 시간과 도구를 제공한다면 정말이지 굉장한 힘이 될 테니까요!"

동의하지 않는다고는 못 하겠다. 건강한 분위기와 응원이 있는 환경이 조성된다면, 일방향성이 자폐인에게 제공하는 레이저 광선 같은 집중력은 자신뿐만 아니라 사회 전체에 굉장한 이익의 원천이 될 수 있다고 생각한다.

번아웃

이 이야기는 시작부터 망설여진다. 번아웃은 내 머릿속에서 극심한 우울의 경험, 자살을 시도했던 2016년의 우울과 강하게 연결되어 있기 때문이다. 이미 어려운 개념에 과장을 더하고 싶은 마음은 없다. 그저 자폐성 번아웃이 망가져버린 듯한 느낌을 선사하며 그 느낌이 영원할 수도 있다는 것을 알려주고 싶을 뿐이다.

이 문제는 자폐성 번아웃에 관한 탐구와 연구가 아직도 상대적으로 미진하다는 사실 때문에 더욱 복잡하다. 상황이 개선되고 있지만 의학계의 거의 모든 사안과 마찬가지로, 새로운 아이디어와 의술이 최전선의 일반의와 간호사에게 전달되기까지는 상당한 시간이 걸린다. 그렇기에 (만에 하나) 자폐인이 의료 지원을 받기 위해 첫 기항지에 방문한다면 멍한 표정, 형편없는 짐작, 턱없이 부족한 지원 여건을 맞닥뜨릴 가능성이 높다. 하지만 번아웃을 경험한 자폐인이라면 누구나 그것이 완연한 현실이라는 사실을 확신할 것이다. 그리고 그 현실은 치명적일 수 있다.

자폐인의 기대 수명이 비자폐인보다 훨씬 낮다는 사실을 보여주는 통계는 한둘이 아니다. 어떤 통계에 주의를 기울이는지에 따라 자폐인의 기대 수명은 약 36세 혹은 그보다 조금 늦은 54세가 된다. 이 두 수치는 단순한 사고부터 동반 질환으로 인한 사망까지 다양한 변수를 고려한다. 물론 이는 알고 지내는 자폐인들이 전부 50대 중반쯤에는 죽고 없으리라는 뜻이 아니다. 오히려 자폐인들이 누릴 수 있는 수명을 누리지 못하는 현실에 대한 경고로 바라볼 수 있다. 우리는 이 경고에 귀 기울이고 반응해야 한다. 자폐인의 수명을 단축하는 수많은 요인이 있으며 그 중 상당수는 이 책 이곳저곳에서 다루었지만 아마도 가장 암적인 (그리고 어쩌면 가장 예방하기 쉬운) 요인은 자살일 것이다.

이미 언급했듯이, 자폐인은 비자폐인에 비해 자살로 사망할 확률이 3배 더 높다. 연구에 따르면 자폐인의 60퍼센트 이상

이 살면서 심각하게 자살을 고려한 경험이 있다고 한다.[38]

내가 이 책에서 자세히 설명하려고 노력했던 것, 즉 자폐인이 직면하고 있는 수많은 어려움을 돌이켜보면 이러한 통계는 (비록 굉장하기는 하지만) 충격적이지 않으리라. 대다수의 자폐 성인은 사실상 아무런 지원도 받지 못한다. 내가 2017년에 자폐 진단을 받은 주요 원인이 우울증과 자살 충동이었는데도 나는 진단 이후 NHS로부터 그 어떤 지원도 받지 못했다. 졸렬한 팸플릿 한 더미와 정신과 의사의 '행운을 빈다'는 식의 인사뿐이었다. 우리는 스스로 모든 것을 해결해내야 하며, 서로를 응원하는 온라인의 자폐인 네트워크가 없었다면 지금 내 삶은 더 암울한 모양새였을지도 모른다.

그리고 자살의 근본적인 원인은 번아웃인 경우가 많다.

자폐성 번아웃은 예상하는 것과 매우 유사하다. 보아하니 번아웃은 다른 사람과 어울리기 위해 의무적으로 가면을 쓴 최종적인 결과 같다. 이미 언급했듯이 가면을 쓰고 있으면 엄청난 양의 에너지가 필요하고, 가감 없이 말해보자면, 그 에너지로 우리를 둘러싼 신경 전형성의 사회를 단란하게 만들 것이 아니라 우리 자신에게 행복을 주는 편이 더 좋을 것이다. 하지만 그러지 못한다. 그 대신 자폐인은 온 에너지를 바쳐 위대한 연기를 펼치고 (성대한 가장무도회가 열린다고 해볼까) 가능한 모든

---

[38] S. Cassidy et al., 'Risk markers for suicidality in autistic adults', *Molecular Autism*, 9(42), 31 July 2018.(원주)

수단을 동원해 비자폐인과 똑같은 척한다. 그리고 높은 에너지 사용에는 엄청난 대가가 따른다. 개인에 따라 그리고 (여러 요인 중에서도) 가면 쓰기의 강도에 따라 다르겠으나 언제든지 자폐성 번아웃이 발생할 수 있는 상태가 된다. 트위터에서 간단하게 조사했더니 자폐인은 20대에 번아웃 위험이 가장 높다는 결과가 나왔는데, 이는 상당히 그럴듯하다. (5장에서 살펴보겠지만) 학교는 가면 쓰기가 참을 수 없을 만큼 심하게 이루어지는 곳이므로, 계속해서 가면을 써야 한다면 한계점을 넘어설 가능성이 높다. 나는 서른셋이 되어서야 그 가능성이 실현되었으니 어떻게 보면 운이 좋았다.

내 번아웃은 분명 나만의 고유한 경험이고, 그것이 번아웃 현상에 관한 이해의 기초가 되는 '최적의 기준'이라고 말할 수는 없다. 그러나 자폐성 번아웃이 어떻게 작동하고 한 사람의 인생에 어떤 영향을 미치는지 보여줄 수 있는 합리적인 예시라고 생각한다. 나는 번아웃을 겪기까지 적어도 20년 동안 매우 성공적으로 가면을 쓰고 살았고, 나 자신이나 지인 중 그 누구도 내가 자폐인일 가능성을 제기한 적이 없을 만큼 능숙했다. 나도 모르는 사이에 아주 오랫동안 상당한 양의 에너지와 인지 능력을 쏟아부어 나를 감췄다. 그러다가 딸이 태어나고 댐이 터졌다. (업무도 점점 과중해지는 와중에) 일과가 갑자기 대대적으로 바뀌었고, 책임감이 늘었고, 휴식 시간은 부족해졌다. 그 결과 기능이 급격하게 떨어져 끔찍할 지경이었다. '신경 쇠약

breaakdown'을 겪었다고 해야 할 것 같지만, 전문적인 진단은 아니고 이 개념은 너무 광범위하게 쓰여 유용하지 않다.

갑자기 업무 수행이 악화하기 시작했다. 나는 교사로서 조직력은 우스꽝스러울 정도로 부족했음에도 꽤 좋은 직무 평가를 받았으며, 학교에서 소외된 학생들과 일하는 데에 탁월한 교사로 여겨졌다. 그러나 딸이 태어나고 여섯 달 사이 업무의 부담을 처리하는 능력이 악화해 편두통이 자주 발생했고 쉬는 시간도 너무 많아졌다. 동료들도 눈치채는 바람에 상황이 더욱 악화되었고, 나는 매우 중요한 업무들을 잊어버리기 일쑤였다. 어느 금요일 아침 교장 교사로부터 '대화'를 요청하는 이메일을 받은 기억이 난다(이보다 심각한 상황이 있다면 무엇이든 알려달라). 3장에서도 언급했는데, 이 대화에서 전날 밤 교육에 참석하지 않아 난처해졌다는 이야기를 들었다. 나는 교육 일정을 까맣게 잊어버린 참이었고 (단순히 말하자면 내 뇌가 제대로 작동하지 못했다) 교장실을 떠난 후에 눈물을 흘리며 쓰러졌다. 결국 장기간 병가를 냈고, 직장에서의 지위는 회복할 수 없었다. 돌이켜보면 나는 정확히 그때부터 교사의 삶에서 멀어지게 되었다.

나는 너무나도 우울했고, 가면을 고쳐 쓸 힘이 동났고, 특별한 관심사를 향한 흥미도 잃었다. 레고, 〈마인크래프트〉, 축구 및 비디오 게임으로도 위로를 얻지 못했고, 심지어 2016년에 내가 좋아하는 축구팀이 레스터 시티 프리미어 리그에서 우승하는 기적이 일어났을 때도 몇 년 전에 느꼈을 법한 기쁨에

비하면 사실상 아무것도 느끼지 못했다. 번아웃 때문에 딸의 인생 초기에 함께할 수 있었을 즐거움을 느끼지 못했고, 6년이 지난 지금까지도 제대로 회복하지 못했다. 아직도 때때로 극심한 우울증을 겪고, 그때 망가진 가면을 제대로 고치지 못한 것처럼 느껴지는 순간도 있다. 물론 코로나바이러스 대유행도 도움이 되지 않았다. 나는 줄곧 몸을 사리고, 타인과 어울리는 연습도 못 한다. 내가 마침내 세계에 다시 합류하게 된다면 어떤 모습일지 종종 궁금해진다. 사회적 상황에서 가면을 쓰는 능력이 바람에 날리는 이슬비처럼 증발해버렸을까 두렵다.

자폐성 번아웃은 여러 면에서 **고도 우울증과 비슷하다**. 무기력해지고, 삶에 존재하는 것들을 향한 관심을 잃는다. 기분이 가라앉고 관계가 손상되기도 한다. 차이점도 있다. 가장 분명한 차이점은 번아웃이 특정한 과제를 수행하는 능력에 확실하고 실질적인 영향을 미친다는 사실이다. 바로 가면 쓰기. 가면 쓰는 법을 영영 잊어버리는 자폐인도 있다. 그래서 번아웃이 그토록 문제적인 것이다. 자폐인의 가면 쓰기는 종종 삶을, 특히 직장 생활을 잘해내기 위한 필수적인 능력이기에, 갑작스럽게 가면 쓰기가 불가능해지면 인생이 산산이 조각날 수 있다. 이것은 아이러니하고, 솔직히 말하면 가면 뒤에 숨겨진 꽤 끔찍한 진실이다. 가면은 자폐인에게 해를 끼치며 당연하게도 우리는 가면을 쓰지 않고도 살아갈 수 있어야 하지만, 현재 세상이 이런 식이다 보니 가면을 써야 하는 상황인 것이다. 그러나 줄곧 가면을 쓰다가 결국에는 말 그대로 가면을 파괴하게 된다. 그러면 직장을 잃을 수도 있고, 가족을 잃을 수도 있다.

목숨을 잃을 수도 있다. 폭력을 행사할 수 있는 사람, 공권력이 있는 사람이 가면 쓰기가 불가능한 자폐인을 어떻게 생각할지 생각해보라. 스트레스 상황에서 으레 발현되는 자폐적 특성을 보이다가 경찰에 의해 부상을 입거나 사망한 흑인 자폐인의 사례가 매년 발생한다. 가령 유타주 솔트레이크시티에 사는 린든 캐머런에게 이런 일이 일어났다. 어머니가 치료에 도움을 받기 위해 경찰에 연락했는데 결국 린든이 여러 차례 총에 맞아 심각한 부상을 입고 말았다. 땅에 누우라는 요구에 응하지 못했다가 거의 죽을 뻔한 것이다.

이 글을 읽는 자폐인이라면 누구나 심한 스트레스나 심리 탈진 상태에서, 특히 경찰이 옆에 있을 때 으레 그러듯 두려움을 느껴 땅에 누우라는 명령을 따르지 못하는 상황을 이해하리라 생각한다. 이런 상황에서 가면을 쓰지 못하면, '비표준'으로 간주되는 행동을 하고 있다는 사실과 차별받는 소수에 속한다는 사실이 더해져 치명적인 결과를 초래할 수 있다. 공권력을 행사할 수 있는 사람들은 자폐인의 가면이 가진 한계를 이해하고 자폐성 심리 탈진의 징후와 자폐인의 일반적인 행동 방식을 인식할 수 있어야 한다. 그러려면 현실적으로 NHS 인력처럼 경찰도 새로운 의무 교육을 받아야 이런 실수가 최소화될 수 있으리라. 현재로서는 갈 길이 멀다고 느껴지지만, 전국 경찰 자폐성 장애 협회가 인식을 제고하기 위해 애쓰고 있다. 그러나 번아웃 때문에 가면 쓰는 법을 잊어버려 이와 같은 무서운 상황에서 자신을 보호할 수 없다면, 당연한 이야기지만 그에 따른 위험은 무시무시할 것이다.

이미 말했듯이, 나의 경우 가면 쓰기에 지장이 생긴 원인은 아버지가 된 것이었다. 나는 작은 아기를 돌봐야 한다는 새로운 압박 때문에 특별한 관심사를 탐닉할 수 없어서 문제가 생겼다고 확신한다. 나는 감정을 정화하고 재충전하는 수단으로 비디오 게임과 기타 연주를 사용했다. 고꾸라질 것처럼 힘들 때마다 게임과 기타 덕분에 평정심을 되찾을 수 있었다. 그런데 더는 관심사에 몰두할 시간이나 공간이 없다는 사실이 나를 정말이지 힘들게 했다. 내가 좋아하는 관심사를 즐기지 못하는 것이 번아웃의 유일한 원인이라고는 말할 수는 없겠지만, 큰 원인이었다고 굳게 믿는다. 자폐인이 가장 좋아하는 일을 하지 못하게 되면 그 위험은 매우 현실적이며 생명을 위협할 가능성도 있다는 것이 내 의견이다. 남부끄럽게 밖에서 심리 탈진을 겪었다는 등의 이유로 자폐인에게 비디오 게임을 금지할 생각이라면 이 점을 유념하기 바란다.

자폐인에게 번아웃은 본질적으로 불가피하다고 느껴지기도 한다. 실제로 내가 알고 지내는 자폐인들에게 번아웃에 관해 물었더니 많이들 한 번 이상 겪었다고 했고, 대부분은 번아웃이 암울한 일회성 경험이 아니라 반복적인 경험이었다고 분명히 밝혔다. 가장 큰 문제는 세상이 우리를 받아들일 준비가 되어 있지 않다는 사실 아닐까.

우리는 줄곧 가장자리에 머무르며, 우리가 작동하는 방식이나 고생하는 이유에 관해 전혀 모르는 사회에 적응하기 위해 고군분투한다. 그뿐만 아니라 사회는 우리의 타고난 차이를 이유로 명백한 적대감을 표현하며 자신을 숨기라고, 꾸밈 없이 행동해서는 안 된다고 압박한다. 여기에 의사소통 오류와 감각 민감성으로 인한 스트레스까지 더해지면 자폐인을 삼켜버릴 폭풍우가 몰아치기 시작한다.

그렇다면 우리는 어떻게 상황을 개선할 수 있을까? 물론, 내가 이 책의 다른 대목에서 제공하려 했던 조언이 도움이 될 것이다. 그러나 특별한 관심사에 초점을 맞춰보자면, 번아웃을 완전히 피할 수는 없더라도 완화할 수 있는 몇 가지 방법이 있으리라.

▶ **자폐인이 관심사에 몰두하려 할 때 절대로 제지하지 말 것.** 이러한 관심사를 단순한 취미로 보지 말고, 자폐인을 관심사에 몰두하기를 원한다는 이유로 '권리 의식에 찌들었다'거나 '건방지다'고(두 표현 모두 교사들이 쓴 것이다) 생각하지 말라. 관심사는 심각한 상황을 막아주는 이점이 있다는 사실, 자폐인이 스트레스 수준을 관리해 하루를 잘 보낼 수 있도록 해준다는 사실을 이해해야 한다.

▶ **가까운 자폐인이(근접성이 아닌 사회적인 측면에서 가깝다는 말이니 모르는 자폐인을 귀찮게하지 말 것) 힘들어할 때 관심사에 몰두하라고 부드럽게 격려하라.** 나는 관심사가 가장 필요한 순간에 그 존재조차 깜빡하는 경우가 있다. 이런 특성은 무엇보다 ADHD와 관련이 있겠지만.

▶ **우리가 좋아하는 것에 관심을 가지거나 최소한 관심 있는 척해 달라.** 내 관심사에 관해 이야기할 기회가 생겼을 때 인정받는다고 느끼면 정말 큰 도움이 된다. 이는 상대가 듣든 안 듣든 줄곧 관심사에 관해 떠드는 자폐아에게 특히 강한 효과를 발휘할 것이다. 그냥 가끔씩 진심으로 귀 기울이고 참여해보라.

앞서 말했듯이 이것만으로는 번아웃을 완전히 예방할 수 없다. 바라건대 자폐인의 번아웃이 감소하기 위해서는 자폐인의 삶 속 모든 측면을 받아들이려는 진심 어린 노력이 사회 전반에서 이루어져야겠지만, 특별한 관심사에 관해서 말하자면 위와 같은 노력이 도움이 될 것이다.

5장 학교, 세상에서 가장 가혹한 곳

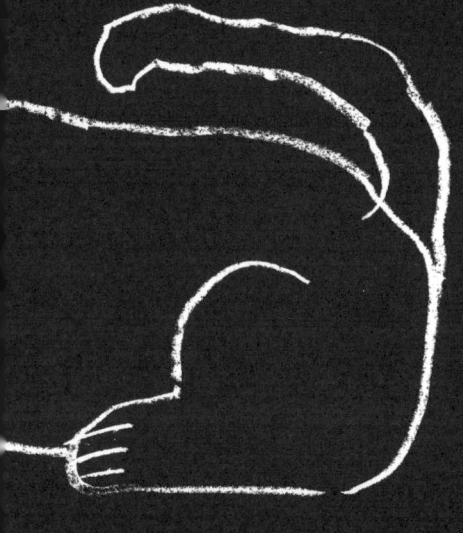

모두를 위한 공간은 아닌

당연한 말이지만 어린 시절에는 엄청나게 운이 좋지 않은 이상 자기만의 관심사를 즐길 기회를 늘 누리지는 못한다. 바로 학교 때문에. 학교에서 보내는 시간 동안 우리는 균형을 유지해주는 것들로부터 멀어지게 된다. 하지만 이는 교실이라는 끝나지 않는 악몽 속의 골칫거리 중 가장 미미한 것이다.

학교는 오래전부터 존재했다. 어린이들을 한 자리에 잔뜩 모아놓고 지식을 나눌 줄 아는 사람들에게 배우게 하겠다는 발상은 새로운 것이 아니며 아마도 문명 그 자체만큼이나 오래되었을 것이다. '비옥한 초승달 지대'의 문명 수메르와 바빌론에서는 아이들에게 언어 기술과 역사를 (아마 꽤 빠른 속도로) 가르치는 학교 환경을 설립했다는 증거가 풍부하다.

그러나 그 이후로 학교는 소수자인 신경 다양인에게는 적합하지 않은 목표와 야망에 기반해 설계되었다. 그도 그럴 것이 처음 자폐성 장애를 인식하게 된 시기도 겨우 20세기 초였으며 2020년대에도 우리의 이해는 완벽과 거리가 멀다. 세대가 거듭

되었으나 다른 유형의 두뇌와 다른 세상관을 가진 사람들을 수용할 생각조차 하지 못하는 시설에서 줄곧 자폐아들을 교육한다. 1980년대 후반 내가 공교육을 시작했을 때 학교라는 곳은 내 신경 유형에 얼마나 적합했을까. 계단이 달렉[39]에게 적합한 수준이었다.

교실 배치와 학교 건물의 구조는 신경 다양성을 타고난 아이들이 학교에서 어려움을 겪는 가장 큰 원인이자 이 문제를 해결하기 힘든 원인이다. 그도 그럴 것이 결함이 있는 건축물을 허물고 완전히 새로운 설계를 시작하는 일은 쉽지 않으며, 자폐 친화적인 학교가 어떤 곳인지 실질적으로 합의한 바도 없는 형편이니까. 비록 내게 몇 가지 구상은 있지만. 문제는 좁은 복도, 제한적인 건물 진입로, 어디를 가나 환하게 켜진 형광등, 조용하고 내향적인 학생들이 점심시간에 숨어들 수 있는 장소의 부족이다. 게다가 탁 트인 개방형 교실이라는 이상한 현상도 문제다.

또렷하게 기억나는 나의 첫 번째 학교는 1960년대에 지어진 전형적인 현대식 건물이었으며, 유리와 목제 삽입물과 칸막이로 이루어져 있었다. 전국 곳곳에서 찾아볼 수 있는 케케묵은 건물, 빅토리아 시대 건축업자들이 선호하는 비좁고 작은 골방과는 완연히 다른 개방형 공간이었다. 밝고, 공기와 색상이 풍

---

[39] 영국 SF 드라마 〈닥터후〉에 등장하는 악역. 자기 종족 외에는 전부 죽이려고 하는 무시무시한 존재지만, 원통형 몸체 때문에 팬들 사이에서 계단을 올라가지 못한다는 농담이 이어졌다.

부해서 많은 학생과 교원이 달가워했으리라 확신한다.

나는 끔찍이도 싫었다.

책 뒷부분에서 언급할 개방형 사무실도 마찬가지인데, 적절한 벽으로 공간을 나누지 않으려는 고집 때문에 나의 민감하고 작은 귀에 학교 곳곳에서 생성되는 공포의 불협화음이 밀려들었다. 한 '교실'에 앉아서 책을 읽고 있으면 3학년 공간에서 발생하는 모든 소리가 들렸다. 두 공간을 분리하는 것이 낮은 책장과 화분, 공상뿐이었기 때문이다. 울고 웃고 끙끙거리는 소리, 분노한 선생님의 목소리가 공간 전체에 울려 퍼져 그 어떤 것에도 집중할 수 없었던 기억이 난다. 우리 반 선생님이 앞으로 어떤 활동이 개시될 것인지 설명할 때면, 선생님의 목소리와 내 주변의 일반적인 소음을 구별하기 위해 애써야 했다. 자폐인으로서 이것은 믿을 수 없을 정도로 어려운 일이다. 신경 전형인은 근처에서 나는 소리 중 가장 중요한 것에 집중할 수 있는 일종의 내장 필터를 갖고 있는 듯하지만 유감스럽게도 내게는 그런 것이 없다.

내 두뇌에게는 모든 소리가 똑같이 중요해서, 귀에 밀려드는 모든 발언의 세부 사항을 일일이 파악하기가 굉장히 힘들다. 심지어 카페에 앉아 있는 지금 이 순간에도 나는 인내심의 시험대에 올랐다. 커피 추출기의 쉭쉭대고 꾸르륵거리는 소리, 직원과 고객이 나누는 다양한 대화 소리가 초대장도 없이 내 머릿속으로 쳐들어오는 동안, 할 일에 집중하려고 노력 중인 것이다. 성인이 된 나는 주로 헤드폰을 쓰고 음악을 듣는 전략을 사용해 이 문제에 대처하고 있다(다만 일방향성 때문에 음악에 집중력이 빨려 들어가면 다른 모든 것이 흐릿해지고 만다). 그러나 어렸을 때는 그런 방법을 몰랐기에 소리라는 것을 본디 이상하고 에너지를 소모하는 생활 요소로 받아들였다.

다행스럽게도 그 학교에서 보낸 시간은 꽤 짧았고, 여덟 살이 되었을 때 훨씬 오래된 (빅토리아풍 벽돌 건물) 학교로 전학해 페인트칠한 차갑고 딱딱한 벽돌이 둘러진 제대로 된 교실에서 공부하기 시작했다. 벽돌과 페인트. 모든 교사가 자신만의 공간을 갖고 있었는데, 그 차이는 엄청났다. 이런 학교에서는 교실에 있는 아이들이 독서에 열중할 때면 실제로 사위가 조용해진다. 벽돌 건물 내부 저 멀리서 이따금 문이 쾅 닫히거나 아이 하나가 가장 친한 친구의 얼굴에 초상화를 그리려는 것을 막으려는 교사의 고함이 희미하게 울릴 때만 제외하면 모든 것이 평화롭고 고요하다.

중등학교에 진학한 신경 다양인 학생에게 문제가 되는 것은 좁은 복도다. 모든 수업이 같은 시각에 시작하고 끝나는 전통에 따라 복도는 약 50분마다 급작스러운 인파로 바글바글해진다. 아이들은 서로 부딪치고 팔꿈치로 찌르며 교실을 옮겨다닌다. 소리, 냄새, 촉각에 민감한 자폐인 학생에게 이러한 일상적인 소동은 끔찍하다. 무릎과 발, 어깨에 멘 가방이 앞뒤로 흔들리며 끊임없이 원치 않는 접촉이 발생하고, 이는 금세 자폐인을 심리 탈진으로 몰아넣을 수 있다. 나는 어른이 되어 교사가 된 뒤 학교에 다닐 때조차 쉬는 시간의 소동에 휘말리면 스트레스 수준이 최고조에 달했다. 나는 키가 2미터에 달하는 덩치인데도 힘들었으니, 7학년 아이가 거칠게 밀치는 열여섯 살 형들을 밀어내며 수학 교실에서 음악실로 가야 한다면 얼마나 끔찍할까.

이런 끔찍한 소동은 학생들이 쉬는 시간이면 밖에서 바람을 쐬려고 하기 때문에 외부에서도 발생하며, 점심에 급식을 받으려고 늘어선 줄 주변에서도 발생한다. 어떤 이유로든 거동이 쉽지 않은 학생들은 5분 일찍 수업을 마칠 수 있는 허가증을 받아 이 악몽을 피하는 경우도 많다. 나는 이러한 배려가 당연스레 자폐인 학생들에게도 확대되기를 강력히 권고한다.

식당의 북적이는 인파에 지쳐서 점심시간을 본래 목적대로 식사에 사용하지 못해 허기지고 산만한 상태로 오후 수업을 시작할 자폐아가 얼마나 많을까. 그런데 학교 쉬는 시간에는 다음 수업 준비 외에도 지금껏 많이 배웠으니 잠시 머리를 식힌다는 목적이 있는데, 그 목적은 달성되고 있는 걸까? 글쎄, 여기서도 문제가 발생한다.

학교와 직장의 휴식 시간은 한숨 돌릴 기회다. 교실과 직장에서 업무와 학습에 매진한 뒤 회복할 수 있는 시간을 갖는 것이다. 학교 쉬는 시간의 목적은 아이들이 몇 분 동안 긴장을 늦춘 채 장난치고 어울리며 유년의 에너지를 사용할 수 있도록 자유를 주는 것이다. 20분 동안 비명을 지르며 뛰어다니고 나면 다음 학습을 위해 준비되리라는 발상이다. 그리고 이 발상은 대부분 잘 먹히는 편이다. 어울리기를 원하는 아이에게는 그럴 기회가 주어진다. 뛰어다니면서 다른 아이들 쪽으로 공을 차고 싶은 아이도 마찬가지다.

하지만 자폐아에게 쉬는 시간은 그다지 효과적이지 않다. 자폐인들이 전반적으로 그렇듯 상당수의 자폐 학생은 줄곧 극도의 스트레스 상태에서 살아간다. 이미 설명했듯이 이것이 비자폐인보다 자폐인이 더 자주 심리 탈진을 겪는 원인이다. 우리는 인내의 한계에 다다른 채로 살아간다. 따라서 자폐 학생이 수업 시간에 스트레스를 받으면(다음에는 왜 스트레스 상황이 줄곧 이어지는지 설명할 것이다) 꼭 편안하게 휴식을 취해야만 하는데, 쉬는 시간에 필요한 휴식을 얻지 못한다면 재앙이 일어날 것이다.

그리고 재앙은 일어난다. 다시 한 번 말하지만, 학교 건물의 물리적 구조, 일과의 시간과 짜임새는 자폐아에게 자주 필요한 것, 즉 자기만의 방식대로 긴장을 풀고 휴식을 취할 수 있는 장소와 시간을 제공하지 않는다. 물론 일부 친구들과 함께 나가서 에너지 발산하기를 좋아하는 자폐아도 있겠지. 그러나 상당수의 자폐아는 교사나 같은 학생, 심지어 친구들도 없는 어둡고 시원하고 조용한 곳에서 오롯이 홀로 머무르기를 선호한다. 학교에 이런 공간이 있을까? 음, 비공식적으로는 그렇다. 당연히.

모든 학교에는 계단 아래 숨겨진 공간, 책으로 가득한 작은 찬장, 거의 혹은 한 번도 사용하지 않는 사무실이 있다. 다만 아이들은 일반적으로 이러한 공간에 머무르지 못한다. '당번' 교사는 숨어든 아이들을 적발해 햇볕이 타오르고 호기심 많은 같은 반 아이들이 드글거리는 야외로 몰아낸다. 조용하고 평화로운 비밀 장소에 있는 아이를 보면 사악한 일을 꾸미고 있으며 너무 늦기 전에 질책을 받아야 하는 악동이라고 자연스럽게 의심한다.

이는 일종의 차별이지만 해롭되 바로잡기 쉽다는 사실을 알았으면 한다. 조용한 곳에 숨어 휴식을 취하고자 하는 자폐아는 머지않아 그러한 합리적인 자기 돌봄 행위가 금지되어 있다는 사실을 알게 되는데, 이 교훈은 오랫동안 기억에 각인될지도 모른다. 다른 아이들이 바글바글한 장소로 자폐아를 밀어넣는 행위는 본질적으로 그의 의지에 반하여 타인과 어울리고 가면을 쓰라고 강요하는 것이나 마찬가지다. 바라건대 독자 여러분이 기억하고 있다면, 자폐아에게 (사실 모든 자폐인에게) 가면을 쓰라고 강요하는 것은 그 자체로 폭력 행위다. 이런 상황의 직접적인 결과로서 수많은 자폐아는 쉬는 시간이 끝났을 때 20분 전보다 훨씬 더 피곤해 기진맥진한 채로 교실에 돌아오게 된다.

그리고 우리는 왜 자폐아들이 등교를 거부하는지 의아해 하는 것이다.

자폐아에게 휴식이 허가되는 안전한 장소를 제공하는 것

은 진정한 평등의 실천이며 비용도 거의 들지 않을 것이다. 조용한 장소에서 쉬고 싶은 모든 어린이가 자연스럽게 휴식 장소를 제공받을 수 있도록 허용하는 포괄적인 규칙이 생긴다면 이상적일 테다. 그렇다면 아직 진단받지 못한 수많은 자폐아에게도 혜택을 줄 수 있다. 교사들은 나쁜 일이 일어나지 않도록 변함없이 눈을 크게 뜨고 학교를 돌아다니겠지만, '아이들은 죄다 꿍꿍이속이 있다'는 식의 지나치게 만연한 태도를 버렸으리라. 그러나 교육 시스템이 어떻게 작동하는지 아는 현실주의자로서, 최소한 진단을 받은 학생들만이라도 일탈자로 취급되지 않고 조용한 휴식 공간을 이용할 수 있도록 허용하는 것이 보다 즉각적이고 바람직한 조치라고 생각한다.

학교에서는 기본적인 조치로서 자폐아가 학교 어디에서든 밀물같은 인파를 피할 수 있도록 허용해야 한다. 그러면 추가적인 관리나 자금 조달 없이 학교 생활의 스트레스를 줄여줄 수 있다. 항상 그렇듯이 자폐성 장애에 관한 기초적인 지식과 이해, 그러니까 문제 인식에서부터 시작하면 된다. 뭐, 지금 이 글을 읽고 있는 독자들은 이제 알겠지. 교육계에 종사한다면 이 이야기를 널리 알려달라. 아이가 있다면 학교에 조치를 요청하면 좋겠다. 그러나 학교의 문제는 건물이나 고단한 일과에 국한되지 않는다. 수많은 자폐 학생에게 교실은 그 자체로 높은 장벽이다.

교실에 도사리는 위험

장담하건대 독자 여러분은 학창 시절에 머물렀던 교실 중 기억 나는 공간이 있으리라. 그리고 학교 과학 실험실의 냄새가 잠깐 코끝만 스쳐도 즉시 그 시절 화학 수업 시간의 한 순간 속으로 돌아갈 수 있을 것이다. 장소의 기억은 머릿속에 남고, 많은 사람에게 이러한 추억은 상대적으로 행복하고 아늑하기도 하다. 모두에게 그런 것은 아니지만.

교사로서 나는 과학이나 기술 교실을 방문할 일이 거의 없었다. 나는 내 교실에 숨어 사실상 은둔자로 살았다. 하지만 몇 번 건물 반대편으로 걸어갈 일이 있었는데, 그때마다 어김없이 익숙한 후각적 충격을 받았다. 두 교실 모두 강렬한 냄새를 풍겼다. 기술 교실에서는 톱밥과 접착제 냄새가 강렬했고, 과학 교실에서는 내가 한 번도 맡아본 적이 없는 냄새가 났다. 전국 어느 학교를 가든 과학 실험실은 원래 그렇다. 가스 밸브에서 새어나온 가스, 그을린 거즈, 화학 물질의 혼합일 수도 있고, 어쩌면 과학 교사에게서 나는 냄새일 수도 있다. 나야 모르지만. 어쨌든 실험실 근처에 갈 때마다 어린 시절 동안 가장 큰 트라우마를 남긴 시간으로 돌아가게 되었다. 겁에 질린 채 수업을 듣던 때로.

나는 영어를 전공했고, 평생 가만히 앉아서 읽고 쓰는 활동이 그 어떤 것보다 편안했다. 내 삶의 즐거운 활동들은 어떤 방식으로든 조용히 앉아 있기를 수반하는데, 필요한 신체적 움직임이라고 해봤자 커피잔을 들어올리거나 비디오 게임 컨트롤러 위에서 엄지손가락을 돌리는 것 정도다. 나는 '실용적'이라는 단어를 들으면 매우 불안해지고, '신체적'이라는 단어를 들으면 식은땀이 흐른다. 그래서 나는 학창 시절에 실기나 체육 수업을 별로 좋아하지 않았다.

학교에서 보낸 시간의 90퍼센트는 책상에 앉아 펜과 연필, 종이 몇 장, 문제집을 잡고 보냈으며, 공상이나 낙서를 할 수 있는 기회도 충분했기에 스트레스 수준을(항상 무너지기 일보 직전으로 아슬아슬하게 유지했다) 적정하고 일정하게 유지할 수 있었다. 나는 이런 학교 생활이 즐거웠다. 모든 수업의 구조가 비슷해 예측 가능했고, 텍스트를 읽으며 평온했고, 해적이 가득한 동굴에서 나를 공격하는 좀비에 관한 이야기를 쓰며 평온하고 기뻤다.

그러나 보이지 않는 곳에 언제나 과학, 목공예, 체육이라는 공포가 도사리고 있었다. '과학 실습'이란, 책상을 깨끗하게 치우고 과학적 노력을 위한 장치들을(분젠 버너, 플라스크, 전선, 퓨즈, 조각난 개구리 시체) 세심하게 배치한 수업을 의미한다. 무엇을 말하는지 알 것이다. 우리 반 아이들은 대부분 이 짓거리를 정말 좋아했다. 전기를 가지고 장난을 칠 수 있는 기회였고, 불장난은 그보다 끝내줬다. 진짜 불꽃은 아이들의 삶에서는 환상적인 것이었고, 그들은 열렬히 반응했다. 그러는 동안 나는 공포에 질린 채 옆에 앉아서 이 끔찍한 실용 과학의 현장을 바라보고 있었고, 무서운 일이 일어날 것만 같아 두려움에 사로잡혔고, 내가 그토록 사랑했던 학교 일과가 뿌리째 뒤집혀 상상을 초월하는 스트레스를 받았다.

항상 똑같았다. 다른 학생들은 자신이 할 일에 집중한 채로 장비를 들고 떠들며 돌아다니는 등 알 수 없는 이유로 부산했으나 나는 영문을 몰랐다.

왜 나는 상황 파악을 할 수 없는지조차 몰랐다. 나는 항상 선생님의 말씀을 열심히 듣고, 주의 사항을 주의 깊게 적었고, 배우는 것을 전부 이해했으니까. 하지만 어떤 이유에서인지 하라는 대로 할 수 없었다. 내 머리는 잠재적인 실수와 사고를 추측하느라 대부분의 처리 능력을 소진했고, 해야 할 실험은 간단했음에도 전부 수렁에 빠지고 말았다.

일반적으로 나는 실험실에 앉아 한 손에는 분젠 버너의 구부러진 고무 튜브를, 다른 손에는 시험관을 들고 멀거니 바라보며 이 두 가지 무의미한 물체로 도대체 무엇을 하라는 것인지 알아내기 위해 필사적으로 머리를 굴렸다. 나의 무지로 인해 교실이 통째로 불에 타거나 엄청나게 비싸다던 플라스크를 산산조각 낼지도 모른다는 사실에 겁이 났고, 나의 무지를 걱정하다가 스스로 마비 상태에 빠지고 말았다. 이런 과학 실습은 몇 번이나 내게 쓰라린 실망감을 안기며 끝났다. 다른 학생들은 모두 귤의 전기 에너지로 움직이는 시계나 알록달록 멋들어진 불꽃을 만들어냈는데, 나는 손가락에 리트머스 종이를 붙이고 가만히 앉아서 좌절감에 조용히 흐느꼈다.

그때 내가 실습 수업의 주를 이루는 언어적 지시를 따르지 못했던 이유가 신경 다양성 때문이라는 사실을 이제는 안다. ADHD가 가장 큰 원인인 것 같지만, 자폐도 상당한 영향을 미친다. 그리고 나는 여전히 언어 지시가 힘들다. 이 힘겨움이 지금은 어떻게 발현되는지 궁금하다면, 유튜브의 요가 동영상을 따라 하려고 노력하는 나를 지켜보면 된다. 양방향으로 움직이며 다양한 몸동작과 자세를 지시하는 빠른 목소리를 듣다가 당황해서 비비 꼬인 채로 바닥에 널브러지고 말 테니까. 물론 1990년대 레스터셔의 작은 중학교에서는 내가 당황한 원인이 신경 다양성이라는 사실을 아무도 알지 못했고, 과학 선생님들은 기회도 제대로 주지 않고 나를 실패자로 낙인찍었다.

물론 나는 가면 쓰기에 나름대로 능숙했기에 같은 반 친구들이나 선생님에게 내면의 혼란을 잔뜩 내보이지는 않았다. 그 대신 느리게 퍼지는 독을 삼키듯 다 삼켜버렸고, 시험관 속의 액체가 파랗게 변하기 시작했을 때 친구들이 한껏 들뜨자 공감하려고 애썼다. 얼굴에 가짜 미소를 박제했고, 부끄러운 심리 탈진을 겪지 않으려고 엄청난 에너지를 쏟아붓느라 실험의 중요한 부분을 완전히 놓쳐버렸다. 이런 실습 수업에서 가면 쓰는 기술과 호흡법을 연마하는 것 외에 또 무엇을 얻었는지 모르겠다. 그때 탐구해야 했던 다양한 실험 과정에 관해 지금 내가 알고 있는 것은 나중에 위키피디아 페이지들을 마구잡이로 읽으며 배운 것이다.

자, 이것이 분명 보편적인 특성은 아니라는 사실을 나는 알고 있다. 많은 자폐인이 과학 실습을 즐겨 이쪽으로 경력을 추구하기도 한다. 그러나 나는 학교에서 자주 발생하는 스트레스, 바로 일과가 파괴되어 생기는 스트레스의 예시를 제시한 것이다. 책을 이용한 평온한 공부에서 소음과 냄새 가득한 실습으로 전환하기란 분명 내 자폐성 뇌가 감당하기에는 너무 힘든 일이었고, 그 결과 학습에 차질이 생겼다.

이것은 교사들이 수업을 준비할 때 항상 염두에 두어야 할 사항이다. 그들이 제공하는 다양한 '취향'의 수업에 자폐인 학생들이 어떻게 반응하는지 알아야 하고, 어떤 학생들에게 특정한 수업 형식은 너무나도 버거워서 아무것도 배우거나 이해할 수 없기에 사실상 수업에 빠진 것과 마찬가지라는 사실을 알아야 한다.

자폐 학생의 교육을 보다 명확하고 신중하게 조정하는 작업은 흥미로운 사고 실험이 될 수 있음에도 실험을 지속하기 힘들다는 이유로 폐기되는 경우가 많다. 그러나 특정 유형의 학습 활동이(이런 현상은 성년이 되어서도 마찬가지라, 업무 기반 활동도 문제가 된다) 효과는 적고 피해만 많다면, 이런 활동을 고집하는 것에 무슨 의미가 있을까?

어쩌면 자폐 학생들에게 어떻게든 알아서 스트레스를 처리하라고 닦달하기보다는 활동을 관찰하도록 허락해줄 수도 있지 않을까? 실험하는 다른 학생들이나 교실 앞에서 지시하는 교사를 보고 배우는 것이다. 이는 분명 내가 줄곧 꿈꿔왔던 것이고, 몇 번 꿈이 실현됐을 때는 황홀감을 느꼈다. 불안으로 산만한 대신 실제로 진행되는 일들에 집중할 수 있었으니까.

내가 교사가 되려고 공부하던 2008년쯤 교육계에서 절대적 신성의 가치를 지니던 학습 방식이 있었는데, 바로 모둠을 짜서 공부하는 수업 방식이었다. 이는 학습의 토대이자 모든 수업 계획의 필수 요소로 간주되었다. 모둠 학습 없이 수업을 진행하려 들었다가는 지도교수가 학생들이 배울 기회를 놓쳐 학습 능력에 심각한 지장이 생겼다고 한탄하며 형편없는 성적을 주었을 것이다.

문제는 내가 학창 시절에 모둠 활동을 완전히 혐오했다는 것이다. 모둠 활동이 강요될 때마다 (그 끔찍한 과학 실습 수업뿐만 아니라 영어, 수학, 지리 수업에서도) 나는 시련이 곧 끝나기를 바라면서 정신적으로 몸을 웅크린 채 입을 꾹 닫아버리고는 했다. 그래서 내가 맡은 학생들에게 똑같은 모둠 활동을 강요하기가 껄끄러웠다. 하지만 교사가 되기 위한 학위를 받으려면 시키는 대로 해야 했고, 수업에 모둠 활동을 최대한 많이 포함시키려고 노력하게 되었다.

자, 나는 다른 교사의 교육 방식을 비난하고 싶지도 않고, 모둠 활동이 나쁘기만 하다고 주장하고 싶지도 않다. 분명 많은 학생에게 아주 잘 맞으리라. 다 함께 교실 책상에 둘러앉아 공부하기를 즐기는 자폐인이 있을지도 모른다. 우리는 정말이지 각양각색이라 놀랄 일도 아니다. 그러나 어린 시절의 모둠 활동을 달갑게 돌이킬 성인 자폐인이 많지 않다고 주장한다면 사실 틀린 말이 아니다.

    나는 트위터에 글을 올려 그룹 작업과 과학 실험에 관한 의견을 구한 적이 있다. 그저 우리 자폐인이 대강 어떤 입장인지 파악하기 위함이었는데, 반응은 압도적이었다. 까마득한 어린 시절의 일인데도 모둠 활동을 향한 증오가 얼마나 뜨겁던지! 같은 반 아이들과 함께 공부하도록 강요당했을 때 느낀 공포와 학습에 생길 문제를 호소하는 답변이 이어지고 또 이어졌다. 그럴듯한 반응을 기대하기는 했지만 결과는 예상을 뒤엎었다. 한 답변자가 내 경험을 완벽하게 요약해주었는데, "부담스럽고 번거로웠던 것 같다"고 했고, 금세 수업이 버거워졌으며 모둠 활동이 "엄청나게 부정적"이었다고 덧붙였다. 비슷한 반응이 쏟아졌다. 분명 자폐성 장애와 모둠 활동은 잘 어울리지 않는 것이다.

    그 이유를 이해하려면 이 책의 앞 부분으로 돌아가 의사소통과 어울림에 얽힌 문제들을 살펴봐야 한다. 기억할지 모르겠지만, 거의 모든 자폐인들이 앓고 있는 아픔 하나는 의사소통 실패로 인한 트라우마의 역사다. 오해하고, 농담을 망쳐버리고, 동기를 잘못 해석하는 등의 실패 말이다. 그러니 오랜 시간이 지난 후에도 똑같은 실수가 발생할 가능성을 줄이려고 애쓰는 우리의 마음을 이해할 수 있겠지. 우리는 내향성을 더욱 강화하고, 더욱 폐쇄적으로 변하며, 안전한 고독으로 최대한 자신을 보호한다. 분명 10대 초반의 자폐 청소년은 이미 이 보호법을 배웠으리라. 따라서 다른 사람들과 팀을 이루도록 강요함으로써 이러한 상처를 후벼파고 또 의사 소통의 위기를 겪게 될까 봐 불안하게 만드는 것은 (속된 말로) 심히 구린 짓이다. 자폐아가 다른 소수 집단에 교차해 존재한다면 상황은 더욱 심각해진다. 가령 트랜스젠더나 논바이너리[40]거나 소수 민족 출신이라면, 2020년대에도 여전히 살아남아 활개치는 다양한 편견으로 인해 부정적인 사회적 결과에 맞닥뜨릴 확률이 급격히 높아진다.

모둠 활동은 안전한 단독자의 환경을 (정돈된 곳에서 조용히 자기만의 공부를 할 수 있는 교실이라는 공간) 취해 판판으로 탈바꿈한다. 평소라면 사회적으로 불쾌한 상황이 벌어져도 교사가 꽤 쉽게 포착해낼 수 있지만, 학생들이 모둠을 이루면 개입하기가 힘들어진다. 모둠마다 잽싸게 대장과 추종자가 생겨 작은 왕국이 건설되고, 자폐아들은 이런 하찮은 정치에 휘말리게 된다.

이런 종류의 정치 게임이 대부분의 자폐아에게 매우 어려

[40] 남성 혹은 여성이라는 이분법적 성별 구분에 구애받지 않는 성 정체성을 가진 사람.

운 과제라는 점을 고려하면, 결국 모둠 활동은 주기적인 고역이 될 것이다. 실제로 모둠장이 임명되는 경우는 거의 없다. 그 대신 가장 외향적이고 자신감 넘치는 아이가 모든 활동을 통제하기 시작하며 자연스럽게 대장의 자리를 차지하고, 모둠의 다른 아이들은 질투로 타오르거나 새로이 형성되는 권력 역학을 완전히 오해해버린다.

대장이 새로 손에 넣은 아찔한 권력을 휘두르기 시작하면, 모둠에 속한 자폐아는 상황을 잘못 판단할 수도 있다. 자신이 하고 싶은 일에 관해 너무 많이 이야기하거나, 자기가 보기에 논리적인 방식으로 역할과 작업을 배분함으로써 무의식적으로 대장의 영역을 침해할 수도 있다. 그러다가 갑자기 어떤 예고도 없이, 화가 난 대장은 자폐아를 무시하거나, 모욕하고 조롱하거나, 두 가지를 교묘하게 섞어 면박을 주게 된다.

문제는 보통 자폐인들이 또래들과 일상적인 사회적 상호작용을 통해 협상하기를 어려워하기 때문에 모둠 활동에 권력 역학이 추가되는 순간 금세 혼란스러운 상황이 펼쳐진다는 것이다. 나는 학교에 다니기 시작하고 얼마 지나지 않아 내 아이디어가 얼마나 좋든 상관없다는 사실을 배웠던 것을 기억한다. 사람들이 내 아이디어를 들을 생각조차 없을 때도 있었다. 나이가 마흔이 다 된 지금도 이런 현실이 조금은 놀라우며 (이 어리석은 현실 때문에 별종이라고 폄하당한 천재가 얼마나 많을까?) 아직도 오롯이 포용하기가 힘들다. '화제 집단'이나 '핵심적인 인물들'에 속하거나 '인기 있는 사람들'과 함께하지 않는 사람의 의견은 본질적으로 쓰레기라고 받아들여지는 듯하다. 어린 시절에 모둠 활동을 할 때면 답도 알았고 무엇을 해야 할지도 알았지만, 나는 약간 이상하고 조용한 아이였기 때문에 내 의견은 환영받지 못했고 보통 무시되었다. 무시된다는 말은 진실이다. 내가 의견을 내면 모두가 약간 얼버무리고 (운이 좋다면) 말을 마칠 때까지 기다린 다음 못 들은 척 해결책이 무엇인지 함께 궁리하곤 했다.

자폐성 장애는 '보이지 않는 장애'라고 불리는데, 때로는 그 용어가 우리 생각보다 더 직설적인 표현일 수도 있다는 생각도 든다.

자폐아에게 어떤 종류든 사회적 특권 같은 것이 있어서 단번에 무시되는 일이 없더라도, 의견이 받아들여지기까지 몹시 어려운 투쟁이 이어질 수도 있다. 평범한 의사소통의 문제들, 가령 언제 말해야 할지 모르겠다든가 상대가 언제 말을 끝냈는지 알아차리지 못하고 열정과 흥분 때문에 목소리 크기를 조절하지 못하는 등의 문제들이 작당해서 자폐아를 모둠의 주변부로 몰아내며 기여한 바를 축소해 인식하게 만든다.

그 결과 나는 교사 경력 막바지에 이르자 (특히 진단을 받은 후) 꼭 필요한 경우가 아니면 모둠 활동을 삼가게 되었다. 자신을 받아줄 모둠을 찾아 애처롭게 교실을 돌아다니는 아이를 지켜보는 오랜 비참함은 이제 과거의 유물이 되었다. 나는 학생들이 맞닥뜨리는 사회적 고립을 줄이기 위해 최선을 다할 각오였다. 그것이 어린 학생들에게 얼마나 해로운지 너무나 잘 알았기 때문이다. 그러나 혹여 자폐인들에게 모둠 활동을 강요할 수밖에 없는 상황이 닥친다면, 다음과 같이 권장하겠다.

▶ **활동을 시작하기 전에 모둠장과 기타 역할을 명확하게 지정할 것.** 이렇게 하면 모호한 부분이 남지 않는다.
▶ **정원이 찼거나 구성이 완전한 모둠에 자폐 학생을 추가할 것.** 비슷한 방식인데, 자폐 학생은 교사의 선호보다 더 작은 모둠을 짜도록 허락해주어도 좋다. 자폐인은 결속력 높은 소규모 모둠에 속하거나 아예 다수에 섞여 눈에 띄지 않기를 선호하기에 유연하게 대처할 수 있으리라. 결국 모둠 규모에 있어 너무 엄격하게 굴지 않아야 한다는 말이다.
▶ **자폐 학생이 속한 모둠을 주의 깊게 관찰할 것.** 잘못했을 때 벌을 주라는 뜻이 아니라 그저 모둠의 상호 작용을 지켜보고 괴롭힘으로 이어지지 않도록 방지하라는 뜻이다. 자폐아에게 안전하다는 기분, 지원받고 있으며 버림받지 않았다는 기분을 선사해주면 좋을 것이다.

'골칫거리'라는 꼬리표

1997년부터 1999년까지 나는 금요일마다 집 소파에 앉아 힘없는 손으로 책가방을 든 채, 자리에서 일어나 현관문을 통과해 백 미터쯤 걸어 학교까지 갈 용기를 내려고 애썼다. 남은 하루에 대한 생각과 걱정이 마구잡이로 쏟아져 충돌하는 바람에 옴짝달싹 못하고 길게는 15분쯤 멀거니 앉아 있었다. 어찌어찌 용기를 낸다 해도 학교에 늦는 바람에 지각 명부에 이름을 써야 했고, 담임 선생님의 눈총을 받아야 했다. 이따금 용기를 내지 못할 때도 있었는데, 그러면 여동생을 초등학교에 데려다주고 돌아온 엄마는 학교 수업이 시작하고 한참 지난 시간까지 소파에 앉아 있는 나를 발견하게 되었다.

내가 맞닥뜨린 가장 큰 걱정은 체육 수업이었다. 체육은 언제나 심각한 문제였다. 시끄럽고 불쾌한 남자아이들이 가득한 방에서 옷을 갈아입어야 하는 스트레스는 감각기관에 너무 버거운 일이었고, 나는 일과가 깨지는 것이 싫었다. 운동도 싫었다. 운동 신경이 좋지 않아서 신체를 사용하는 것이 싫었을 뿐만 아니라, 제대로 설명을 듣지도 못했는데 어떻게든 규칙을 이해해야 한다는 것도 싫었다.

나는 실행 기능 장애 진단을 받은 적도 없고 받고 싶은 의향도 없지만, 실행 기능 장애가 있는 자폐인의 이야기를 들으면 일반적으로 스포츠와 게임의 신체적 요구 사항을 알아내기가 어려워 문제를 겪는다고 한다. 진단이 없는 자폐인은 신체 문제로 어느 정도의 어려움을 겪는지 다소 애매하지만 체육 수업을 향한 증오심은 자폐인 공동체가 공유하는 경험이다.

강제로 축구를 해야 했던 기억이 생생하다. 상대 팀에 선생님 한 분이 있었는데, 담당은 수학이고 나처럼 공을 잘 차지 못하는 '계집애 같은 녀석들'을 배려하지 않는 고압적인 남자였다. 영화 〈케스〉[41]를 연상시키는 장면이 곧 펼쳐졌다. 나는 자신이 맨체스터 유나이티드가 놓친 최고의 인재라고 확신하는 성인 남자로부터 나의 능력 부족에 관해 끊임없이 질책당했다. 키가 매우 컸던 탓에 다른 선수들은 내가 이스트 미들랜드의 여드름쟁이 크리스티아누 호날두로 변신해 흥겨운 헤딩골을 넣으며 괴물 같은 활약을 보여주리라 기대했다. 그 대신 나는 아이들이 이쪽저쪽에서 내 머리를 향해 무거운 축구공을 차면 몸을 숙이고 피하려고 애쓸 뿐이었다. 아마도 헤딩을 성공한 적은 단 한 번뿐이었던 것 같은데 실은 그것조차 우연이었으며 (글쎄, 나는 다른 운동 기술 만큼이나 피하는 것도 못 했다) 나는 공이 우리 팀 골대를 향해 나아가는 것을 무기력하게 지켜보아야 했다.

간단히 말하면 나는 축구에 전혀 적응하지 못했고, 그 경험이 너무나도 굴욕적인 나머지 또 이런 말도 안 되는 일을 견뎌야 할지도 모른다는 생각에 등교가 두려워졌다. 나는 체육복을 입고 운동장에 나가지 않으려고 별짓을 다 했다. 평소에는

---

[41] 켄 로치가 감독하고 데이비드 브래들리가 주연한 영화. 가정과 학교에서 제대로 된 돌봄을 받지 못하는 빌리의 삶을 보여주며 노동계급과 공교육의 문제를 다룬다. 무서운 체육 교사가 학생들과 축구 시합을 하며 제멋대로 굴고 빌리를 괴롭히는 장면이 유명하다.

행실 바르고 조용한 아이였던 나는 매주 체육복을 놓고 왔다든가 독감에 걸렸다, 배가 아프다, 골반이 부러졌다는 식으로 체육 선생님들에게 새빨간 거짓말을 했고, 어떻게든 핑계를 댄 후에는 반 친구들이 서로 몸을 부딪치며 신체 능력을 과시하는 동안 도서관이나 체육관 관중석에서 독서를 즐겼다. 학교에서 나의 신경 다양성을 제대로 포용하지 못했기 때문에, 원래 어설플지언정 준법정신이 투철했던 내 본성을 거스르며 반항하고 거짓말하고 위장할 수밖에 없었다. 어째서 팀 게임이 아닌 배드민턴이나 테니스, 더 체계적이고 질서정연한 육상 같은 스포츠를 허락하지 않았을까? 왜 항상 '축구와 럭비'였을까?

이는 교육이 학생 자폐인에게 안겨주는 수수께끼다. 소란을 피우고 싶은 자폐인은 거의 없으며 더군다나 문제에 휘말리고 싶은 자폐인은 전혀 없지만(그도 그럴 것이, 규칙을 고수해 '평온한 일상을 교란'하지 않으려는 경향은 많은 자폐인이 공유하는 핵심 특성이다), 압박을 받으면 어쩔 수 없는 것이다. 내 경우에는 위험이 낮았고 체육복이 없다거나 심한 감기에 걸렸다는 거짓말이면 충분했으나 다른 자폐아는 훨씬 심각한 상황에 처할 수 있다. 애초에 그들을 위한 배려가 전혀 없었기 때문에 생긴 문제임에도.

전국에서, 어쩌면 전 세계에서 나타나는 당연한 결과는 바로 결석이다. 처음 교사 일을 시작했을 때 '등교 거부'라는 발상, 아이가 학교에 가기를 완고하게 거부하는 나머지 부모와 교사도 어쩔 수 없는 상황을 맞닥뜨리고 생경해했는데(내가 학생일 때는 등교를 거부해도 된다는 생각조차 하지 못했기 때문이다), 알고 보니 특히 고학년 사이에서는 등교 거부가 꽤 만연한 현상이었다.

수업 환경에서 배려가 없으면 문제가 더욱 복잡해진다. 분명 그런 것이, 1990년대의 교사들은 가령 공을 못 받는 학생들을 전혀 봐주지 않았다. 이런 종류의 보기에 '쉬운' 일을 수행하지 못하면 게으름 때문이라고, 교정이 필요한 명백한 결함이기에 용납할 수 없고 더 심각한 경우 조롱해야만 한다고들 생각했다. 공을 던지거나 차거나 잡지 못하는 학생들, 실제로 오랫동안 글을 쓰거나 공부에 집중하기 힘든 학생들도 곧장 낙오자, 웃음거리로 여겼다. 게다가 교실은 감각적 악몽이었다. 형광등이 번쩍였고, 벽 구석구석 포스터가 알록달록했고, 강력한 공기청정제라든가 교사의 애프터셰이브나 향수가 우리의 코를 가득 채웠다. 전부 학교에 대한 애정이 좌절되는 데에 한몫했다.

적대적인 환경에 맞선 끊임없는 싸움은 자연스럽게 저항으로 귀결되었다. 때때로 저항은 비교적 수동적이라, 앞서 언급한 것처럼 등교를 거부하거나 나 같은 학생들의 경우 교실 뒤쪽에 숨어 같은 반 친구나 교사와 상호 작용을 피하는 형태로 나타난다. 그러나 그것은 종종 '도전적인' 행동으로 묘사되는, 보다 적극적인 저항으로 이어질 수도 있다. 이 주제만으로도 백만 권의 책을 쓸 수 있을 정도라 여기서는 그 엄청나게 복잡한 문제를 다루지 않을 생각이다. 나는 그저 자폐아가 '나쁜' 것으로 인식될 수 있는 행동에 의지하는 이유를 귀띔하고자 한다.

교실의 감각 자극에 대처하려고 애쓰는 어린이를 상상해보라. 지하철을 타려고 애쓰는 군중처럼 온갖 소음이 귓속으로 파고들기 때문에 스트레스를 받아 피곤하다. 친구의 비꼬는 말을 이해하지 못하며 오늘 하루를 시작한 뒤로 (아직 오전 10시지만) 이미 다양한 사고 문제를 경험했다. 온 세상이 자신을 적으로 돌린 듯 외롭고 혼란스럽다. 생각을 정리하고 학습을 계속하려고 애쓰지만, 교실에는 너무 많은 소음과 색깔, 냄새가 있다. 갑자기 교사가 왜 아무것도 적지 않냐며 질문을 퍼붓더니 집중해서 공부하라고 훈계한다.

자폐성 장애나 ADHD, 다른 신경 다양성과 관련한 문제를 겪고 있지 않다면, 지금 이야기하는 스트레스 수준을 이해하기가 매우 어려울 것이다. 신경 전형인이라면 같은 상황에서 절대 이런 스트레스를 받지 않을 테니까. 그 대신, 가스 요금이 감당하기 힘들 만큼 많이 나왔는데 직장에서 좌천당했고, 배우자나 가장 친한 친구가 싸움을 걸고, 극심한 두통까지 시작되었다고 상상해보면 어떨까.

자… 이런 상황에서 웬 선생이란 사람이 나타나 업무에 집중하라며 참견한다면 어떤 반응을 보일까?

내가 비교에 과장을 섞었다고 생각할 수도 있겠지만, 이 비교가 얼마나 솔직담백한 것인지 알면 놀랄 것이다. 그도 그럴 것이, 아이들은 일과 중에 겪는 어려움이 인생의 전부라고 생각하는 경향이 있고 자폐아도 마찬가지일 테니까. 직장에서 좌천당하는 수모와 어린 시절의 사회적 스트레스가 딴판으로 느껴질 수도 있지만, 너무 확신하지는 말라고 부드럽게 조언하고 싶다. 내가 이전에 여러 번 말했듯이, 자폐인이 겪는 스트레스는 일반적으로 비자폐인보다 훨씬 높은 수준이다. 교실에 있는 자폐아는 독자가 훨씬 심각한 문제에 어울린다고 판단할 수준의 스트레스를 느낄지도 모른다. 따라서 자폐아의 교사를 향한 반항은, 그것이 단순한 거절이든 더 '다채로운' 것이든 간에, 좋은 행실은 아니지만 그래도 조금은 이해해줘야 한다.

하지만 현실은 그렇지 않다. 그 대신, 수많은 자폐아가 (표현하기 힘든 견딜 수 없는 수준의 스트레스에 반응할 뿐인데도) 버릇없고 어려운 '골칫거리', 혹은 더 심각한 무언가로 치부된다. 그들 중 다수는 행동을 개선하지 못해 반복적으로 배제되는 경험을 겪게 될 것이다. 그런데 스트레스의 원인이 사라지지 않는데 어떻게 행동이 개선될 수 있을까? 아이들이 겪는 스트레스의 원인을 제거하기 위한 작업이 없는데, 특히 제대로 된 지원도 없는데 아이들이 스트레스를 더 잘 관리할 수 있으리라고 기대하는 것이 어찌 합리적일까? 이 악순환이 지나치게 반복되면 자폐아가 영원히 배제되는 지경에 이르고 그들의 삶은 돌이킬 수 없을 정도로 손상될 것이다.

나는 고민할 것도 없는 나쁜 행실을 변명하고 싶지 않다.

재고의 여지 없는 나쁜 행실도 분명 존재하지만, 항상 어떤 방식으로든 소통이 필요한 상황은 아닌지 고려해보면 좋을 것이다. 때로는 스트레스에 대한 '저항'이 신체적인 형태로 나타나 누군가가 다칠 수도 있다. 당연하게도 이런 경우에는 학생과 학교, 학부모 모두에게 추가적인 지원이 필요하다. 하지만 내가 보기에는 우스꽝스럽다. 아이들이 적응하도록 환경을 바꾸자는 생각은 조금도 하지 않으면서 아이들이 어떻게든 견딜 수 없는 환경에 적응할 것이라고 그토록 열렬히 바란다니. 이런 관점은 분명 잘못된 것이다.

일부 자폐 학생은 학교에서 아주 잘 지낸다. 나 같은 학생들은 잘 지내는 것처럼 보이지만 한 겹의 가면 뒤에 힘든 진실을 숨기고 산다. 가면 쓰기가 불가능할 정도로 힘들거나 애초에 가면을 쓸 줄 모르는 학생들도 있다. 언제나 그렇듯 각자 각양각색의 체험을 한다. 그러나 '자폐성 장애 인식'의 시대에도 학교가 어렵거나 불가능하다고 생각하는 학생들을 돕기 위해 해야 할 일이 많다. 그도 그럴 것이, 인식과 행동이 항상 일치하지는 않으니까.

무엇을 할 수 있을까? 첫째, 자폐인을 가르치는 교사는 전부 자폐성 장애에 관한 최신 교육을 받아야 한다. 이 교육은 일부분이나마 자폐인들이 직접 실시해야 한다. 거짓된 통념과 고정관념은 여전히 학교에 남아 있으며, 비교적 최근인 2010년에 모범 사례라고 생각했던 것이 이제는 절망적인 구닥다리로서 심각한 역효과를 낳기도 한다. 교사는 자폐인이 세상을 어떻게 경험하는지 정확히 파악해 자폐인을 가르치는 방법에 있어 최선의 결정을 내려야 한다. 그도 그럴 것이, 학생이 낙서하는 이유가 정말로 집중하는 데에 도움이 되기 때문이라는 사실을 알고 나면 책장에 끄적인 조그마한 그림들이 문제가 될 이유가 없잖아?

이 외에도 우리는 학교 문화를 개선해, 자폐성 장애가 더는 '금기'시되는 용어가 아니며 비자폐인 학생들도 자폐에 관한 실질적인 지식이 있는 환경을 만들어야 한다. 이제는 난독증을 자연스럽게 받아들이는 것처럼 자폐도 학교생활의 자연스러운 부분으로 포용하면 자폐 학생의 경험을 정상화하는 데에 큰 도움이 되고, 자주 발생하는 '타자화' 역시 방지할 수 있을 것이다. 나는 교사로 일하던 시절 내가 자폐인이라는 사실을 밝혔는데, 시간이 지나자 자폐 학생들도 똑같이 고백하기 시작했다. 다른 학생들도 당황하지 않았다. 사실, 일반적으로 외부인에게 꽤 인색하기 마련인 '쿨한' 아이들 무리가 자폐인의 경험에 관심을 보인 덕에 나와 학생 몇몇이 설명해주었고, 우리는 자신의 특성과 행동이 포용의 대상이 된 듯 마음이 편안해진 놀라운 경험과 함께 조금은 가면을 벗어도 괜찮겠다는 생각까지 했다. 그 아이들이 그립고, 이런 태도가 전국적으로 퍼진다면 어떻게 될지 궁금해지기도 한다.

대학을 향하여

나는 진심으로 대학을 꿈꾼 적이 한 번도 없다. 적어도 어떤 거창한 계획을 품고 대학에 진학하지는 않았다. 그렇게 먼 미래를 미리 계획하기란 불가능했기 때문에(앞으로 닷새쯤 계획하는 것이 내 한계이고, 그 이상은 혼돈과 미지뿐이다) 내게 진정한 의미의 야망은 없었(고 없)다. 그래서 나는 물흐르듯 대학에 진학하게 됐다. A레벨에서 비교적 좋은 성적을 거두었고, 학교에서는 내 인생의 다음 단계로 대학을 고려하도록 여러 선택지를 알려주었다. 정말 대학에 가고 싶은지 묻는 사람은 아무도 없었다. 하지만 나 역시 자문하지 않았다. 학교에서 내가 옥스퍼드나 케임브리지에 도전하기를 열렬히 바라던 기억이 난다. 옥스퍼드는 단어 자체의 '색감'이 마음에 들지 않았기 때문에 제외되었다. 그 단어에는 내 불안을 자극하는 구석이 있었다(자세한 내용이 궁금하다면 공감각에 관해 알아볼 것). '케임브리지'는 발음하면 기분이 좋아졌고, 덤으로 너무 멀지도 않았다. 그러나 그곳에 실제로 방문했을 때 나는 극도의 웅장함에 겁을 먹었다(다우닝 칼리지의 식당에서 나는 두려움에 떨었다. 너무 사치스러웠다).

　대학 입학은 내 일상생활의 격변을 불러올 것이었다. 내가 알고 있던 삶과 너무나도 다른 삶을 꾀했다면 어리석은 선택이었으리라. 나는 내가 자폐인이라는 사실을 전혀 몰랐으나 (그때는 자폐가 무엇인지도 몰랐다) 신경 다양성을 지닌 자신에게 완벽한 선택을 했다. 나 자신을 중상류층 환경에 적응하려고 분투하는 케임브리지의 삶으로 등 떠미는 대신 '고향'으로 돌려보내기로, 네 살부터 일곱 살 사이에 살았던 러프버러에 있는 대학에 진학하기로 했다. 친근한 러프버러는 진심 어린 애정이 깃든 곳이었다. 러프버러에 얽힌 행복한 유년의 추억이 많았다. (친구의 생일 파티가 열리면 구석에 조용히 앉아 있던) 도시 중심의 커다란 맥도날드, 매년 시장 구역에 세워지던 순회 유원지, 흥미로운 물고기를 탐색하고 새끼 오리를 쫓던 마을 외곽의 작은 개울과 숲. 열여덟 살이 되어 러프버러로 돌아온 것은 현명한 결정이었다.

나는 이번 장에서 대학에 관해 글을 쓰는 것이 옳을지 망설였다. 그도 그럴 것이 모든 자폐인이 대학 진학에 성공하는 것은 아니고, 쌓이는 등록금은 차치하더라도 학위를 취득할 수 있다는 것은 큰 특권이기 때문이다. 그리고 내가 특권을 잔뜩 누렸다는 사실을 하느님은 아실 테다. 그러나 실제로 고등 교육을 받는 자폐인도 많은데 자폐인 사회의 고등 교육 경험은 제대로 기록되지 않은 데다가 심지어 비자폐인이 쓴 자폐인에 관한 책에도 포함되어 있지 않다. 그래서 이 책에서 간단히 살펴보는 것도 나쁘지 않겠다는 생각을 한 것이다. 자폐인의 통계에 관한 인식이 줄곧 달라지는 것처럼, '유의미한' 것으로 분류할 수 있는 경험의 범위도 줄곧 확대될 것으로 기대한다.

자폐인이 대학에 진학하면 학교를 그만두고 즉시 취업 시장에 합류하는 선택지보다 더 완만하게 어른의 세계에 진입할 수 있다. 그도 그럴 것이 고등학교 생활을 (한때나마) 감당할 수 있게끔 도와준 일과와 일정 체계는, '학습'이라는 과업의 성격이나 전망과 마찬가지로, 대학교에서도 큰 변화 없이 똑같이 이어진다. 방학도 없어지지 않고 조금 길어진 형태로 반복된다. 시간표에 따른 주간 수업 구조는 과제나 마감 체계와 마찬가지로 계속된다. 나 같은 사람이 글쓰기 기반의 학위로 전환하면 고등학교 과정과 다른 점을 거의 인식하지 못하게 된다. 적어도 학문적으로는 그랬다.

대학 진학이 다소 힘든 변화처럼 보일 수 있는 이유는 부모님과 함께 집에서 생활하다가 주변 어른의 도움을 거의 혹은 전혀 받지 않고 고향과 딴판인 마을이나 도시의 이상하고 멋진 학생 기숙사에서 혼자 생활하기 때문이다. 수년간 집에서 가족과 함께한 경험 덕분에 하루하루와 일주일을 매우 세심하게 구분해 생활하던 사람에게는 이런 전환이 어지럽고 심각한 스트레스가 될 수 있다.

게다가 자폐 학생에 대한 공식적인 지원은 거의 없는 경우가 많다. 요즘 시대에도. 재학 중이거나 최근 졸업한 자폐인으로부터 듣거나 직접 설문으로 알아낸 바에 따르면, 일부 대학에서 시험 일정을 변경해준다거나 마감일을 연장해주는 등 기본적인 학습 선호 사항을 수용하려는 의지를 굳히고 있지만, 300명이 넘는 응답자 중 40퍼센트가 이런 종류의 '배려'를 전혀 받지 못했다고 답하는 등 교육 기관의 의지는 보편적인 것이 아닌 듯했다. 한 응답자는 교직원들이 '포괄적인 안내'에 따라 일을 처리하는 것이 아니라, 매번 자폐인이 개별적으로 직접 배려 조치를 준비해야 한다고 말했다. 특수한 절차가 얼마나 복잡한지, 또 자폐인이 행정 조치에 얼마나 큰 어려움을 겪는지 고려하면 이런 배려는 별로 도움이 되지 않을 것 같다. 다른 응답자들은 표면적으로는 배려가 마련된 경우에도 교원이 이를 무시하거나 불평하는 경우가 있었다고 지적했다. 학생들은 어쩌면 처음으로 가족과 떨어져 혼자 취약한 상황에 놓였을 텐데, 이런 일처리는 도움이 되지 않는다.

비록 익숙한 곳에 있는 대학을 선택했음에도 불구하고, 나는 처음 독립적인 생활을 시작했을 때 자유라는 두려운 것에 충격을 받았다. 돌이켜보면 그때 나는 극도로 취약한 상태였고, 금세 좋은 대학 친구들을 사귀게 된 행운이 없었다면 훨씬 더 심각한 시간을 보냈을 것이라고 믿는다. 한편으로 독립은 내가 처음으로 부모님의 간섭 없이 나만의 일과를 살아갈 수 있음을 뜻했다. 이런 자유는 내게 잘 맞았다. 그러나 조용한 고향 동네 링컨셔에서 겪어보지 못한 강력한 또래 압력에 느닷없이 노출되는 결과도 있었다.

새로 만난 기숙사 룸메이트들의 손에 이끌려 내 의지와는 전혀 상관없이 연속해서 닷새 동안 술을 마시러 나갔던 기억이 아직도 생생하다. 그런 사건은 '새내기'의 등장을 자신보다 경험이 부족한 사람들을 괴롭히고 학대할 수 있는 절호의 기회로 보는 고학년 학생들에 의해 적극적으로 장려되었다. 그들은 보안관 역할을 하면서 기숙사를 돌아다니다가 우리를 방에서 끌어내 시내로 몰거나 버밍엄이나 레스터, 노팅엄으로 가는 버스에 태웠다. 그곳에서 우리는 사과주와 블랙커런트를 섞은 라거를 자기 몸무게만큼 마시도록 '권장'받았다. 러프버러에서 '보라색 똥물'이라고 부르는 칵테일이었다.

신입생 대부분이 이런 상황에 취약하다고 생각하지만, 자폐 학생들은 더 심각하다. 알코올은 자폐인들에게 흥미로운 주제고 각자 각양각색의 경험이 있기에 일반화하고 싶지는 않지만, 신경 전형성 공동체에서도 술을 마치 '사회적 윤활제'로 간주한다는 것을 고려하면 자폐인도 어렵고 충격적인 사회적 경험을 관리하는 방식으로 알코올을 섭취할 수 있다는 추측이 가능하다.

나는 십 대 시절과 이십 대 초반 내내 확실히 그런 편이었다. 어울림이 지치고 어려워서 맥주와 와인으로 대응했고, 술을 너무 많이 마셨던 것 같다. 술은 내게 액체 갑옷 같은 것을 입혀주어 오해와 위기의 아픔을 차단했고, 또 자신감을 북돋워 내 특별한 관심사가 아닌 것에 관해 길게 이야기할 수 있게 도와주기도 했지만, 다음 날에는 몸이 엉망진창으로 망가졌다. 장점이 단점보다 더 클 때가 드물었기에 요즘에는 술을 거의 마시지 않는다.

그러나 2001년에는 능글맞은 미소를 띤 능숙한 선배들의 열렬한 격려로 자기 자신을 완전히 파괴하곤 했다. 키가 2미터에 달하는 백인 시스젠더 남성으로서 나의 취약성은 상대적으로 가벼웠을지도 모르겠다(버밍엄 도심의 끔찍한 '펍Pub'[42] 파티에서 빠져나왔다가 강도를 당할 뻔했던 기억이 생생하지만).

운이 좋게도 나의 음주 경험은 비교적 온건하게 끝났고, 20대를 거치면서 점차 알코올의 영향권에서 벗어나게 되었다. 그러나 사교 모임으로 인한 불편함과 불안이 멈추지 않아 훨씬 암울한 결과를 초래할 수도 있었다는 것을 잘 안다. 게다가 지금이라고 사람들과 어울릴 때 알코올을 지원 수단으로 사용하지 않는 것은 아니다. 현실은 완전히 다르다. 요즘 내가 술에 관심과 관용이 부족한 것은 절대적인 사교 기회가 부족하기 때문이다. 더는 맥주에 의지할 수 없게 되자, 나는 밖으로 나가거나 사람들을 만나는 일을 끊어버렸다. 이것을 이상적인 상황이라고 하기엔⋯ 무리가 있겠지.

많은 자폐인이 사회적 혼란을 완화하기 위해 술과 약물의 도움을 받고 싶은 강렬한 유혹을 느끼는데, 이는 심지어 자폐인 공동체 내에서도 거의 논의되지 않는 문제다. 자폐인이 '외출'이라는 불가능한 임무를 수행해야 한다는 이유로 술이나 약물

[42] 영국의 대중적인 술집. 맥주와 피시 앤드 칩스, 소시지, 치킨 등 간단한 안주를 판다. 직장인들이 퇴근 후 어울리거나 동네 주민들이 스포츠 중계를 보러 오는 등 서민적이고 지역적인 장소.

에 의존해서는 안 된다고 주장한다면, 문제를 잘못된 관점에서 바라보는 것 아닐까. 이번에도 적대적인 시스템에 적응하기 위해 노력하는 일은 전적으로 자폐인 몫인 것이다. 이런 형편인데 술병을 비우며 위안을 찾는다고 그들을 비난할 수 있을까? 내가 2장에서 제공한 조언에 따라 '외출'이라는 개념 자체를 수정하거나 다르게 관리하여 자폐인도 즐거운 시간을 보낼 수 있다면 훨씬 좋을 것이다.

사람들과 어울려야 한다는 수고를 제외하면, 대학의 학구적인 환경은 자폐성 장애의 특성 몇 가지에 상당히 이상적이다. 한 분야를 점점 더 구체적으로 파고드는 공부는 대학 연구의 핵심인데, 한 가지 특별한 관심사에 세밀한 초점을 유지하는 자폐인에게 매우 적합한 환경이다. 특별한 관심사로 교육 과정에서 학위를 취득할 수 있다면 그것은 일종의 승리라고 생각한다. 왜냐하면 관심사에 쏟아부은 시간이 실질적인 보상, 그러니까 학위 증명서에 더불어 대학원에 진학해 해당 주제에 더 깊이 파고들 수 있는 미래의 가망성으로 이어지기 때문이다.

나는 대학에 무기한 머물면서 캠퍼스 밖의 무서운 세상으로부터 스스로 보호할 수 있기를 열렬히 바랐다. 영화 〈고스트 버스터즈〉에서 벵크먼 박사가(빌 머레이) 강하게 호소하지 않았나. "민간 부문에서 일한 적 없지. 그쪽에서는 실질적인 결과를 기대한다고."

대학에 남으면 그런 기대로부터 자신을 보호할 수 있을

것 같았다. 진단까지는 아직 10년 이상의 시간이 남아 있었지만, 나는 학교업과 슈퍼마켓, 패스트푸드점 아르바이트를 병행하면서 짧고 끔찍한 경험을 했기에 훗날 취직을 하면 어려움을 겪게 되리라는 것을 이미 짐작하고 있었다. 그래서 나는 영문학 석사 학위를 취득했고, (내 기억이 맞다면 조지 기싱의 작품을 심리지리학적[43] 관점에서 바라보는) 연구로 박사 학위를 따기 위해 자금을 확보하려고 시도했다. 어쩌면 현명하게도 예술위원회는 이것이 세상에서 가장 쓸데없는 일이라는 판단을 내렸고, 나는 대학을 졸업하고 직업의 세계에 뛰어들었다. 아주 나쁜 결말을 맞이하리라는 것을 잘 알고 있었으며 현실이 내 예상을 증명했다.

교육과 자폐성 장애의 상호 작용은 매우 흥미롭다. 여러 면에서 그 둘은 밀접하게 연관되어 있다. 그도 그럴 것이 자폐인들은 (특히 주제가 자신에게 잘 맞을 경우) 대개 학습에 열정적이며 내가 만난 거의 모든 자폐인은 지식과 이해를 귀중히 여긴다. 우리는 뛰어난 학습자(이자 교사)가 되기 위해 필요한 자질을 지닌 경우가 많지만 (세밀한 일방향성 집중력, 꼼꼼한 것을 좋아하는 성격, 과독증[44]) 학창시절은 우리에게 인생을 통틀어 최악의 시절이기 쉽다. 무언가 심각한 오류가 있는 것인데, 나

[43] 특정한 장소가 개인의 심리와 감정에 미치는 영향을 연구한다.
[44] 단어 인식력은 뛰어나지만 전반적인 언어 이해나 인지능력은 떨어지는 장애.

는 이것이 그저 우리 교육계가 유연성과 공감력을 발휘하지 않으려고 고집을 피운 결과에 지나지 않는다고 믿는다. 전통과 구시대적 이상에 지나치게 얽매인 엄격한 교육이 자폐 학생들에게 번번이 좌절감을 안겨주고 있다. 여기저기서 작은 긍정적인 변화가 보이지만, 아직 갈 길이 너무 먼 것 같다.

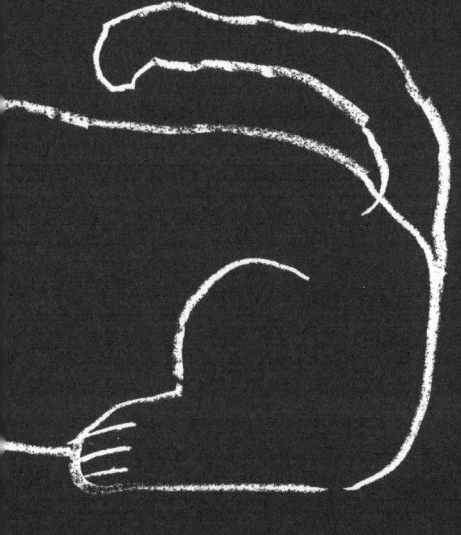

6장 일자리, 그리고 또 다른 위험들

자폐인은 어떻게 일을 할까?

자폐와 고용 상태는 연결되어 있다.

나는 열네 살에 처음 일을 시작했다가 내 성정이 직업 생활에 잘 맞지 않을 수도 있다는 것을 깨달았다. 그때 나는 '패디네 반려동물'이라는 작은 상점에서 여느 첫 직장만큼 터무니없을 정도로 하찮고 귀여운 일을 했다('패디'가 누구인지는 알 수 없었다. 주인의 이름은 로저였으니까). 곳곳에 은밀한 공간과 이상한 냄새가 가득한 소규모 개인 사업체였다. 내 업무는 매주 토요일 8시간 동안 선반을 채우고, 바닥을 닦고, 햄스터 우리를 청소하는 것이었다. 이따금 계산대를 맡아 실제로 고객과 소통해야 할 때도 있었다. 정말이지 끔찍했다.

지금은 그 일에 전혀 문제가 없었다는 것을 안다. 사장님도 친절하고 다른 직원들도 살가웠다. 일은 쉬운 편이었고, 귀엽고 앙증맞은 설치류나 작은 새와 함께 놀 수 있었다. 심지어 돈도 받았다. 그런데도 너무나 힘들었다. 그 당시 (그리고 그 후 약 20년 동안) 나는 내가 극도로 게으르고 일하기를 꺼리는 인간이라 그렇다고 생각했고, 분명 해로운 성격인 만큼 극복하려고 열심히 노력했다. 나는 그렇게 단순하고 부담이 적은 일을 고생스러워한다는 사실이 부끄러웠다. 특히 학교에서 친구들이 운전 면허를 딴 뒤에 자동차를 사려고 아르바이트로 돈을 모으는 모습을 보면 더욱 부끄러웠다. 나로서는 자동차 한 대를 구입할 수 있을 만큼 장기간 일하겠다는 구상 자체가 불가능하게 느껴졌다. 하루 업무도 감당하기 버거운 수준이었으니까.

문제는 내가 항상 너무 불안했다는 것이다. 나는 고객과 소통하는 것이 겁났고 내가 완료해야 하는 여러 가지 작은 업무에 당황했다. 학교에서는 A나 B를 받았지만 계산대가 어떻게 작동하는지 도무지 기억나지 않아 너무나도 부끄러웠다. 성공적으로 할 일을 기억해낸 경우에도 잘못할 것 같아서 두려웠다. 편집증 때문이 아니라, 정말 간단할 일을 할 때도 종종 실수를 저질렀기 때문이다. 영어 에세이 작성, 프랑스어 연습 문제, 지리 시험은 그토록 척척 해내면서 왜 이런 일은 전부 어렵게만 느껴지는지 이해할 수 없었다. 근무 일과를 계획하는 능력 따위는 전무했고 오후 2시쯤이면 말도 안 되게 피곤해서 서서 잠들 수 있을 것 같은 느낌이 들었다. 그러나 내게는 참조 대상이 없었다. 모든 사람이 같은 심정이거나 내가 고통받아 마땅한 게으른 놈이거나(후자의 가능성이 더 높았다), 둘 중 하나였다.

그 결과는, 자폐인이나 다른 신경 다양인이 많이들 겪는 경험이라고 확신하는데, 일을 떠올리면 으레 나 자신은 쓸모없다는 느낌이 들고 자존감이 곤두박질치는 것이었다. 불필요할 정도로 부정적인 기분이 되는데, 이겨낼 수 없을 듯한 일이 너무 많기 때문이다. 끊임없이 압박을 느끼고, 업무 일과에 대처할 수 없을 것 같아 마음이 마모된다. 내가 38세까지 이런 상태로 일을 계속할 수 있었다는 사실이 놀랍다. 그도 그럴 것이, 나 자신이 부적절하다고 느끼며, 매일의 일과에 짓눌려 두려움 속에서 25년이라는 세월을 보낸 셈이니까.

통계에 따르면 성인 자폐인의 겨우 22퍼센트가 파트타임이나 임시직을 포함해 어떤 형태로든 고용 상태를 이어가고 있다고 한다. 아마 이 통계도 완벽하지는 않으리라. 진단을 받지 않은 수많은 자폐인이, 아직 진단을 받지 못했다는 바로 그 이유로, (적어도 현재로서는) 고용의 세계를 견디고 있을 테니까. 그러나 이를 고려하더라도 너무 많은 자폐인이 일을 불가능하다고 생각한다. 일 없이 독립과 적당한 삶의 질을 유지하기란 매우 어렵다. 따라서 수많은 성인 자폐인은 부모에게 의존하거나 그들의 정부가 부리는 변덕에 의존해야 한다. 좋은 상황은 아니다.

이러한 끔찍한 통계를 만들어내는 요인은 다양하다. 놀라울 정도로 쉽게 해결할 수 있는 것도 있다. 신경 다양인들도 쉽게 일을 구하도록 돕자는 공동의 노력과 의지만 있으면 된다. 안타깝게도 지금까지 직장을 '자폐 친화적'으로 만들기 위한 시도는 완전하지 못하고 일관성도 없었다. 진보가 이루어지는 듯 하지만, 그 진행은 빙하가 움직이는 속도도 성급하고 무모해 보일 정도로 더디다. 따라서 이 글을 읽고 있는 독자 중에 대규모의 변화를 일으킬 수 있을 만큼 권력을 가진 이가 있다면, 노동 환경부터 고민하면 어떨까.

직장에 도사리는 공포

이미 여러 번 언급했듯이 나는 키가 2미터에 육박해서, 세상의 규격에 딱 맞추기는 조금 버겁다. 기차나 비행기 좌석에 편히 앉을 수 없고, 아프도록 허리를 구부리지 않고는 세수나 다림질도 할 수 없으며, 내 머리는 문틀, 조명, 슈퍼마켓에 대롱대롱 매달린 50퍼센트 할인 광고 표지판 따위에 부딪히고 또 부딪혀 생긴 흉터 덩어리다. 그래서 나는 세상의 규격에 딱 맞는 행복한 삶을 살고 있는 다른 사람들과 달리 별종, 아웃사이더가 된 기분이다. 신경 다양인은 '타자화'와 유사한 경험을 하게 된다. 내 집이 분명히 평균 키의 사람들을 위해 설계된 것처럼, 세상의 인프라와 사회 전체가 신경 전형성에 맞게 설계되었다. 우리가 일하는 곳도 예외는 아니다.

    5장에서 논의한 학교와 마찬가지로 업무 환경은 본디 자폐인에게 적대적이다. 고의에 의한 것이 아니라(고의가 아니기를 바랄 뿐!), 자폐인이 지극히 불분명하고 그릇되게 정의되어 타인의 레이더에 사실상 감지되지 않는 탓이다. 자폐인은 요구 사항이 매우 구체적이라 이것만 충족되면 주변 환경을 관리하기가 쉬워진다. 문제는 이러한 요구 사항이 인정되기는커녕 제대로 알려진 바도 거의 없다는 것이다.

비자폐인은 업무 환경에 대한 요구 사항이 있다. 당연히 그럴 것이다. 결국 그들은 인간이고, 적절한 조명과 온도, 편안함을 추구하니까. 덕분에 영국의 여러 업무 환경에 에어컨이 표준으로 설치되어 있으며, 미국의 일부 지역처럼 기후가 따뜻한 곳은 그만큼 에어컨도 더욱 일반적이다. 이 시끄러운 기계는 곳곳의 사무실에 설치되어 있으며, 그곳에서 일하는 직원 대부분에게 가장 '적합한' 수준으로 온도를 내리기 위한 목적으로 사용된다. 그 누구도 이에 의문을 제기하지 않으며 일반적으로 매우 적절한 조치로 여겨진다.

이미 말했듯이, 아무도 이에 의문을 제기하지 않는다.

그런데 자폐인이 자신의 필요에 맞는 환경 변화를 요청하면 무표정한 얼굴이나 이해가 안 된다는 듯한 반응을 맞닥뜨리며 (특히 무자비한 순간에는) '애정결핍'이라든가 '불편하다'는 식의 비난을 받기도 한다. 대체 차이점이 뭐지? 신경 전형인은 자신의 욕구를 충족시키기 위해 세심하게 설계된 세상에 산다. 자폐인의 필요를 충족시키기 위해 몇 가지 조정이 이루어지면 안되는 이유가 대체 뭘까?

온도는 중요한 변수다. 자폐성 장애를 정의하는 주요 특징인 감각 민감성 때문이다. 이 특징이 줄곧 언급된다는 사실을 눈치챘으리라. 사실 앞으로 내가 제시하려는 예시의 대부분은 근본적으로 감각 민감성에 기반을 두고 있는데, 이는 결국 감각 민감성이 자폐인이 겪는 경험의 상당 부분을 형성하기 때문이다. 많은 자폐인은 편안함을 느끼는 온도 범위가 신경 전형인의 사회에서 통용되는 것보다 좁다. 설상가상으로 어떤 자폐인은 허용 온도 범위 중 차가운 쪽을 선호하는 반면 따뜻한 쪽을 선호하는 자폐인도 있다. 덕분에 많은 자폐인은 신경 전형성 다수 집단이 세심하게 조절하는 온도를 불편해하게 된다.

강조하고 또 강조해도 지나치지 않으리라. 나는 보다 시원한 환경을 선호하는 사람 중 하나다. 내게는 섭씨 18~19도 정도가 이상적이다. 문제는 온도계가 20도 또는 (절대 안 될 일이지만) 21도를 향해 조금씩 움직이기 시작하면 너무나도 불편해서 심각한 질병으로 오인될 증상이 나타난다. 더위 때문에 기력이 새어나가고, 머리가 답답하고 느려지며, 피부가 억눌리고 짓누르는 느낌이 든다. 불쾌한 감각이고, 그런 환경에 오래 머무를 수밖에 없다면(패스트푸드 가게에서 일할 때 이런 일이 많았다) 분명 두통과 메스꺼움이 심해질 것이다. 당연히 생산성이 저하되는 결과로 이어진다.

그래서 나는 항상 창문을 열어둔다. 눈이 와도 상관없다. 영국 기후에서는 굉장히 예외적인 영하의 기온이 아닌 한, 창문을 활짝 열어 활기를 북돋우는 신선한 공기가 방 여기저기로 흐르며 내 기분을 고양하고 끔찍한 불편함을 방지하도록 한다. 2월에도 책상 위에 선풍기를 두고 방향을 내 쪽으로 고정해둔다. 나는 과로로 뜨거워진 컴퓨터 프로세서와 그래픽 카드처럼 지속적인 냉각이 필요한 것 같다. 열이 오르면 고장 난다. 외국에서도 마찬가지다. 나는 터키와 튀니지 등 더운 지역에서 여러 차례 휴가를 보낸 경험이 있는데, 피부에 닿는 따뜻한 햇살을 즐기면서도 주위의 열기로 인해 항상 비참한 (적어도 스트레스를 받는) 상태였다. 습도가 높으면 상황은 악화한다. 영국에 폭염이 닥치면 냉동고의 얼음이 수북이 담긴 그릇과 커다란 선풍기를 들고 기온이 다시 떨어지기 시작할 때까지 여름잠에 돌입한다.

그리고 조명 문제가 있다. 윙윙거리는 긴 형광등은 문제가 된다. 조명 소리를 알아차리지 못하는 많은 사람에게는 괜찮겠지만, 자폐인에게 형광등은 악마나 다름없다. 윙윙거리는 소리가 너무 끈질기고 집요해서, 나는 형광등 밑에 20분쯤만 있어도 화가 난 만화 캐릭터처럼 천장의 조명을 뜯어내고 달려들어 깨버릴 준비가 된다. 자폐인이 전기를 '들을' 수 있다는 사실은 우리 사이에 공동체 의식을 불어넣고는 한다. 나는 아주 어릴 때부터 먼 곳에서도 거실에 있는 텔레비전이 대기 상태인지 아닌지 알 수 있었다. 많은 자폐인이 휴대폰 충전 소리가 들린다고 말한다. 무슨 일을 하든 낮게 웅웅거리는 소리가 머릿속에 잠입한다.

그리고 전자기기가 발산하는 빛이 있다. 왜인지 신경 다양인의 뇌와 절대 공존할 수 없는 빛이다. 깜박인다고 할 수 있는데 (일정하지 않다) 양초처럼 매력적이지는 않고 망막 앞에서 반복적으로 토치를 켜는 것처럼 끔찍하다. 이런 빛은 영향력이 그나마 약할 때는 주의력을 흩어놓는 수준이다. 최악의 경우 두통이나 안구 피로, 기분 변화를 일으키고 때로는 심리 탈진으로 이어져 지극히 해롭다.

직장에 형광등이 있다면 단언컨대 자폐인 직원은 의식적으로든 무의식적으로든 절대적인 혐오감을 느끼고 있을 것이다. 내 증오는 오랫동안 잠재 의식에 파묻혀 있었다. 기분이 안 좋거나 심지어 두통이 생기는 이유가 형광등이 있는 방에 존재하기 때문이라는 상관관계를 발견하기까지 나로서는 정말 많은 노력이 필요했다. 교사로 일하던 시절 학교에서 교실 조명을 바꾸는 합리적인 조치를 취해주었는데 그 차이는 놀라웠다. 새로운 조명은 일광과 비슷하게 설계되었으며 소음이 전혀 없어 두통의 빈도가 크게 줄었다.

흥미롭게도 두 가지 문제(열 유연성과 조명)는 비자폐인에게도 도움이 될 수 있다. 저질 조명으로 인한 편두통으로 고생하는 사람은 한둘이 아니고, 신경 전형성 공동체가 똑같은 실내 온도를 즐길 수 있을 만큼 단일적인 집단인 척해봤자 소용없다. 고용주가 온도와 건강한 조명 문제에 유연하게 대처해 업무 공간을 조정해주면 신경 다양인 직원뿐만 아니라 모든 직원의 삶이 향상되리라는 데에는 의심할 여지가 없다.

감각 문제 외에도 핫데스킹[45]이라는 악몽이 있다. 다행스럽게도 개인적으로 한 번도 참을 필요가 없었던 관행인데, 점점 더 인기를 끌고 있는 것 같더라. 직접 경험하지 못한 독자를 위해 설명하자면, 이는 사무실에 '자기만의' 책상이나 공간을 정하지 않는 고용 형태다. 전통적으로 회사원은 컴퓨터, 가족 사진, 필수적인 스트레스 해소 장난감 몇 개, 더러운 커피 머그 더미로 자신의 업무 공간을 꾸몄지만, 이제는 노트북을 들고 출근했다가 가장 좋아하는 자리를(가령 바람이 잘 통하는 곳이나 라디에이터 근처) 회계 부서의 케빈이 차지했다는 사실을 알게 되는 경우가 점점 더 흔해지는 것이다. 이것은 보통 사람들에게도 충분히 나쁜 일이지만 자폐인에게는 재앙에 가깝다.

일은 스트레스가 많다. 이번 장에서 지금까지 설명한 온갖 감각 문제 외에도 사회적 문제와 서열, 지침에 얽힌 말썽들이 있다. 자폐인은 극심한 스트레스를 받으면 흔히 마음에 드는 엄격한 일과를 확립하는 식으로 반응하기에, 그런 일과를 제거하면 막대한 피해가 생길 수 있다. 그리고 매일 다른 자리에 앉아야 한다면 어떻게 그럴듯한 일과를 확립할 수 있을까?

학교에서 일하던 시절에 비슷한 문제를 겪었는데, 이 글을 읽고 있는 교사라면 누구나 이해할 것이다. 그러니까, 갑자기

[45] 지정된 자리 없이 매일 자유롭게 자기 자리를 고르는 업무 환경.

교실을 바꿔서 수업을 진행해야 했다. 마지막으로 근무했던 학교에서 교실은 나의 안식처이자 피난처였으며, 가르침을 요구하는 시끄러운 아이들로 가득 찰 때가 많았지만 여전히 '보금자리'였다. 컴퓨터는 정확히 내가 좋아하는 방식으로 설정되어 있었다. 모니터는 해상도가 좋아 또렷했고(흐릿한 그래픽은 못 참는다), 배경화면의 원하는 위치에 폴더들이 있었으며, 마우스 감도도 딱 맞았다. 내 책상은 정밀하게 통제된 혼돈의 원더랜드였다. 내 경력을 지질학적 지층으로 표현해주는 종이 더미가 있었고, 더미 맨 아래에는 종종 너덧 해쯤 되어 사실상 잊혀진 서류와 그 이전 시대의 화석화된 메모도 있었다. 선반에는 책과 다양한 레고 세트가 가득했는데, 대부분은 점심 시간에 책상에서 직접 만든 것이었다. 직장에 있는 자기 공간치고는 꽤 안락했다. 수업이 끝나고 자유 시간이 시작되어 빙글빙글 회전하는 의자에 편안하게 앉으면 선풍기가 내 얼굴에 바람을 불어 샴푸 광고처럼 머리카락이 날리곤 했다.

그런데 갑자기 내 교실에서 끌려나와 한 번도 가본 적 없는 방에서 가르치라고 강요받고는 했다. 병가를 앓고 있는 동료 교사를 대신해 수업을 진행해야 하는 경우도 있었다. 시간표가 너무 복잡하고 난해해서 내 교실에서 직물 수업을 해야 하거나 그와 비슷하게 비논리적이고 비실용적인 원인으로 내가 미술실이나 음악실에서 수업을 할 수밖에 없는 경우도 있었다. 이유가 무엇이든 교실을 박탈당하면 항상 심리 탈진 신호등에

빨간색이 켜지고는 했다. 컴퓨터를 켜면, 원래 그 컴퓨터를 사용하던 교사가 1990년대 중반의 비디오 게임을 즐기던 것처럼 800×600의 해상도가 표시되고는 했다. 내 눈은 공포에 질려 비명을 질렀고, 화면의 커서는 대륙의 이동 속도와 비슷한 빠르기로 움직였다. 학생들이 도착했고, 아이들 안에 잠재된 에너지가 폭발할 듯 부글거렸고, 나는 뇌 앞쪽에 차오르는 공포를 느꼈다. 알록달록 안정적인 레고 주택과 차량이 온데간데 없이 사라지고 벽은 낯설어 불안이 엄습하기 시작했으며, 교실의 열기와 이상한 습기, 선풍기가 없다는 끔찍한 사실로 인해 두려움 이상의 감정으로 땀을 뻘뻘 흘리기 시작했다.

    과장처럼 들릴지 모르지만 나는 내 교실에서 쫓겨나면 항상 극도로 부정적인 반응을 보이게 되었고, 불행히도 이는 통제할 수 없었다. 중요한 시험을 앞두고 불안감을 참을 수 없는 것처럼 더는 이 공포를 참을 수 없었다. 당연한 말이지만 나는 항상 교실 박탈의 난관을 이겨냈다. 운 좋게도 심리 탈진에 빠지지는 않았으나(아슬아슬한 상황이 있기는 했다), 내 몸은 몇 시간 동안 후유증을 겪었고 종종 그 여파가 다음 날까지 이어지기도 했다. (경력 9년차에) 자폐 진단을 받고 학교에서 합리적인 업무 환경 조정을 제안해줬을 때, 당연히 나는 이제 절대 내 교실에서 쫓아내지 말라고 간청했다. 학교 측에서도 동의했고, 나는 오로지 내 방, 내 안식처, 안전한 공간에서 즐거운 한 해를 보냈다. 그러다가 2020년에 전염병이 창궐해 기존의 규칙과 관행이 전부 폐기되며 상황이 바뀌었다. 나는 며칠 버티다가 그만둬야 했다. 나라는 자폐인은 새로운 현실을 감당할 수 없었다.

물론 이런 문제를 해결할 수 있는 방안이 하나 있는데, 지난 몇 년 동안 코로나바이러스 덕분에 엄격한 테스트를 거친 것이다. 바로 재택근무. 내가 모든 자폐인을 대변할 수는 없지만 재택근무는 자폐인에게 큰 장점이 있다고 생각한다. 자기 집보다 더 통제되고 안전한 공간이 어디 있을까? 출퇴근의 부담을 처리하기 위한 방안 중에 아예 출퇴근을 그만두는 것보다 효과적인 것이 있을까? 복도 복사기 옆의 무의미하고 스트레스 심한 스몰토크를 없애는 방법 중에 동료를 컴퓨터 화면 안에 가둬두는 것보다 효과적인 것이 있을까?

많은 사람이 재택근무가 직장의 사회 생태계에 악영향을 미친다며 비판하지만, 나는 자폐인으로서 사회 생태계 그 자체를 기꺼이 비난하고자 하며, 우리 집 거실에 앉아서 내가 원하는 만큼 레고와 책을 잔뜩 쌓아 놓고 얼굴에 솔솔 부는 나만의 선풍기 바람을 즐기며 일할 수 있는 기회를 반기고자 한다. 나쁜 소식은 사람들을 다시 사무실로 복귀시키려는 노력이 수많은 행복한 자폐인 직원들의 일과를 망치고 마침내 찾아낸 적합한 업무 공간과의 애착을 파괴할 가능성이 높다는 것이다. 우리 사회가 마음을 고쳐먹고 신경 다양성을 지닌 사람들의 고용을 도와주려 한다면 재택근무는 계속 장려되어야 한다.

일 잘 하기

나는 항상 비판받는 것을 두려워했다. 이 두려움이 어디서 시작되었는지, 왜 아주 사소하고 은근한 비판에도 매번 그토록 강한 감정적 반응을 보이는지 잘 모르겠다. 이 책에 대한 서평이 보이기 시작하면, 이불 속에 숨어 애써 외면하는 나를 발견할 것이다.

나는 기억하는 한 줄곧 이런 식이었고, 어떤 형태든 부정적인 관심을 맞닥뜨리면 극단적으로 반응할 가능성이 높다. 어린 시절의 기억 중 가장 생생한 것은 이런 성향과 관련이 있다. 아마 여덟 살쯤 되었을 때 초등학교에서 점심을 먹으려고 줄을 서 있었던 기억이 난다. 내 기억에 따르면 내가 줄을 서서 기다리는 옆으로 교장 선생님이 나타났는데(이제 나는 그가 교육자라는 신분에 기대어 '새치기'라는 전통적인 권리를 행사하려 했다는 것을 안다) 아무 잘못도 하지 않은 내게 말했다. "넌 여기 들어온 이후로 줄곧 말썽만 피웠어."

자, 여기서 내가 상상할 수 있는 가장 무해한 학생이었다는 점을 명심해야 한다. 학교의 스트레스와 긴장에 대응하는 나만의 방법은 배경에 섞여들어 벽의 페인트와 구분할 수 없는 존재가 되는 것이었다. 어떤 선생님이든 나를 "줄곧 말썽만 피웠"다고 비난하다니 정말 말도 안 되는 일이었다. 그러나 여덟 살 난 아이의 뇌는 이런 사실을 고려하지 못하고 깊은 상처를 받아 마음 깊이 새겼기에 30년이 지난 지금 이 사건을 독자에게 보고하고 있다. 현실과 상식을 따르면 교장이 나를 다른 사람으로 착각했거나(비록 그가 나라고 생각한 그 불쌍한 아이가 누구였는지 궁금하기는 하지만) 실제로는 다른 말을 했는데 (아마 은근히 돌려말했겠지) 내 두뇌가 지극히 부정적으로 반응했다고 생각하게 된다.

알고 보면 꽤 흔한 신경 다양성의 특징이 작용한 결과일 수 있다. 자폐인이나 ADHD인이 삶에 유난히 부담이 된다고 보고하는 특징이다. RSD, 즉 '거부 민감성 위화감Rejection Sensitivity Dysphoria'이라고 부르는데, 이것이 삶에 '부담'이 된다는 표현은 의도한 것이다. 일반적으로 나는 신경 다양성에 가능한 한 긍정적인 태도를 취하려고 노력하며, 낙관해야 할 부분이 굉장히 많다고 진심으로 믿는다. 그러나 RSD의 경우에는 좋은 면을 보기가 매우 어려운 것 같다. 정말이지 해로워서 나에게 평생 비참함만을 안겨주었으며, 실행 기능 장애와 함께 나를 가장 무력하게 만드는 신경 다양성의 '특징'이다. 어떻게 작동하는지 설명하기 전에 '민감성'이라는 단어를 먼저 지적하고 싶다. 이 특징도 자극에 대한 과민성을 중심으로 형성된 것으로, 여기서 자극은 거부나 비판이다. 일부 사람들이 제안하는 것처럼 자폐성 장애를 설명하는 포괄적인 폭넓은 이론이 있다면('일방향성' 이론이 가장 유력한 후보다), 아마도 그 중심에는 모든 자극에 대한 강렬한 민감성이 있을 것이다.

'거부 민감성 위화감'은 대수롭지 않거나 사소한 부정적인 관심 일체를 향한 일련의 거부 반응을 총칭하는 용어다. 반응은 매우 극단적일 수 있으며, 이는 반응을 초래한 비판이나 거부가 지극히 사소할 때 특히 눈에 띄고 자폐성 심리 탈진의 주요 원인이 될 수 있다. 거절당하는 경험에만 국한된 것은 아니지만 큰 부분을 차지한다. 어떤 종류든 부정적인 상호 작용은, 비판받는 것에서부터 어떤 식으로든 무시되거나 단순히 간과당하는 것까지, 과한 반응을 일으킬 수 있다. 나는 내 부정적인 감정의 80퍼센트가 이런 위화감에서 비롯된 것이라고 생각한다. RSD가 없었다면 내가 상당히 행복한 인간이었을지도 모른다는 생각이 들어 기분이 묘해진다. 그리고 내게는 위화감을 통제할 수단이 없다. 적어도 아직 발견해내지 못했다. 위화감은 그저 존재하며, 악의로 똘똘 뭉친 도깨비처럼 내 마음 속에 웅크리고 앉아 사람들이 얼마나 다양한 방식으로 나를 미워할 수 있는지 끊임없이 상기한다.

생각이 너무나도 빨리 발전되어 과정을 파악하기가 힘들지만, 이런 식으로 요약할 수 있겠다.

- ❶ 자극 발생: 누군가가 모호한 말을 하는 것이 들린다. "맞아, 나도 그런 건 별로야."
- ❷ 내 뇌는 즉시 이 말을 나와 내 성격, 외모에 대한 비판으로 해석한다.
- ❸ 그들이 사실은 다른 주제에 관해 대화하는 중이라는 사실이 명확해진다. 가령 커피 브랜드나 도넛의 맛 같은

것에 관해.

❹ 내 뇌는 내가 끔찍한 비판의 대상이 아니었다는 확신을 얻은 다음에도 이전의 평정을 되찾으려 하지 않는다. 여전히 그 비판이 나를 향한 것이었다고 믿으며 몇 시간 동안 이 사태를 두고 안달복달한다.

나는 이 흥미롭고 비합리적인 현상은 두세 가지 자폐성 장애의 특징이 위험하게 뒤엉키고 충돌한 결과라고 늘 생각했다. 들리는 이야기마다 그 암시까지 읽어야 한다고 강요받은 자폐인의 뇌는 본디 결론으로 직행하는 특성이 있고(전부 본심을 그대로 이야기하지 않는 것에 중독된 신경 전형인들 탓이다), 설상가상으로 무엇이 문제든 그냥 묻어두거나 주의를 돌리지 못하는 자폐성 장애의 관성이 섞여 암울한 일이 벌어지는 것이다.

이 모든 것은 다양한 결과로 이어진다. 첫째, 일단 피곤하다. 항상 이런 현상에 대처해야 한다고 생각해보라. 실제로 당신이 직장에서 실수를 저질러서 걱정하고 있는데, 당신의 상사가 그의 상사와 이야기하며 이따금 흘끗거리고, 어쩌면 손가락질하고, 이쪽에 대고 씩씩거리는 모습을 보았다고 상상해보라. 매우 초조하고 매우 걱정스러울 테며, 분명 그럴 만한 이유가 충분한 상황이다. 그도 그럴 것이, 무슨 잘못을 저질렀든 간에 그 잘못 때문에 곧 곤경에 처하게 되리라는 온갖 징후가 있으니까. 이제 당신의 뇌가 증거를(가리키기, 흘끗거리기, 씩씩거리기)

날조하는 능력뿐만 아니라 무한한 열정까지 갖고 있다고 상상해보라. 그리고 동료들 사이에서 상호 작용이 일어날 때마다 그 능력과 열정을 발휘하려 한다고 상상해보라, 당신이 아무 잘못도 하지 않았을 때도. 그게 RSD고, 생각만으로도 정말 지친다.

둘째, RSD는 심한 불안감과 자신감 상실을 야기한다. 이는 직장에서 문제가 되는데, 신경 다양성을 지닌 경우 특히 심각하다. 자폐인의 내면에는 스스로 직업에 부적합하고 부족하다고 느끼도록 만드는 강력한 요인이 많다. 가령 사회적으로 배제된 듯한 감각을 느낄 가능성이 높다. 곧 살펴보겠지만, 지시나 명령을 잘못 이해했을지도 모른다는 두려움도 사라지지 않는다. 이런 복합적인 원인으로 이미 불안정한 상태에 RSD를 추가하면 업무에서 탁월함을 발휘할 가능성이 더욱 낮아지고, 심각한 불안이든 본격적인 우울증이든 일종의 정신 질환을 거의 불가피하게 만드는 추가적인 효과가 있다.

셋째, 가장 암울한 상황인데, 그간의 강박증이 타당했다는 사실이 밝혀지는 것이다. 그간의 두려움이 실현되어 저 높이 지도부로부터 내 머리 위로 엄청난 비난이 퍼부어지는 것이다. 나는 아마 평생을 통틀어 이런 일이 세 번쯤 일어났던 것 같은데(예상은 천 번쯤 했다), 매번의 경험이 근거가 되어 내 RSD는 더 많은 권위를 확보했고, 합리적으로 RSD를 떨쳐내기가 점점 더 힘들어졌다. 어쨌든 우려가 현실이 된 적이 없지 않았으니까! 교사 일을 시작하고 3년 차에 접어들었을 때 완전히 망가진 적이 있다. 악화한 정신 건강이 업무 능력에 지장을 준 것이었다. 그날은 운동회날이었고 교장은 다른 직원과 학부모 앞에서 무려 5분 동안 나를 공격했으며, 줄곧 두려워하던 RSD를 사실로 확증했다.

나는 그 학기 말에 여전히 충격에 빠진 채로 학교를 떠났다. 이제는 안다. 교장은 내가 업무에 어려움을 겪는다는 이야기를 오랫동안 들었는데, 내게 접근해 상황을 확인하는 대신 속에 불만을 쌓아두다가 결국 모두가 보는 앞에서 폭발한 것이다. 용기 내어 말해보자면 이는 직원을 관리하는 최상의 방식은 아닌데, 숨겨진 장애가 직장에서 실로 끔찍한 결과를 야기할 수 있다는 사실을 보여주는 적당한 예시라고 할 수 있다. 이 사건으로 나는 권위를 깊이 불신하게 되었고, 내 머릿속에 줄곧 숨어 있던 RSD에게 그렇다고, 사실 다들 내가 일을 못 한다고 생각할지도 모른다고 대답하게 되었다.

동료가 걱정되거나 평소의 업무 능력을 보여주지 않는다고 느껴진다면 그들에게 직접 말해보라. 긍정적인 면에 초점을 맞추고 '내가 도와줄까?'라는 식의 태도를 취하면, 그가 대처해야 할 잠재적인 RSD가 완전히 제거되지는 않더라도 완화할 수는 있다. 교장이나 직속 상사가 내 악화하는 성과에 관해 더 일찍 이야기했다면(또는 성과 평가가 일반적으로 1년이 아닌 6개월 단위로 이루어졌다면), 나는 내 어려움을 털어놓을 수 있었을지도 모른다. 물론 그 당시에는 내가 자폐인이라는 사실을 몰랐지만, 논의를 통해 그 가능성을 인지하게 되었을지도 모른다. 적어도 교장이 내게 느끼던 불만이 자라나지 않도록 막아주었을 테고, 행복해야 했던 운동회 날 학부모 앞에서 분통을 터뜨리는 일은 없었을 것이다. 거부 민감성 위화감은 관리하기 어려운 질환이며, 어떤 조치를 취하든 내가 '치료'됐으리라고 생각하지 않는다. 그러나 RSD의 가장 큰 무기를 빼앗을 수는 있었겠지. '내가 그럴 거라고 했잖아…'라고 속삭이는 비열한 목소리를.

지침, 지시 및 기타 모호한 것들

우리 자폐인은 대부분의 사회적 상호 작용 학습을 (일반적으로 괴롭힘, 싸움, 주변의 모든 사람에게 따돌림당하는 등의 어려운 방법을 통해) 일찍이 학창 시절에 마친다. 사회적 이해관계가 중요하기는 해도 (다행히) 성공적인 사교를 통해 월세를 내거나 먹을 것을 마련해야 할 필요는 없는 시기다. 실수할 여유가 있으며, 학교에서 겪은 부정적인 경험의 영향이 막대할 수 있지만 잘 극복해내기도 한다. 그러나 20대 중반이 되면 상황은 달라진다. 직장에서 통용되는 암묵적인 규칙은 어린 시절 학교 운동장의 규칙처럼 난해하고, 비논리적이고, 완전히 불합리할 수 있다. 문제는 규칙을 (한 번이라도) 어기면 직장에서 쫓겨나 심각한 재정적 어려움을 겪게 될 수 있다는 것이다.

항상 나를 좌절하게 했던 병가라는 것에 관해 이야기해보

자. 영국에서는 병에 걸려도 된다. 대서양을 건너 미국에 가면 직장에서 아픈 것이 일종의 범죄로 간주되고 병에 걸렸을 때 유급휴가를 받을 가능성이 매우 낮다는 것을 알고 하는 말이다. 여기 유럽 북부에서는 하루쯤 운명의 장난으로 무언가 지독한 것에 앓아눕는다고 해도 그것 때문에 굶주리거나 직장을 잃는다면 너무한 처사라고 생각한다. 말만 그렇게 하는지도 모르겠지만.

글쎄, 그저 규칙만 그렇게 만들었을지도 모른다. 법에 뭐라고 명시되어 있든 법이 현실 세계에서 실현되는 모습은 사뭇 다른 법이다. 물론, 당신은 병가를 받을 것이고, 심한 독감을 앓은 뒤 복귀했을 때 책상은 제자리를 지키고 있으리라(설마 핫데스킹을 실시하는 회사는 아니겠지. 그렇다면 일주일쯤 더 쉬는 것이 나을 수도 있겠다). 그런데 정말 아파도 되는 걸까? 법에 따르면 원하는 만큼 병가를 낼 수 있다고 명시되어 있고 직장에 따라 형편은 다르겠지만, 허가된 휴가를 전부 쓰면 고용주의 태도는 실로 냉담해질 수 있다. 이것 때문에 자폐인은 심각한 어려움을 겪을 수 있다. 한 자폐인과 대화를 나눴는데, 책상에 앉아 있는데 편두통 때문에 며칠간 휴가를 냈다는 이유로 동료들의 따가운 시선과 질책을 받았던 끔찍한 경험에 관해 이야기하더라. 한 번에 오래 쉬지 않고 하루씩 여러 번 병가를 낸 것이 문제라는 말을 들었다고 했다. 아무리 '암묵적인 규칙'이라지만 한 대 맞은 듯 충격적이다.

자폐성 장애와 가면 쓰기의 본질적인 특성 때문이기도 하지만 간질이나 엘러스-단로스 증후군, 편두통과 같은 흔한 동반 질환 때문에 자폐인은 불가피하게 매년 며칠씩 휴가를 내야 한다. 나 역시 끔찍한 편두통을 앓고 있는데, 원인은 지속적인 불안과 감각 민감성이고 (둘 다 본질적으로 자폐와 연관되어 있다) 지금처럼 프리랜서로 일하지 않고 직장에 다닐 때는 매년 병가를 전부 사용하게 되었다. 규칙에 따르면 며칠씩 병가가 허용되므로 자폐인은 며칠 쉬어도 무방하다고 생각하게 된다. 고용주로서는 직원이 허가된 휴가를 전부 사용하지 않으면 추가적인 이득이겠지만, 사용한다 해도 허용되는 것이므로 아무 문제 없으리라. 이는 논리적인 생각이다. 말이 된다. 하지만 현실은 그렇지 않다.

현실에는 법으로 성문화되지 않았으나 통용되는 규칙이 있고 규칙은 조직과 개인마다 다르며, **관련 사항을 사전에 물어봐서는 안 된다**. 그 대신 질병과 필수적인 병가가 걸린 이상한 확률 게임이 시작된다. 가령 판돈이 큰 블랙잭[46]에서 계속 카드를 받는 것처럼 병가를 쌓고 또 쌓아 고용주를 화나게 할 수도 있는 것이다. 법적으로 허용된 병가 일수와는 관련이 없다. 그보다는 고용주의 질병에 대한 전반적인 태도와 동정심을 바탕으로 결정된다. 자폐인의 머리로는 이해하기가 힘들다. 말이 되지 않으니까. 모호하고 임의적인 제약으로 무시해버릴 무효한 규칙과

[46] 카드를 돌려 카드에 적힌 숫자의 합이 21에 가장 가까운 사람이 이기는 게임.

할당량, 조건 따위를 애초에 왜 만들었을까? 그러나 이것이 일이 이루어지는 방식이며, 자폐인의 삶에는 이미 문제가 많기에 이런 절망적이고 완고한 현실에 문제를 제기할 여력이 없다.

직장의 일과 운영에도 모호한 점이 많다. 휴식 시간부터 마감까지, 모든 사항에는 오직 경험 많은 동료와 이야기를 나눠야만 알 수 있는 한 겹의 신화가 더해진다. 이야기를 나눠도 모를 수 있지만. 쉬는 시간은 30분이라고? 그럴 수 있지. 하지만 20분 안에 다시 책상으로 돌아오는 것이 최선이다. 그러지 않으면 경영진 더크가 게으르다고 생각할 테니까. 생일이라고 해서 굳이 다 함께 나눠 먹을 케이크를 가져올 필요는 없다고? 그래도 좋겠지. 퇴사할 때까지 성격 파탄자 취급을 받겠지만. 더크가 금요일 퇴근 전까지 일을 끝내라고 했다고? 아, 사실은 목요일 오전 10시까지 끝내라는 뜻이지. 왜 그런지 누가 알겠냐만. 내가 교사로 일할 때 수업은 오후 3시면 끝났고, 교사들은 오후 4시까지 학교에 있어야 했다. 괜찮았다, 오후 4시 정각에 칼같이 퇴근하지 않는 한. 그러면 당신은 공개적으로 경멸의 시선을 받았고, 왜인지 오후 6시 혹은 더 늦은 시간까지 촛불을 켜놓고 일하는 교사들보다 열등한 사람으로 여겨졌다. 내게는 너무나도 불공평해 보였다.

사실 일정과 마감은 꽤 좋은 것이다. 나는 이따금 일정을 지키려다가 고생을 하기도 하지만(실행 기능 장애가 다시 한번 고개를 든다), 일정과 마감 덕분에 세상에 대처할 수 있었기에 그 목적을 잘 안다. 하지만 맙소사, 자폐인이 마감일을 꼭 지켜야 하는 상황이라면 있는 그대로 말해달라! 게으른 놈으로 간주되는 상황을 피할 수 있는 가장 늦은 시간이 언제인지 정확하게 알려달라는 것이다. 암시하지 말라. 분노가 쌓이기 시작할 시간을 알려주는 대신 그냥 솔직하게, 실제로 일이 완료되기를 기대하는 시간에 그 일이 완료될 것으로 기대한다고 말해달라.

이런 현실을 글로 정리하며, 다시금 나는 신경 전형성의 사회에서 이루어지는 기이한 의사소통의 춤사위에 고개를 가로젓고 말았다. 너무 많은 것이 암묵적이고, 숨겨져 있고, 모호해서 어떤 일이든 실제로 이루어지면 놀라운 수준이다. 이런 유형의 접근 방식은 자폐인에게는 분명 효과가 없으므로 우리는 보다 공평한 작업 공간을 만들 기회를 모색하게 되는데, 사실 작은 (게다가 대개 비용도 들지 않는) 변화로도 상당한 개선을 이룰 수 있다.

▶ **앞에 언급한 마감일을 포함해 각종 요구 사항을 솔직하게 소통할 것.** 또한 지시와 요구 사항에 추측의 여지를 남기지 않는 쪽이 낫다. 업무가 특정한 방식으로 이루어지기를 원한다면 원하는 바를 이야기하면 된다. 사본이 두 개 이상 필요한 경우 그렇게 말하면 그만이다. 장비를 특정 장소에 배치해야 한다면 알려달라. 빨리 끝내야 하는 코딩이 있으면 우선순위를 명확히 하라. 자폐인은 사안이 무엇이든 아주 명확한 설명을 들으며 모욕적이

라고 생각하지 않는다. 깔보는 목소리가 동반되지 않는 한 고마운 마음으로 받아들일 것이다.

▶ **어떤 종류의 업무든 지침은 구두로도 전하되 (최대한) 서면으로도 제공할 것**. 상당수의 자폐인은 언어적 정보를 기억하는 데에 어려움을 겪는다. 결국 우리는 가면을 쓰고 시선을 맞추느라 바빠서 눈앞의 상대가 이야기를 하는데도 <찰리 브라운>의 선생님이 수업할 때처럼 트롬본 소리만 울려 무슨 말인지 알아들을 수 없을지 모른다. 우리가 필요할 때 정보를 찾아볼 수 있도록 이메일에 적어달라. 그러면 우리의 정리정돈에 도움이 된다는 추가적인 효과도 발생한다. 이메일을 폴더에 정리해 작고 화려한 책갈피를 사용하여 우선순위를 지정하는 등의 작업을 할 수 있으니까. 솔직히 이메일은 여러 면에서 악영향을 미칠 수 있지만, 내 정리정돈을 도와주는 재주는 누구에게도 뒤지지 않는다.

▶ **반복해 알려주면 큰 도움이 될 수 있다**. 내가 마지막 직장에서 요청한 '합리적인 조정 사항' 하나는 '비난하지 않고' 주요 업무에 관해 알려달라는 것이었다. 알림을 통해 실행 기능 장애를 해결할 수 있다. 다만 '비난하지 않고' 알려주는 것이 매우 중요하다. 업무에 관해 알려줘야 한다는 사실을 못마땅해하거나 이것이 실패의 신호인 듯한 태도를 취하지 않아야 한다.

▶ **놀랄 일을 최대한 없앨 것**. 어떤 사람들은 월요일 아침에 업무가 생기는 짜릿함을 즐겨 잘 해낼 수도 있지만 대다수의 자폐인은 그렇지 않다. 뭔가 필요하다면 충분한 시간을 달라. 자폐성

관성, 즉 주의를 전환하는 데에 시간이 걸리는 증상을 피하는 데에 도움이 될 뿐만 아니라 병리적 요구 회피를 방지할 수 있어 매우 편리하다.

직장에서 이루어질 수 있는 환경 조정은 비용이 거의 혹은 전혀 들지 않아 실행하기 쉬우며 대부분 기본적인 연민이라는 개념에 기반해 이루어진다는 사실이 지금쯤 분명해졌기를 바란다. 내가 이번 장에서 언급한 방안 중 불가능할 만한 것은 없다. 조언을 받아들여 일관적으로 적용한다면 신경 소수자들이 얼마나 편해질지 상상해보라. 어쩌면 직장을 구해 재정적 독립을 유지할 수 있는 자폐인의 비율이 점진적으로 증가할지도 모른다. 얼마나 멋진 일인가. 그러나 그럴 힘을 가진 것은 신경 전형인들이다. 우리 자폐인들이 영겁의 시간 동안 소리 지를 수는 있겠고 그중 몇몇은 아예 책 한 권을 쓸 수도 있겠지만, 신경 전형인들이 변하기 전까지는 아무것도 달라지지 않을 것이다.

사내 정치와 서열

옛날에 봤던 취업 면접에 관해 조금 이야기해볼 생각이다. 나는 몇 년 동안 학교에서 영어 과목의 학과장을 맡아 꽤 유능하게 일하고 있었다. 한 학기 동안 상위 관리직을 맡을 기회가 생겨 지원했다. 면접에 갔더니 상사들이 왜 이 일을 하고 싶은지 물었다. 자, 이 시점에서 내가 그들과 친밀한 사이였다는 사실을 밝혀두겠다. 습관적으로 농담을 하고 말도 안 되는 이야기를 할 만큼, 즉 잘 알고 잘 지내는 사람들과 하는 행동을 할 만큼 친했다. 그래서 나는 면접에서도 꾸밈없이 나 자신으로서 행동해도 괜찮으리라고 느꼈다. 그도 그럴 것이 그들은 오랫동안 나와 알고 지냈고 함께 술 마시러 간 적이 적어도 한 번은 있었으니까. 나는 이미 그들을 웃겨주기도 했었다.

나는 의자에 살짝 기대고 앉아, 자폐 진단을 받은 후로 나 스스로 리더 역할을 할 수 있음을 증명하고 싶어 더 노력했다고 설명했다. 나는 교실에 숨어 지내는 경향이 있기에 자신을 밀어붙여 밖으로 나가 학교 일에 참여하고 싶다고 말했다. "사람들이 찾아오면 찬장에 숨는 이상한 은둔자가 되고 싶지 않다"라는 말은 평소와 다르지 않은 자기비하였다. 농담이되 다들 내 성격이 이렇다는 사실을 알고 있으리라는 믿음에 기반한 농담이었다. 나는 내가 다소 폐쇄적인 인물로 비춰진다는 것을 알았고(조금 냉담하다고 생각할지도 몰랐다) 고용주들이 조금 더 사회적인 중간 관리자를 원하리라는 것도 알고 있었다.

맙소사, 나는 완전히 착각에 빠져 있었다.

그날 늦게 교감 교사가 나타나 안타깝다는 목소리로 내가 불합격이라고 알렸다. 그 이유 중 하나는 내가 자신의 능력에 너무 부정적이고 너무 자기 비하적이라는 인상을 주었기 때문이었다. 요컨대 나는 과업의 규칙을 심각하게 오해하고 있었다.

터놓고 말한 탓에, 자신의 단점에 관해 정직하고 담백하게 고백한 탓에 면접관들은 내게 거리감을 느꼈다. 그도 그럴 것이, 취업 면접의 규칙은 터무니없이 들릴 때까지 최대한 좋은 말을 하는 것이다. '당신의 가장 큰 약점은 무엇입니까?'라는 질문에도 장점을 늘어놓는 케케묵은 면접 소재의 농담에서 경고를 읽었어야 했지만, 나는 반대편에 앉은 사람들과의 관계 때문에 기만적인 안정감을 느꼈다. 한 번도 만난 적 없는 사이처럼 초연하고 무덤덤하게 행동하며 장점을 진지하게 과장해서 대답해야 옳다는 것을 이제는 안다. 너무 늦어버렸지만.

그러니까 나는 망쳐버렸고, 이제 내가 자폐성 장애에 관해 아는 내용을 되돌아보면 왜 그런 일이 일어났는지 정확히 알 수 있다. 알다시피 자폐인들은 (항상 그랬듯 일반론을 펼쳐보자면) 상사나 경찰, 정부, 교사 같은 권위를 가진 인물을 대할 때 맹점이 있다. 그 이유에 관해서는 논쟁의 여지가 있는데, 내 나름의 이론은 있다.

나는 정말 중요한 사람을 만날 일이 있다면(가령 여왕이라든가 대통령 같은 사람) 부적절한 말이나 행동을 할 확률이 약 백 퍼센트라고 항상 말했다. 이유는 모르겠지만, 내 눈에는 엄청난 권위를 가졌다 한들 일단 한 명의 사람으로 인식된다. 그래서 만약 내가 여왕을 만난다 해도 내 뇌는 이렇게 생각할 것이다. '여기 친절해 보이는 할머니가 있군. 날씨에 관해 농담을 하고 남편이 죽은 후로 어떻게 지내는지 물어보자.' 어떤 식으로든 '멋져' 보이거나 반항적으로 보이려고 이러는 것이 아니다. 그보다는 권력층을 평범한 사람으로 대하는 것이 그릇되다는 생각 자체를 못 한다. 누군가가 옆에서 알려줘야 하고, 알려줘도 잘 모를 것이다. 간단히 말하면, 내가 여왕 앞에서 우연히 방귀를 뀌고 그것에 대해 농담하지 못하는 유일한 이유는 내가 실제로 여왕을 만날 확률이 지극히 적기 때문이다.

권위와 위계는 사회적 구조이며, 내가 열심히 설명했듯 자폐인 사회에는 그런 것이 포함되지 않은 듯한 우리만의 색다른 문화가 있다. 나는 자폐인이 진정한 평등주의자라고 말하는 것이 아니다(글쎄, 그러려고 했는데 아직 증거가 충분하지 않다). 그러나 우리는 분명 그런 독단적인 발상을 별로 좋아하지 않는 것 같다. 많은 자폐인이 권위를 노력해서 얻어야 하는 것으로 바라보고, 단순히 책임자 위치에 '있는' 것만으로는 충분하지 않다고 생각한다는 주장은 타당하다. 왜 책임자의 위치에 오른 것인지 합당한 이유를 보여줘야 한다. 보여준 후에도 책임자 위치에 있다고 해서 평범한 인간과 다르지는 않다.

실제로 이런 특성 때문에 사소하든 심각하든 까다로운 상황이 많이 생긴다. 한편으로 권위를 향한 두려움이 적은 것은 권력 있는 인물로부터 긍정적이고 귀중한 자질이라는 평가를 받을 수 있다. 예를 들어, 다들 하는 아첨을 삼가고 '사실을 있는 그대로 말하는' 직원으로서 상사와 긍정적인 관계를 구축할 수 있는 것이다. 그러나 다른 한편으로는 '존중이 부족한' 행동으로 간주되어 정반대의 효과를 가져올 가능성도 있다. 권위 있는 인물이 자폐인에 관해 전혀 아는 바가 없는 더 심각한 경우에는 상황이 눈 깜짝할 사이에 통제 불능으로 치닫기도 한다. 그가 경찰이라면 정말이지 위태로워진다. 자폐인이 적절한 수준의 두려움과 복종을 보이지 않는 경우 추궁당하고 심지어 체포될 수 있다(우리 지구상에는 더 나쁜 일이 일어나는 지역도 있더라).

독자 중에 고용주가 있다면, 이러한 특성을 인식하고 상사인 자신을 대하는 자폐인 직원에게 괜한 기대를 하지 않는 편이 좋을 것이다. 이 문제 때문에 곤경에 처하는 자폐인이 너무나도 많다. 자폐인에 관한 이해를 키워 그들의 권위에 대한 일반적인 태도가 더는 무례함으로 짐작되지 않아야 할 시기가 지나도 한참 지나지 않았나. 신경 전형성의 렌즈를 통해 자폐인의 행동을 관찰하고 잘못 해석하기보다는 선의를 베풀어 판단을 유보해달라고 고용주들에게 거듭 호소하고 싶다. 고용주는 자폐성 장애의 작동 방식에 관해 잘 알아야 한다. 그래야 자폐인 직원을 이해하고 그들이 업무를 잘 해낼 수 있을 테니까.

그러니까, 일하기를 원하며 신체적으로 일할 능력도 있지만 직업을 구하지 못하는 자폐인이 너무나도 많다. 이는 그들이 자기 자신을 부양해 독립적인 삶을 영위할 여력이 적다는 뜻이고, 이는 그들의 행동과 표준으로 정립된 행동이 미세하게 다르기 때문이다. 고용주들의 자폐성 장애에 관한 이해가 부족한 탓에 수천, 아니 수백만의 자폐인이 어려움을 겪고 있다. 이는 자폐인 사회의 문제가 아니다. 노동 사회의 문제다.

취업 면접이라는 기묘한 무대에서 문제가 급격히 커진다. 위에서 설명한 사례가 그런 경우다. 신경 전형성 사회의 취업 면접에서 눈맞춤이나 스몰토크, 허세, 자신감, 적절하고 재미있는 농담 같은 은근한 사교 기술이 얼마나 큰 비중을 차지하는지 고려하면, 자폐인 지원자에게는 진정한 장애물 코스라고 할 수 있다. 작정하고 눈을 흡뜨면 마치 취업 면접이 자폐인을 적극적으로 배척하기 위해 고안된 것처럼 보일 지경이다. 종종 업무 기술이나 능력보다는 사무실에서 얼마나 좋은 친구 노릇을 할지 알아보기 위해 면접을 하는 것처럼 느껴지기도 하는데, 이는 나와 맞지 않는다. 신경 다양인 지원자는 잔뜩 탈락할 수밖에 없으니까. 이런 상황이니 다음과 같은 간단한 배려를 해주면 어떨까.

▶ **미리 장소를 확인할 수 있게 해주거나 원격 면접을 허용할 것.** 지원자가 주변 환경의 변화와 낯선 장소가 야기하는 스트레스로 좌절하지 않도록 유의해야 한다.
▶ **지원자가 질문을 미리 볼 수 있도록 허용하고, 이를 비판하지 말 것.** 결국 자폐인은 질문을 처리하고 답변을 생각해내려면 시간이 조금 더 필요하다.
▶ **후보자의 사교성을 바탕으로 결정을 내리지 말 것.** 특히 직무 내용과 관련이 없는 경우에는 더더욱.

▶ **실제로 어느 정도의 업무 경험이 필요한지, 공고에 솔직하게 기재할 것.** 공고에는 업무 경험이 '필수적'이라고 해놓고 경험이 거의 또는 전혀 없는 우수한 지원자를 받아들이는 경우가 너무 많다. 우리 자폐인은 언어를 중요하게 여기기 때문에 공고에서 요구하는 자격이나 경험이 없다면 지원조차 하지 않을 것이다. 이는 공평하지 않다.

나는 회사와 고용주가 보다 긍정적인 고용을 해낼 수 있도록 돕기 위해 여러 일터를 방문해 신경 다양성이 어떤 것인지, 자폐인이 경험하는 직장이란 어떤 곳인지 설명할 때가 많다. 나는 그들에게 규칙과 기대치를 더 명확하게 해야 하고, 면접장에서 자폐인을 더 배려해야 하며, 자폐인은 데이터 마법사가 아니라는 사실을 알아야 한다고 설명한다. 매번 처음부터 (완전히 기본부터) 시작해야 한다. 다들 지식이라고는 없기 때문이다. 나는 고용주와 HR 부서가 여전히 영화 〈레인 맨〉을 언급하며 자기 회사에는 자폐인 직원이 없고 앞으로도 고용하지 않으리라 가정하는 모습을 지나치게 자주 본다. 글쎄, 고용할 수 있고 분명 고용하고 있을 것이다.

적절한 지원만 제공되면 자폐인도 다른 사람과 마찬가지로 생계를 꾸려갈 수 있다. '약간의 의사소통 조정'이나 '자폐성 장애의 작동 방식 이해'만큼 쉽고 저렴한 지원으로도 충분하다면, 돕지 않을 이유가 있을까?

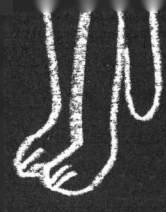

7장 ˆ 휴식이 스트레스

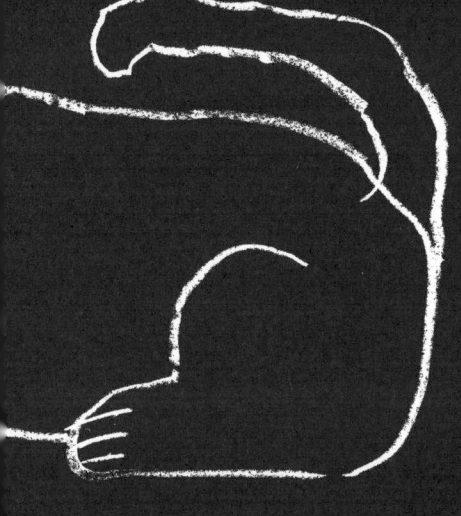

쉬려고 노력하기

지금부터는 잠시 딴 길로 빠져 ADHD에 관해 이야기할 생각이다. 자폐성 장애와 ADHD 사이의 연관성은 잘 알려져 있다. 그것들은 동시에 발생하고 특별한 방식으로 서로를 보완하는 것처럼 보일 때가 많지만, 우리는 그 둘이 어떻게 연결되어 있는지, 혹시 더 깊은 이상 증상의 발현인지 아직 알아내지 못했다. 사실, 자폐인은 ADHD인일 가능성이 매우 높다(그리고 더 넓게 생각해보면 난독증, 난산증, 실행 기능 장애도 이 관계에 포함될 수 있다) 그러므로 나는 이번 장에서 여러 개념을 교차해 언급하겠지만 미안스러운 마음은 접어두려 하고, 깜짝 놀랄 만한 진실을 고백하며 논의를 시작할 것이다.

나는 적어도 10년 동안 단 한 순간도 진정한 휴식을 취한 적이 없다고 생각한다.

많은 자폐인에게 자폐성 장애란 불안의 소용돌이 같은 삶을 뜻한다. 내가 이미 설명한 모든 것은(끊임없는 감각의 폭격, 타인과 그들의 동기에 관한 끝없는 오해, 우리의 실행 기능에 얽힌 지속적인 문제 등) 이 불안의 소용돌이를 가중한다. 이런 스트레스는 건강에 좋지 않으며, 자폐인의 짧은 기대 수명에 관한 냉혹한 통계에 상당히 기여하는 바가 있으리라. 따라서 이러한 스트레스를 성공적으로 관리해 이겨낼 수 있는 능력이 필수적이다. 그러나 나는 도무지 긴장을 늦출 수가 없다.

긴장을 풀려고 노력하는 법은 안다. 흥분한 뇌를 가라앉히고 순간의 평화를 찾기 위해 오랫동안 다양한 전략을 시도했다. 그 어떤 전략도 먹히지 않았으며, 한동안 먹혔다 해도 항상 효과가 떨어지고는 했는데, 보통 시기가 지극히 안 좋았다.

학창 시절 내내 심각한 경계 상태였던 것을 기억한다. 나는 이 경계 상태의 원인이 너무나도 끔찍했던 체육과 과학 실험 시간이라고 생각한다. 돌이켜보면 몸 전체가 긴장되어 있었던 때가 대부분이었던 것 같다. 근육이 딱딱하고 불편해 스포츠에 필요한 유연한 움직임이 불가능했다.

의사들이 주의하라고 조언하는 자폐인의 오래된 특징 중 하나가 로봇처럼 뻣뻣한 움직임이라는 사실은 흥미롭다. 사람들은 이를 스트레스 증상이 아닌 자폐성 장애의 특징으로(즉, 독자적인 문제로) 간주하는 것 같다. 나의 경우 이런 문제를 겪을 때는 전적으로 스트레스로 인해 근육이 뭉친 결과였다. 하지만 내가 정확히 무엇 때문에 스트레스를 받는 것인지 설명할 수는 없다. 적어도 구체적으로는. 내 어린 시절이 즐겁기만 한 것은 아니었지만 최악은 아니었다. 애정 넘치는 부모님이 나를 위해 최선을 다해주었고 딱히 끔찍한 일도 없었기에 내 끝없는 긴장감의 명확한 원인 한 가지를 찝어내기란 불가능하다. 내 스트레스의 원인은 언제나 모호하고 불분명하고 추상적이었고, 지금도 마찬가지다. 바로 이런 이유로 스트레스를 이겨내기 어렵다고 생각한다.

온갖 방법을 시도했다.

성인이 되자마자 음주라는 손쉬운 자가 약물 치료를 시작했다. 물론 단기적으로는 잘 먹혀들어 마법 같은 30분 동안 모든 것이 더 편안하고 고요해진다. 하지만 이 즐겁되 짧은 단계가 끝나면 모든 것이 두 배로 나빠지고 불안은 더욱 커진다. 아니, 술은 좋은 방법이 아니다. 비록 이 사실을 깨닫기까지 10년이 걸렸지만. 대안으로 나는 명상과 마음챙김, 침술, 심지어 요가에도 많은 에너지를 쏟았다. 그러나 이들 중 어느 것도 효과가 없었는데, 그 이유를 설명해보겠다.

짧은 시간 동안 마음챙김 상태에 도달할 수는 있다. 그러나 이 상태를 유지하려 한다면 팔로 눈사태를 막으려는 것과 같다. 용감하지만 무의미한 짓이다. 약간의 마음챙김을 '실행'하고 싶으면, 나는 내 뇌의 조용한 구석에 머물며 작은 것들에(왠지 모르겠지만 나는 이럴 때 나무를 보고 있으면, 특히 새순과 가지, 잎사귀를 보고 있으면 참 좋더라) 집중하고 호흡에 유의하려고 노력한다.

다만 내 머릿속은 얇은 회반죽 벽 아파트 같은 데다가 주민이 전부 시끄럽고 요란하고 끔찍하고 말썽인 것이 문제다.

내 마음은 다른 부분에서 분출되는 끊임없는 소음과 활동의 공격을 받아 구석구석 괴롭다. 마치 잠자려고 누웠는데 이웃이(그는 그라임 음악을 좋아한다) 인생 최고의 파티를 즐기고 있는 것 같다. 잠시 소음이 안 들리는 척 조용히 벚나무의 새순을 떠올리려고 애쓰지만 소용없고, 머지않아 문이 쾅 열리더니 머릿속 다른 공간의 소음과 야단법석이 맥주 네 캔을 든 채 비명을 지르며 달려나온다.

간단히 말하면 내 두뇌는 닥치는 법이 없다. **나는 자기 뇌가 끊임없이 말을 걸어오지 않는 사람들, 끝없는 내면의 독백 없이 사는 사람들이 있다는 전설 같은 이야기를 들었고, 그들을 질투한다.** 내 뇌는 침묵의 평안을 모르는 유난히 불쾌한 라디오 진행자와 같아서, 적막이 두려운 탓에 고요한 빈틈을 채우려고 줄곧 내 의식을 향해 무의미하고 무관한 관찰과 상념을 짖어댄다. '아, 저기 봐. 파란색 차가 있네. 방금 봤던 파란색 차와 굉장히 다르게 생겼네. 기억하지, 이상한 헤드라이트를 달고 있던 차. 그렇지만 여러 면에서 비슷하기도 해. 일단…'

나는 이런 것에 전혀 관심이 없다. 나는 자동차의 색깔, 번호판, 거리의 번지수 배열에 관심이 없다. 모자를 쓴 사람이 연속으로 다섯 명이나 지나갔다 해도 그게 뭐가 대수인가. 도로의 포장이 수년간 보수를 거듭하며 어떤 무늬가 생겼는지 개똥만큼도 관심 없다. 하지만 내 머릿속의 라디오 DJ에게 그렇게 말해보라. 귓등으로 흘릴 테니. 그들은 내가 이 모든 것에 관해 알아야 한다고 생각하고, 저항할수록 더 집요하게 군다.

이 문제에 도움이 될 만한 ADHD 약물이 분명 존재한다. 그러나 ADHD 진단을 받기 위해 대기자 명단에 이름을 올린 후로 2년이 지났고, 진단 없이는 약을 얻을 방법이 없다. 그래서 나는 멍청하고 시끄러운 뇌와 단둘이 남겨져, 볼륨을 한두 단계 낮추는 방법이라도 찾기 위해 최선을 다하고 있다. 머릿속의 소음 대부분은 ADHD로 인한 것이지만(일어나는 모든 일에 관한 끊임없는 '인식'과 자극을 차단하는 능력의 부재) 자폐성 장애가 소음과 상호 작용하는 방식이 매우 흥미롭다. 물론 단점도 있다. 자동차 번호판처럼 내가 어쩔 수 없이 주목하게 되는 것들의 성격이다. 끝도 없이 패턴을 발견하는 습관은 많은 자폐인이 공유하는 주요 특징이다. 이 특징 덕분에 데이터나 숫자, 프로그래밍과 관련된 직업에 탁월한 자폐인들이 있는 것이고, 내 두뇌 역시 이런 일을 잘해낸다. 물론 여기엔 치명적인 단점도 있다. 내 신경계에 갤럽이나 유고브 같은 데이터 회사가 세워진 것처럼 **내 옆을 스치는 모든 것에 관한 사소한 데이터들이 끝도 없이 수집된다.** 솔직히 말하면 제발 그러지 않았으면 좋겠다.

어떤 상황에서는 패턴을 찾아내며 마음을 진정하는 것도 가능하다. 어렸을 때 부모님, 여동생과 함께 집 거실에 앉아 있을 때 불안해지면 그런 식으로 마음을 달래던 기억이 난다. 그 시대(1990년대 중반) 대부분의 가족과 마찬가지로 우리 집에도 LCD 디스플레이가 있는 VCR이 있었다. 알다시피 그런 기계에서 시간은 8자 모양의 수평과 수직 막대기로 표시되어, 각 막대에 불이 켜지고 꺼지며 각 숫자를 표현했다. 자, 내 두뇌는 잠시 주의를 돌릴 재미있는 게임을 고안했는데, 표시된 시간의 수직 막대와 수평 막대를 차례대로 계산하는 것이었다. '08:00'에는 수직 막대가 16개, 수평이 9개였는데, 이건 다 세지 못했다. 반면 '22:31'에는 수직 막대가 8개, 수평이 9개였는데, 이건 다 셀 수 있었다. 우스꽝스럽게 들린다면 실제로 우스꽝스럽기 때문이지만, 굉장한 위안이 되기도 했다. 집안 분위기가 안 좋아지면(우리 집은 경제적으로 어려웠기 때문에 자주 발생하는 일이었다) 다 잊고 그 게임에 몰두할 수 있었고, 더 좋은 점은 1분 지날 때마다 새로운 게임이 시작된다는 것이었다! 수지맞았지.

이처럼 패턴 포착과 뇌의 지속적인 '활성화'라는 자폐와 ADHD의 교차가 유리하게 작용할 때도 있는데, 특히 특별한 관심사를 탐구할 때 좋다. 나의 시끄럽고 말 많은 두뇌가 결코 입을 다물지 않는다는 사실은 주요 관심사에 집중할 때면 긍정적인 것이 되고, 내면에서 타이태닉호나 레스터셔 북서부의 석탄 지대 등 그 순간의 관심사가 무엇이든 그것에 관한 엄청나게 매혹적인 다큐멘터리의 나레이션이 흘러나온다. 주절주절 혼잣말을 늘어놓는 DJ를 사랑할 수 있는 순간이다.

그러나 이 작은 위안조차도 끝없는 내면의 목소리 때문에 짜증스럽고 피곤한 현실을 해결하지는 못한다. 하지만 일어날 수 있는 최악의 상황은(정말 최악이고 나락이다) 자기 자신에게만 몰두하는 것이다. 주변 자동차의 제조업체를 끝없이 식별하는 목소리도 싫지만, 자기 내부의 두려움이나 의심, 불안을 하나하나 엄숙하고 잔인하게 읊는 목소리는 그야말로 끔찍하다. 나는 이것이 신경 다양성만의 문제라고 말할 생각은 없다. 그렇지 않으니까. 그러나 이러한 끈질긴 패턴 포착과 과한 몰입 기간이 수많은 자폐인의 공통점이라는 사실을 고려하면, 우리의 경험이 훨씬 더 강렬할 가능성이 크다.

 또 다른 예시는 내가 쉬고, 명상하고, 마음 챙김을 실천하려고 할 때 일어나는 일이다. 머릿속 구석 자리에 혼돈과 소음이 멀리 물러난 듯 적막한 순간이 찾아올 때도 있지만, 다른 곳에 있던 온갖 잡음이 나를 찾아내는 것은 시간문제일 뿐이고 (마치 감옥 영화에 등장하는 탐조등 달린 감시탑처럼 눈을 밝히고 나를 찾는 모습이 그려진다) 과한 집중력과 몰입력을 전부 발동해 끊임없이 떠든다. '아, 그래, 긴장을 풀려고 하는구나. 아, 알겠어. 호흡 관찰하는 걸 도와줄게. 아냐, 그건 너무 짧잖아. 아니라니까. 봐, 지금은 호흡이 이상해. 그냥 호흡에 관해 생각하지 마. 알았어, 호흡을 계속 관찰해. 이봐! 거기 심장은 왜 그래? 두근거리는 거야? 아, 또 그러는데. 심장 박동을 잘 지켜보라고⋯.'

 영원히 이런 식이다.

흥미롭게도 내가 아는 자폐인 중에는 내가 방금 설명한 현상을 겪는 탓에 '심기증'으로 분류되는 사람이 많다. 나는 비자폐인 대다수가 자기 신체의 작동 방식에 관해 깊은 고민 없이 삶을 살아간다고 생각한다. 그들은 몸을 혹사하면서도 지극히 만족한다. 그러나 나는 항상 생각이 지나치고 자기 성찰에 몰두하는데, 그 경향이 건강 문제에도 적용되어 가령 걷는 방식에 대해 과하게 고민하다가 결국 듣도 보도 못한 이상한 방식으로 걷는 식이다. 결과적으로 나는 내 뇌가 탐조등을 비추는 다양한 감각과 두근거림, 박동과 통증에 관해 걱정하며 너무 많은 시간을 허비한다. 이는 내부 수용 감각과(허기, 갈증, 고통을 알려주는 감각으로, 아이러니하게도 일부 자폐인의 경우 전혀 기능하지 않는다) 다른 것이다. 정반대로 작동하기 때문이다. 나는 내 몸이 보내는 신호를 듣기보다 내 몸 안의 모든 감각에 집착한다. 그 감각이 좋든, 나쁘든, 좋지도 나쁘지도 않든 상관없다. 내부 수용 감각은 유용하며 인체를 유지하는 데 도움이 된다. 체내 시스템 전반에 대한 과한 몰입은 별로 유용하지 않다.

미세한 통증이라도 전부 잠재적인 문제로 인식된다. 심장 박동이 한 번 엇나갈 때마다 심장 마비의 조짐이라고 생각한다. 배가 쑤실 때마다 식중독을 걱정하고, 내면의 독백은 외부 세계를 향할 때도 성가셨으나 이제 몸 안에 집중한 채로 여기저기서 수신한 과잉 정보를 어떻게 처리해야 할지 모르니 난리가 난다. 쉽게 상상할 수 있듯 이는 내 끝없는 불안에도 도움이 되지 않는다.

흥미롭게도 이러한 내부 지향적 과잉 분석은 '감정 표현 불능증alexithymia', 즉 자신의 기분과 감정을 인식하는 데에 심각한 어려움을 느끼는 증상과 공존할 수 있다. 많은 자폐인은 자신이 느끼는 감정이 무엇이고 왜 그런 감정을 느끼는지 파악하는 데에 어려움을 겪고 있다고 말한다. 나는 정의하기 어려운 방식으로 폭 넓은 불편감을 느낀 적이 셀 수 없을 만큼 많다. 정확히 어떤 감정인지 도무지 짚어낼 수가 없다. 가령 부러움 같은 감정을 불러일으킬 만한 일이 발생하면 (내가 아는 사람이 새로운 레고를 사거나 하는 등) 나는 그 후 한동안 막연한 불안감을 느낄 것이다. 종종 다른 사람의 도움을 받아 약간의 진지한 내면 성찰과 집중을 거친 후 내가 실제로 시샘하고 있다는 사실을 깨닫기도 한다. 따라서 과한 걱정과 몰입력이 발동된 결과 체내 시스템을 대상으로 상세한 생물학적 분석을 개시해 결함과 잠재적인 문제를 탐색하는 와중에도, 이 모든 것이 심각한 걱정이나 불안, 두려움을 야기하고 있다는 사실은 전혀 눈치채지 못할 수 있다.

자폐인과 함께 살거나 일하면서 왜 우리가 그렇게 예민하고 스트레스를 받는 것인지 궁금해한 적이 있다면 주변의 자폐인이 신체에 대한 집착 때문에 고생하고 있지는 않은지 고민해 보면 좋을 것이다. 이런 식으로 끊임없이 불안해하고 민감성의 '스위치가 켜져' 있다면 자칫 치명적인 상태가 될 수 있기에, 그들이 긴장을 풀 수 있도록 도울 수 있는 가능한 모든 수단을 동원해야 한다. 가장 좋은 방법 하나는 과거에 효과가 있었던 수단을 상기하는 것이다. 모든 자폐인을 대변할 수는 없지만, 나는 스트레스가 심할 때 머리를 비워줄 수 있는 몇 가지 활동이 있어서(가령 샤워나 음악 듣기) 누군가가 넌지시(PDA, 병리학적 요청 회피를 잊지 말 것!) 그런 활동을 제안해주면 정말 유용하더라.

우리 자폐인이 살아남으려면, 표준적인 방법 중 그 어느 것도 먹히지 않을 때 성공적으로 불안과 스트레스를 제어해줄 수 있는 방법을 꼭 찾아야 한다. 운 좋게도 자폐인에게는 그런 경우에 자연스럽게 사용할 수 있는 선택지가 있다. 이것이 사회적으로 용납할 수 없는 행동이라는 사실이 안타까울 뿐이다….

자기 자극 행동으로 진정하기

지금까지 자기 자극 행동에 관해 몇 번 언급했지만, 그것의 진정한 의미를 제대로 설명하지는 않았다. 자기 자극 행동을 이해하는 것은 자폐 경험의 전체를 이해하는 것이며, 자폐인이 자신의 기분과 두려움을 관리하는 방법에 관한 이번 장보다 더 좋은 소개 기회는 없을 것 같다.

자기 자극 행동을 뜻하는 '스티밍stimming'이라는 말은 자폐인 사회에서 우리의 필요에 적합하다고 동의하는 듯한 비공식적 용어다. 이 단어는 1970년대에 '자극stimulation'이나 '자극적인stimulatory'이라는 단어를 축약해 만든 것 같다. 21세기에 신경 다양성의 삶에서 필수적인 부분을 차지하는 행동을 설명하는 데에 사용되며 폭발적인 인지도를 얻었다. 이는 많은, 아니 대다수의 자폐인이 자신의 기분을 조절하기 위해 사용하는 신체적, 때로는 언어적 행동을 뜻한다. 압력을 방출하는 안전밸브라고 할까.

　이러한 동작은 일반적으로 반복적인 특성이 있으며 매우 촉각적이다. 특정 움직임이나 소리를 반복하기도 하고, 펜에서 자물쇠에 이르기까지 여러 종류의 작은 물체를 계속해서 '만지작거리기'도 한다. 부드러워서 기분이 좋은 장난감이나 옷감을 쓰다듬는 것 같은 질감의 요소가 포함된 경우도 있지만, 움직임 자체로 마음을 진정하는 경우가 많다. 자기 자극 행동은 자폐인마다 각양각색이지만 손 펄럭이기, 몸 앞뒤로 흔들기, 발 구르기, 춤추기, 단어 반복하기, 손뼉치기, 그 외에도 완전히 색다른 것들이 있다.

　자기 자극 행동의 흥미로운 점은 보편성이다. 모두가 어느 정도 자기 자극 행동을 한다. 거기 앉아서 이 책을 읽는 독자 여러분도 자신은 자기 자극 행동 따위 하지 않는다고 비웃으며 발을 두드리거나 볼펜의 버튼을 만지작거리고 있겠지. 내 말이 맞을걸. 이는 인간이 스트레스나 불안에 반응하는 방식이다. 가스 요금 따위를 걱정할 때 우리 몸에서 생성하는 듯한 불안한 에너지를 태워 없애는 것이다. 우리는 어려운 전화 통화를 할 때면 방 이쪽저쪽으로 왔다 갔다 서성이고, 걱정거리가 있을 때면 관자놀이를 문지르고 머리를 만지작거린다. 이런 보편성이 있는 만큼 이 주제에 관해서는 신경 전형성 사회도 자폐인 사회와 공감할 수 있어야 한다.

그러나 일반적으로 그런 공감은 없다.

첫째, 신경 전형인 공동체에는 고질적인 문제가 있는데, 바로 자폐성 장애와 자신의 공통점이 보이면 무시하려는 습성이다. 그 중요성을 강조하는 자폐인들은 '두더지 흙 두둑을 보고 산이라고 호들갑떠는 것'이라며 일축한다. 자신의 장애를 공개적으로 밝힌 자폐인이라면 잘 알 것이다. 우리가 상처받을까 봐 두려운 마음을 무릅쓰고 직면한 문제 하나를 공유하면 "글쎄, 다들 어느 정도는 그렇지 않나요?"라든가 "내 생각엔 누구나 그런 행동을 하는 것 같은데!" 하는 발랄한 대답이 날아온다.

연대를 보여주려는 의도일 수도 있지만, 이런 발언은 항상 우리가 겪는 어려움을 축소하는 결과로 이어지며, 더 강하고 더 나은 사람들은 아무렇지도 않게 받아들이는 문제를 가지고 신음하는 것처럼 느끼게 한다. **자폐인은 자존감에 큰 상처를 입게 되는데, 이런 일이 시도 때도 없이 일어난다.** 그래서 자기 자극 행동은 신경 전형성 사회에 인식됨으로써 이상하게도 이해가 아닌 수치심의 원천이 되는 경향이 있다. 신경 전형성 사회에서 귀 기울여야 할 사실, 받아들여야 할 사실은 자폐인에게 자극은 훨씬, 훨씬 더 큰 문제라는 것이다.

자폐인이 비자폐인 다수에 비해 일상적으로 훨씬 더 높은 수준의 스트레스와 불안 속에서 살고 있다는 사실을 지금까지 이해하지 못했다면 나는 나의 주요 목표를 달성하지 못한 것이다. 우리는 감각적 민감성과 일방향성 집중력으로 인한 끊임없는 과잉 자극, 사회적 어려움으로 인해 늘 스트레스를 받는다. 항상 '가스 요금에 관한 난감한 통화'를 하고 있는 셈이랄까. 그러므로 우리는 비자폐인보다 훨씬 더 많이 자기 자극 행동을 해야 한다.

나는 어렸을 때 자기 자극 행동이 '나쁜' 짓이라고 배웠다. 구체적인 내용은 기억나지 않지만 후유증은 확실하다. 내 자기 자극 행동은 (심각한 격앙 상태가 아니라면) 전부 숨기기 쉬운 작은 움직임이다. 스트레스를 받으면 발을 심하게 꿈틀거리는 편인데, 배처럼 커다란 신발 덕분에 직장에 있을 때나 밖에서 돌아다닐 때 그 움직임을 알아차리기가 어렵다. 엉덩이를 씰룩거리는 자극도 있다. 벨리 댄서 같기는 한데 아무래도 우아함은 훨씬 덜한 것 같다. 다시 말하지만, 책상 뒤에 앉아서 상반신만 똑바로 고정하면 상대적으로 숨기기 쉽다.

그러므로, 고고학자처럼 현재의 증거를 통해 과거에 관한 결론을 도출해보자면, 분명 어느 시점에 자극을 숨겨야 한다는 필요성을 깨달은 것이다. 그렇지 않다면 왜 그렇게 미묘하고 '무해'하겠나? 이쪽이 말이 되는 것이, 자폐인은 자기 자극 행동으로 공격당하는 일이 많다. 자기 자극 행동은 자폐성 장애의 가장 확연한 특성 중 하나라서, 이 미개한 세상에서 자폐인이 괴롭힘을 당하거나 여러 가지 나쁜 대우를 받는 가장 큰 원인으로 작용한다.

자폐인과 비자폐인의 자기 자극 행동은 서로 다른 모양새다. 그래서 어떤 상황인지 잘 알지 못하는 비자폐인이 자폐인의 자기 자극 행동을 목격하면 혼란스럽고 경악스러울 수도 있다. 그렇지 않았으면 좋겠다. 인간이 자기만의 방식으로 공존할 수 있는 종족이었으면 좋겠지만, 현실 감각을 잃어서는 안 되겠지. 자폐인의 자기 자극 행동은 신경 전형적 행동 양식과 **다른** 만큼 반응을 유발할 가능성이 높다.

우리는 다름을 좋아하지 않기에 자폐인은 자신의 자기 자극 행동이 환영받지 못한다는 사실을 매우 빠르게 (그리고 종종 고통스럽게) 깨닫는다. 눈에 덜 띄는 자기 자극 행동을 익힌다든가 혼자 있을 때만 자기 자극 행동을 하는 것은 자폐성 가면 쓰기의 또 다른 예시가 된다. 그리고 가면 쓰기가 결국 어떤 결과로 이어지는지, 우리 모두가 알고 있지 않은가.

그러므로 자폐인이 스트레스 수준을 조절하고, 세상을 경험하고, 즐거운 생활을 하려면 필요에 따라 자기 자극 행동을 할 수 있는 자유가 있어야만 한다. 그도 그럴 것이, 자기 자극 행동은 끔찍한 일에 대한 비참하고 우울한 반응이 아니다. 그것은 감정을 표현하고 삶을 경험하는 즐겁고 훌륭한 수단이 될 수 있다. 온라인에서 활동하는 자폐인들은 특히 트위터와 틱톡에 자기 자극 행동 영상을 공유했다. 인식과 이해를 높여 자폐인의 자신감을 북돋우려는 것이다. 영상 속의 자기 자극 행동은 그저 긍정적일 때가 많다. 인생의 흥미진진한 순간을 함께하는 춤과 손짓, 감사나 만족을 표시하기 위한 율동적인 몸짓 등이다. 무엇보다도 자폐인의 자기 자극 행동을 보면 비교할 수 없는 해방감과 자유로움을 느낀다. 오랫동안 길들여진 탓에 억제되고 숨겨진 내 자기 자극 행동과는 너무나도 다르다.

자기 자극 행동은 자폐인의 삶에서 필수적인 부분이고, 신경 전형적 사회의 기대 때문에 무너지고 망가질 때가 잦다. 거리에서 자기 자극 행동을 하는 사람을 마주쳤을 때 무턱대고 경계하지 않는 아량을 베풀면 어떨까.

자기 자극 행동이란 것이 존재한다는 사실을 기억하고, 그들이 해야 할 일을 할 수 있도록 그대로 둘 것. 반복적인 움직임과 소리를 증거로 무섭고 이상한 사람이라고 결론짓지 말고, 인생을 살아가는 법을 배운 자폐인이라고, 자신의 기쁨과 슬픔을 표현하는 법을 배운 자폐인이라고 생각하면 어떨까. 자기 자극 행동을 자폐인 특유의 몸짓 언어라고 생각하면 좋겠다.

미리 계획하기

나는 우연히 교사가 되었다. 진심으로 하는 말이다. 내가 기억하는 한 나에게는 평생 장기적인 계획을 세울 능력이 없었다. 내게 5년 후 목표를 설정하고 이를 향해 꾸준히 노력한다는 발상은 화산에 마법의 반지를 빠뜨리기 위해 모험을 떠난다는 발상[47]만큼이나 허무맹랑하다. 면접에서 '5년 후 당신의 모습은 어떨 것 같나요?'라는 질문을 받는다면, 진심 어린 대답은 '살아있기를 바랍니다' 뿐이다.

정확한 이유는 모르겠다. 나는 자폐인들에게 그들도 나와 같은지 여러 번 물어보았는데 공감하는 경우도 있었다. 그러나 많이들 공감하지 못했다. 실로 상당수의 자폐인이 장기 계획을 세우고 이를 위해 열심히 노력하기를 즐기는 것 같다. 이는 우리가 자폐에 관해 알고 있는 기존의 정보와 들어맞는다. 뭐랄까, 장기 계획이 특별한 관심사로 진화한 결과 아닐까. 마찬가지로 많은 ADHD인들이 장기 계획에 있어 유사한 문제를 겪고 있다고 하는데, 이는 ADHD가 집중력이 흐트러지고 새로운 자극 때문에 산만해지는 장애라는 사실을 고려하면 말이 되는 이야기다. 직감에 의하면, 적어도 내 경우에는, 이것도 자폐와 ADHD가 전부 작동한 결과인 것 같다.

정확한 원인이 무엇이든, 계획이라는 주제는 분명 이 책에서 다룰 만하다.

나의 미래를 향한 시력은 확실히 근시다. 내가 안정적으로

---

[47] 판타지 소설이자 영화 반지의 제왕 시리즈의 설정.

처리할 수 있는 미래 계획은 최대 한 달 쯤이다. 일주일은 기껍고 분명하며, 그 정도의 관리 가능한 기간 동안에는 내 행보를 예측하고 계획할 수 있다. 이삼 주라고 하면 안개 속에 들어간 듯 흐릿하게 느껴지기 시작한다. 4주가 넘는 기간은 어떤 수준의 정확도로도 예측하기가 불가능해 그냥 포기할 뿐, 어떤 세부사항도 고민할 수 없는 거대한 '가능성'으로 남을 뿐이다. 이 책을 예시로 들어보겠다. (나 역시 아주 최근까지 그랬듯) 출판계에 익숙하지 않은 사람들을 위해 설명하자면, 책이 초기 구성 단계부터 매장에서 구입할 수 있는 물성을 갖기까지 약 2년의 시간이 소요되는데, 실제 집필 과정 자체는 그중 비교적 짧은 기간을 차지한다. 이 책의 경우 내가 만족할 만한 수준의 원고를 집필해 보내기까지 여섯 달이 소요되었다(물론 외부 편집자가 뒤이어 더 오랫동안 작업했지만). 독자 중에 수학자가 있다면 알 텐데 여섯 달은 한 달보다 상당히 긴 시간이라, 책을 써야 했던 대부분의 기간 동안 나에게 큰 문제를 안겨주었다. 책의 최종 마감일이 저 멀리 어두운 안개 속에 있어 도저히 가늠할 수 없었던 것이다.

    마감일이 다가오자 날짜를 가늠하기가 조금 수월해졌고, 그에 따라 작업에 대한 집중력이 높아졌으며 하루 작업량도 증가하기 시작했다. 중요한 사실은 내가 단 한 번도 공황에 빠지지 않았다는 것이다. 결국 나는 어떤 실질적인 위기도 없이 여유 시간까지 남기고 집필을 마쳤다. 단순히 말하자면 나는 책을 쓰는 기간의 초반 약 80퍼센트 동안 원고 완성을 막막해하며 허송세월했으나 후반 20퍼센트의 기간 동안에는 높은 효율성과 집중력을 발휘했다. 자폐인과 ADHD인 상당수는 어떤 일이든 작업의 대부분을 마감일이 다가오기 직전에 수행한다는 사실이 많이 알려져 있는데, 혹시 원인이 미래 근시는 아닐까. 종종 미루는 습관 때문이라는 설명도 마주치게 된다. 음, 내 〈마인크래프트〉 플레이 시간을 보면 이것도 분명 원인 중 하나라는 사실을 알 수 있다. 그러나 장기적인 목표와 시간 척도를 명확하게 이해하는 능력이 없다는 사실도 연관이 있는 듯하다. 미루는 습관이 원인이라면 마지막 몇 주 동안 미칠 듯한 공황과 두려움을 느껴야 말이 된다. 현실은 그 반대였다.

일단 원고가 완성되면 매우 오랜 기간의 수정과 발전 단계가 시작된다. 물론 편집이 완료되어야 하고, 표지 디자인도 정해야 한다. 앞표지나 뒤표지에 잔뜩 삽입될 빛나는 추천사를 받기 위해 여기저기 연락해야 한다. 필요한 경우 색인을 준비하고 마케팅 전략을 짜야 한다. 집필 작업에 착수한 지금(내가 글을 쓰고 있는 현시점으로부터 출판까지 약 11개월 남았다), 이 책이 서점 선반에 오를 날은 나에게 본질적으로 환상에 가깝다. 내가 화성 표면을 산책하는 모습을 상상하기 힘든 것처럼 11개월이 지난 시점도 상상할 수 없다. 말끔하게 완성된 형태의 책을 손에 쥘 수 있다니 웃음이 나올 정도로 멀고 낯선 미래라 일상 속에서 한가하게 할 일을 하는 동안 잠시라도 진지하게 고민하지 못한다. 청소년이 언젠가 부모가 될지도 모른다고 상상하는 것처럼, 언젠가 경험할지도 모르는 모호하고 추상적인 미래로 취급할 수 있을 뿐이다.

그래, 내게 있어 미래는 실제로 도달할 수 없는 신비와 경이의 영역이다.

미래 계획과 맺은 이런 독특한 관계는 흥미로운 영향을 미친다. 행사나 중요한 날짜를 챙기기가 어려워진다. 안타깝게도 부모의 삶에는 날짜 챙길 일이 많다. 학교 배치와 백신 접종 예약부터 생일 파티와 멋진 크리스마스를 계획하는 것까지 한둘이 아니다. 내가 할 수 있는 말은 우리의 경우 이런 일을 처리할 부모가 둘이라 매우 다행이라는 것이다. 상당 부분이 실행 기능 장애와 관련되어 있다. 기억하겠지만 실행 기능 장애에는 이런 일상 관리의 어려움이 포함되고(효과적으로 우선순위를 정하지 못하거나 의사 결정이 힘든 것 등) 미리 계획을 세우기 힘든 것도 마찬가지다. 내가 읽은 관련 글들은 전부 계획에 느끼는 어려움이 실행 기능 장애가 다른 방식으로 발현된 결과라고 간주했다. 내 경우는 그보다 복잡하다. 한 달 이상의 미래를 상상할 수 없다는 것과 밀접하게 얽혀 있는 듯하다. 그도 그럴 것이, 개념화조차 할 수 없는 미래를 어떻게 계획할 수 있겠는가? 얼마나 많은 자폐인과 ADHD인이 동의할지 궁금해진다.

신경 다양성을 지닌 지인이 있다면, 이 특정한 어려움을 인식하는 것이 정말 중요하다고 생각한다. 문제는 이처럼 '미래에 맹점'을 지닌 사람들은 일반적으로 준비가 부족한 사람, 생활에 젬병인 사람들로 비춰진다는 것이다. 우리도 이런 현실을 어쩔 수 없다는 것, 우리가 이러한 '단점'을 보완하기 위해 매우 열심히 노력하고 있지만 여전히 부족하다는 것을 고려하지 못한 결과다. 결과적으로 최선의 방책은 동정심을 보이고 우리가 어려움을 해결할 수 있도록 있는 힘껏 도와주는 것이다. 나는 내 책이 세상에 출간된 미래를 상상할 수 없었지만, 다른 작가들과 이야기를 나누며 도움을 받았다. 그들은 책 집필의 실질적인 업무를 더 자세히 설명해주고 경험을 구상하도록 도왔다. 실질적인 도움을 줄 수 있다면, 그를 위해 계획을 조금 세워줄 수 있다면 더욱 좋다. 내가 주기적으로 말했듯이 자폐성 장애는 장애다. 그러므로 우리 자폐인은 도움을 줄 '능력'이 있는 사람들에게 도움을 요청하며 속상해해서는 안 된다.

비행기, 기차, 자동차

모든 교통수단은 자폐인에게 특별한 문제를 안겨준다. 저마다 높은 장벽을 자랑한다. 버스는 와자하고 공항은 겁이 나도록 분주하며 자동차 운전은 혼란스럽고 복잡하다. 내가 여기서 탐구할 문제들은 모두 매우 심각하다. 그도 그럴 것이 특정 장소에 도달하기 위한 기동력은 매우 중요하며, 일반적으로 자폐인 사회는 이동의 자유를 확보하는 데에 실질적인 어려움을 겪는다.

믿든 말든 개인의 자유고 구글의 검색 자동 완성 기능은 이것이 많은 사람에게 놀라운 사실임을 시사하지만, 자폐인도 운전하는 법을 배울 능력이 있으며 아주 훌륭한 운전자가 되기도 한다. 나는 다른 사람들보다 늦게, 20대 중반에 운전을 배웠다. 앞서 언급한 사전 계획이 없다는 것도 이유 중 하나였다. 운전 강습과 시험을 계획하려면 내 능력을 벗어난 수준의 개인 정비 능력이 필요하기 때문이다. 어린 시절 자동차를 삶의 필수 요소로 경험한 적이 없었기 때문이기도 하다. 내 모든 친구나 친척들과는 달리, 내 유년 중 상당 시간 동안 우리 가족은 자동차가 없었다. 우리는 형편이 그다지 좋지 않았기에 주로 재정적 결정이었지만, 아버지가 운전에 관심이 없기도 했다. 결과적으로 자동차를 소유해 여기저기로 운전한다는 생각은 책을 출간해 상점에 진열한다는 생각만큼 멀고 막연했다. 과거의 파트너가 배우기 시작하는 바람에 운전을 한다는 발상에 익숙해지기 시작했고, 그에게서 막대한 도움을 받아 스트레스 심한 연습생 운전자의 세계를 통과해 귀중한 면허증을 획득한 결과 쉬는 시간이면 전국을 돌아다니게 되었다.

실제로 나는 운전을 즐긴다. 운전은 뇌용량을 적당히 소모해 도로에서는 평소와 다른 적막을 경험하고는 하며, 내가 하는 생각 중 가장 훌륭하고 차분한 것들은 고속도로에서 운전하는 동안 떠올린 것들이다. 휴식과 정신적 고요가 내게 매우 드문 일이라는 사실을 고려하면 굉장한 이득이다. 안타깝게도 고속도로 운전은 평화로운 생각을 자극하는 방법 중에서도 비용이 상당히 많이 드는 축에 속하기에 내 지갑과 지구를 위해 원하는 만큼 활용할 수는 없다. 그래도 운전은 그 자체로 어려운 일이다. 주로 도로에 있는 타인들의 예측 불가능성 때문이다. 삶의 다른 영역에 존재하는 의사소통의 차이는 결국 운전의 세계에도 그대로 넘어오는데, 이는 다른 운전자가 사용하는 의사소통 방식이 나에게 엄청난 스트레스와 걱정을 안겨줄 수 있다는 뜻이다. 가령 (적어도 영국에서 통용되는) 유서 깊은 전조등 깜빡이기 관습을 생각해보라. 이제 나는 이것이 좁은 길에서 양보를 받았을 때처럼 감사를 표할 때 사용된다는 것을 경험으로 알고 있다. 그러나 아이러니하게 사람들은 짜증이나 분노를 표현할 때도 전조등을 깜빡인다. 반대편에서 차가 오는데도 내가 스티븐 킹 소설에 나오는 크리스틴[48]처럼 전조등을 환하게 켜고 광적으로 운전한다면 그쪽에서 전조등을 깜빡일 수 있는 것이다. 나는 이 소통 방식이 혼란스러워진 나머지 내 차의 전조등을 깜빡였다가 자칫 오해를 살까 봐 아예 깜빡이기를 멈추고 말았다.

마찬가지로 나와 자동차 경적의 관계도 완전히 망가졌다. 다른 사람들은 항상 갖가지 이유로 경적을 울리고, 필요가 생길 때마다 더없이 능숙한 태도로 '빵'하고 또렷한 소리를 내는 듯해 신기하다. 나로서는 참 당황스러운 것이, 내가 다른 운전자

---

[48] 스티븐 킹의 동명 호러 소설 『크리스틴Christine』에 나오는 초자연적 자동차. 차에 탔던 승객들이 연달아 죽는다.

때문에 심각한 위험에 처했다면, 운전대의 정확히 한 부분을 찾아 주먹으로 두들겨 패는 방식으로 불만을 표현해야겠다는 생각은 좀처럼 떠오르지 않을 것 같기 때문이다. 그보다는 참담한 마음으로 땀을 뻘뻘 흘리며 운전대와 클러치, 브레이크를 이용해 안전한 곳에 도달하기 위해 집중할 것 같다. 분노의 경적 소리를 추가해 이미 난감한 상황을 더 복잡하게 만들 이유가 뭘까. 내게 자동차 경적이란 비명 소리와 똑같다. 예외적인 상황을 제외하고는 실제로 사용할 필요가 없는 강력한 도구인 것이다. 내가 이런 관점을 갖게 된 것은 자폐인으로서 자동차 경적에 거부 반응을 일으키기 때문이다. 나는 갑작스러운 큰 소음을 좋아하지 않는다.

직접 차를 운전할 때 어떻게 의사소통을 해야 할지 결정하는 문제도 난해하기는 하지만, 대중교통은 완전히 새로운 차원의 까다로움을 수반한다.

나는 과거에 꽤 좋은 버스 서비스를 제공하는 도시에 살았다. 노팅엄과 브리스톨은 과연 그럴듯한 버스 서비스를 자랑하는데, 승객이 가고자 하는 곳에 데려다준다는 과제에 성공적인 편이라 나는 여러 번 버스를 이용했다. 하지만 그 경험이 즐거웠다고 말할 수는 없다. 자폐인인 나에게 버스 타기는 정말 어려운 일이다.

그러나 버스는 자폐인에게 매우 중요하다. 우리는 평균적으로 비자폐인보다 수입이 적고 상당수가 절박한 재정적 어려움에 처해 있다. 그러므로 버스는 우리가 다소 먼 곳으로 갈 수 있는 유일한 이동 수단일 수 있다. 게다가 엘러스-단로스 증후군과 자폐성 장애의 긴밀한 관계를 보면 알 수 있듯, 자폐는 걷기가 힘들어지는 신체적 장애를 수반하는 경우가 흔하다. 이제 자폐인이 버스에 의존하는 이유를 알 수 있으리라. 안타까운 일이다. 왜냐하면 버스로 이동하는 일은 일반적으로 자폐인에게 상당히 피곤하고 힘겹기 때문이다.

첫 번째 문제는 예측 불가능성이다. 유머 감각이 남다른 시의회와 버스 회사는 버스 정류장마다 시간표를 붙여놓고 브리스톨 템플 미드로 가는 다음 버스가 오전 9시 47분에 도착할 거라고 자신 있게 선언한다. 이렇게 구체적인 숫자는 시간표가 오차 없이 정확하다고 암시한다. 시간표라면 어떤 것이든 액면 그대로 받아들이는 나는 말갛고 순진한 얼굴로 정류장에 미리 도착해 스트레스 없는 단순한 여정을 기다린다. 그리고 현실을 깨닫는다. 버스 시간표는 그저 허구인 것이다. 내 일상이 최대한 유지될 수 있도록 세상이 광고한 대로 돌아가야 하는 사람에게 오전 9시 47분 버스가 오전 9시 30분에서 오전 10시 30분 사이에 언제든 도착할 수 있다는 사실은 별로 도움이 되지 않는다.

실시간 업데이트 시스템이 도입된 후로 세련된 정류장에서는 버스의 위치가 점점이 표현되어 큰 도움이 되지만, 의심하던 사실을 확인받을 수 있을 뿐이다. 그러니까, 버스가 예상한 시간에 도착하지 않으리라는 사실.

물론 논리로는 왜 이런 상황이 일어나는지 이해한다. 기차 노선은 훨씬 적은 수의 차량이 운행되며 직원들이 촘촘하게 지켜보지만, 버스 도착 시간은 교통량에 따라 달라지기에(도로에서는 수많은 사람이 자동차를 운전하며 서로 무작위로 경적을 울린다) 정해진 시간을 유지하기가 매우 어렵다. 물론 도착 시간이 마구잡이인 원인을 이해한다고 해서 버스를 탈 수 없는 현실이 바뀌지는 않는다.

그리고 또 다른 문제는 버스가 거의 항상 승객으로 가득하다는 사실이다. 어린 시절에 나는 종종 덜거덕거리는 작은 '여우 클럽' 버스를(1990년대에는 레스터셔의 모든 버스 회사가 말을 타고 여우를 쫓다가 죽여버리는 동네 주민들의 취미를 기념했다) 타고 할아버지와 할머니를 만나러 갔다. 버스는 항상 텅 비어 있었고, 근심 없이 덜컹거리며 즐겁게 영국의 시골길을 달렸다. 나는 이 여행길이 좋았다. 성인이 되어서야 텅 빈 버스란 굉장히 예외적인 현상이고 적어도 도시에서는 으레 정원이 꽉 차고는 한다는 사실을 깨달았다. 자폐인이 감당하기 힘든 감각의 난국이다. 소음과 냄새, 열기는 답답하고 불편해 숨이 막힐 정도고, 낯선 사람의 몸이 내 어깨와 다리에 세게 닿는 느낌은 견디기 힘들다. 나는 브리스톨의 버스에 탔다가 슬립낫[49] 공연에

---

[49] 1990년대부터 활동한 미국의 헤비메탈 밴드. 짐승 울음 같은 그로울링과 기괴한 디자인의 가면이 특징이다.

서 거대한 슬램존[50]을 탈출하는 관객처럼 떠밀려 멍들고 숨 막힌 상태로 내린 것이 몇 번인지 셀 수조차 없다. 요즘에는 버스를 타야만 하는 상황이라면(다행히도 딱히 다니는 곳이 없어 이런 상황은 드물지만) 버스가 나를 심리 탈진 직전으로 몰고 가리라는 사실을 고려하고 그에 따라 남은 하루를 계획해야 한다.

기차는 더 쾌적하다. 기차 여행은 훨씬 더 체계적이고 조직적이다. 뭐, 영국에서는 기차가 얼마나 제멋대로인지 농담을 하지만 그래도 버스보다는 훨씬 낫다. 기차는 정기적이며 이해하기 쉬운 경로로 전국을 관통하고, 정류장에서 머무는 시간도 버스보다 훨씬 길다(신체적 장애가 있는 사람에게는 버스가 정류장에 머무는 시간이 1000분의 1초쯤 된다는 사실이 전혀 도움이 되지 않는다). 나는 내렸던 기차에 타서 두고 온 짐을 되찾아 기차가 떠나기 전에 다시 내린 적도 여러 번 있었다. 심각한 실행 기능 장애가 있는 사람에게는 좋은 일이다.

기차는 조금 더 넓은 편이고, 보통 제대로 작동하는 에어컨을 갖추고 있어 버스에서 심각한 문제를 일으킬 수 있는 최악의 열기와 냄새를 걸러내는 데에도 도움이 된다. 비상시에 호출할 수 있는 도우미 역할을 하는 승무원이 있고, 역에는 편의시설이 많이 갖춰져 있다. 하지만 일부 자폐인에게는 기차 여행도 부담스러울 수 있다. 기차 시간표를 이해하기란 굉장히 어렵

50 특히 메탈 밴드가 공연할 때 스탠딩석 한복판에서 서로 몸을 부딪치고 때리며 음악을 즐기는 공간.

다. 역에 있는 거대한 숫자의 벽은 자신이 무엇을 보고 있는지 정말 잘 아는 사람이 아니라면 전혀 이해할 수 없다. 기차역이 있는 건물, 특히 (버밍엄역처럼) 거대한 역사는 숨겨진 승강장이라든가 지금은 2020년대인데도 잔돈을 내야만 쓸 수 있는 화장실 같은 것 때문에 미로처럼 복잡해 도움이 되지 않는다. 또한 역은 종종 시끄럽고 지저분하며, 곧 알아들을 수 없는 안내 방송이 울려 퍼질 것임을 알리는 종소리가 10초마다 평화를 조각낸다. 소리를 필터링하는 데에 어려움을 겪는 자폐인에게는 뒤에서 디젤 엔진이 회전하고 아이들이 소리치고 경적이 울리는 와중에 아나운서가 무어라 말하는지 해독하는 것이 불가능할 수 있다.

그러나 그 어떤 것도 (정말이지 그 어떤 것도) 공항이라는 악몽 같은 장소에 비견할 수 없다.

비행기 여행에 연관된 모든 것이 자폐인을 파괴하기 위해 만들어진 것 같다. 물론 의도적으로 그런 것은 아니겠지만, 왠지 그렇게 보인다. 실제로 학교와 비슷하다. 직장과도. 그리고 세상과도. 비행기 여행의 가장 큰 문제는 처음부터 끝까지 감각 폭격이 이어진다는 것이다. 공항은 거대하고, 인파가 바글바글하거나 소름 끼칠 정도로 텅 비어 있어서 (도무지 중용을 모르는 공간이다) 우리는 바퀴 달린 거대한 여행 가방을 끄는 수천 명의 사람들에게 떠밀리고 괴롭힘당하거나, 끔찍한 소음과 끊임없는 안내방송에 겁에 질린다. 또는 소리가 울리는 텅 빈 공간에 혼자 덩그러니 앉아 비행 날짜와 시간을 잘못 읽었다고, 어쩌면 그날 아침 터미널이 폭발 철거될 예정일지도 모른다고 상상하며 공포에 사로잡힌다. 둘 다 즐거운 상황은 아니다.

　승객을 공중 수송하는 시스템이란 진정한 도전 과제다. 출발 시간표를 바라보고 게이트에서 호출될 때까지 기다리며 몇 시간을 보내다가(우리는 비행기 출발 14시간 전에 도착하라는 조언을 매우 진지하게 받아들인다), 터미널의 게이트 번호는 논리보다는 혼돈의 법칙에 의거해 정해졌다는 사실을 깨닫는다. 결국 우리가 내려가야 하는 끝없는 복도를 찾았을 때는 우리가 모든 것을 망쳤을까 봐 두려움에 떠는 것도 더는 참을 수 없을 지경이 된다. 그도 그럴 것이, 위험은 크고 시스템은 끔찍할 정도로 혼란스럽다. 비행기가 우리를 남겨두고 떠나버렸다는 두려움, 이제 영원히 움직이는 바닥과 향수 가게의 미로에서 방황해야 할지도 모른다는 두려움이 생생하다.

　마침내 게이트가 보여 불안이 잦아들려는데 엄청난 인파가 눈에 들어온다. 사람들이 밀려들어 이렇게 많은 좌석을 채우는 것을 보고 있자니 마치 거실에 홍수가 일어나 물이 차오르는 광경을 보는 기분이다. 이제 남은 것은 조용한 체념, 바다를 쳐야 하늘로 올라갈 수 있겠다는 예감뿐이다. 어쩌면 옆자리가 비어 나 혼자 앉게 될지도 모른다는 희미한 희망은 증발해버린다. 공식적인 인물이 그 어디에도 보이지 않아 불안감이 다시 커진다. 우리를 비행기에 태울 항공사 직원은 어디에 있지? 내가 게이트를 잘 찾았나? 일이 어떻게 돌아가고 있는 거야? 그리고 좌석에 안전하게 자리 잡았을 때쯤에는(소음 제거 헤드폰을 머리 위 선반에 넣어버렸다는 사실을 너무 늦게 깨닫고), 이미 불안에 엉망진창이 된 상태다. 마지막으로 비행기에 탄 것도 벌써 6년 전인데, 솔직히 비행기 없는 생활에 완벽히 만족하고 있다.

비행기 참사는 오래전부터 나의 특별한 관심사 중 하나였다. 이유는 모르겠지만, 나는 비행기 참사에 매혹과 두려움을 똑같이 느낀다. 내가 지금껏 읽어서 알게 된 사고만 해도 수백 건에 달하리라. 어렸을 때 내 방 창문을 통해 M1 고속도로에서 발생한 케그워스 항공 참사를 목격한 결과일 수도 있지만 (그런 사건은 오랫동안 영향을 미치고는 하니까) 원인이 무엇이든, 나는 공중의 비행기를 추락시킬 수 있는 수많은 원인을 하나도 빠짐없이 알고 있다. 따라서, 상상할 수 있겠지만, 내가 탄 비행기가 공중에 떠 있는 시간 동안, 온갖 경고음과 삐걱거림, 흔들림이 내 지나치게 민감한 귀와 눈에 감지되고 끔찍한 재앙에 관한 거대한 데이터뱅크와 비교 분석되며 나는 불안과 불행에 덜덜 떤다. 모든 자폐인이 특별한 어려움을 겪는 것은 아니지만, 이는 특별한 관심사가 뒤통수를 칠 수도 있다는 사실을 보여주는 훌륭한 예시다.

자폐인을 위해 이동 수단 경험을 개선할 수 있는 몇 가지 방안은 다음과 같다.

▶ **비행기 객실에 먼저 탑승할 수 있는 장애인 그룹에 자폐인을 포함할 것.** 인파가 밀어닥치기 전에 먼저 비행기에 타서 자리를 잡을 기회가 주어진다면 우리의 스트레스에 큰 도움이 되리라고 믿는다. 이것이 이미 표준적인 정책이 되었다고 생각하고 싶지만, 이와 같은 상황에서 자폐성 장애가 장애로 포함되지 않는 경우가 많다는 점을 고려하면 확신이 서지 않는다.

▶ **공항의 표지판을 더 명확하게 표현할 것.** 당연하게도 공항 표지판을 다국어로 바꾸기 위해 많은 노력을 기울이고 있으니, 조금만 더 노력해 공항 내의 이동 경로를 보다 직관적으로 바꾸면 과거에 와본 경험이 없는 승객도 쉽게 이동할 수 있으리라. 솔직히 말해서 이것은 논리적이고 명확한 것을 좋아하는 자폐인뿐만 아니라 혼란에 빠져 공항 안을 헤매는 거의 모든 이용객에게도 도움이 될 것이다.

▶ **기차와 버스 운행 쪽에서도 교육이 중요하다.** 운전사, 승무원, 표 판매원이 신경 다양성이라는 개념에 정통하도록, 자폐성 장애가 승객의 경험에 어떤 영향을 미칠 수 있는지 이해하도록 교육해야 한다. 큰 문제가 생겼을 때 약간의 동정심은 큰 도움이 될 수 있다.

▶ **마지막으로, 가능하다면 자폐인의 이동 스트레스를 줄여줄 것.** 중간에서 만나는 것보다 어쩌면 그들의 집에서 (적어도 집과 가까운 곳에서) 만날 수도 있다. 차로 데려다줄 수도 있고, 아니면 역에서 만나 함께 이동해도 좋지 않을까? 이동과 관련된 스트레스

를 줄이는 방법에는 여러 가지가 있다.

그리고 여행의 가장 좋은 점이 뭘까? 도착한 후에 집으로 돌아오기 위해 똑같은 짓을 반복해야 한다는 것이겠지. 그것도 모국어가 통하지 않는 곳에서!

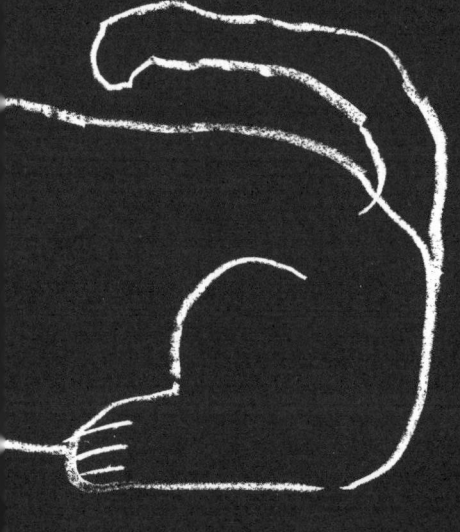

8장 정의를 향한 열렬한 마음

옳고 그름

모든 자폐인은 흠잡을 데 없이 논리적이고, 우리의 뇌는 컴퓨터처럼 규칙과 사실을 엄격하게 적용하며, 우리가 세상을 바라보는 관점은 스프레드시트의 관점과 크게 다르지 않다는 사라지지 않는 거짓된 믿음이 있다. 사회가 굳게 믿는 자폐성 장애에 관한 관념 상당수와 마찬가지로 이는 거짓이다. 실제 이야기는 이보다 훨씬 더 복잡하다. 하지만 여기에는 일말의 진실도 있다. 자폐인은 세상에 일관성이 있기를, 그러니까 세상이 자기만의 규칙에 맞게 굴러가기를 열렬히 바란다.

자폐인은 무엇이 옳고 합리적이고 공정한가, 라는 문제에 매우 깊고 강한 감정을 느끼는 듯하다. 이것은 우리가 절대 틀리는 법 없는 도덕의 심판관이라는 말이 아니다. 그도 그럴 것이 공정성에 관한 감각은 특권과 경험, 양육 등과 같은 다양한 요인의 영향을 받을 수 있기에 타인의 의견이나 가치와 일치하지 않을 수 있는 것이다. 그렇지만 공정성을 향한 강한 감정과 확신은 많은 자폐인의 특징으로 보인다.

나는 학교에서 교사로 일할 때 이런 특징을 많이 목격했다. 자폐인 학생들은 부정의를 좌시하는 법이 없었다. 만약 다른 학생이 무슨 잘못을 이유로 훈계를 들었는데(글쎄, 종이비행기를 던지거나 콘센트에 플레이도우 찰흙을 끼웠다고 해보자) 실은 그가 한 짓이 아니며 자폐인 학생이 이 사실을 알고 있다면 정의가 실현되기를 요구할 것이다. 나는 평소에는 전혀 목소리를 내는 법이 없고 어떤 식으로든 소란을 일으키지 않는 학생이 부당한 처벌을 가하려는 교사 앞에서 정당한 분노로 끓어오르는 모습을 보았다. 이렇듯 적절한 윤리를 바라는 것은 자폐인의 일반적인 특성인 듯하다.

이런 특성의 핵심은 세상에 일관적인 논리성이 있고, 단단한 인과관계가 적용되며, 진실과 이성이 항상 거짓과 환상을 누르고 승리하리라는 기대감이다.

나는 우리 자폐인 중 상당수가 실제 세상은 그런 식으로 돌아가지 않는다는 사실을 잘 받아들이지 못한다고 생각한다.

불합리한 세상

지금 이대로의 세상에는 자폐인을 위한 환경이 조성되어 있지 않으며 이것이 끊임없는 불행의 원천이라는 사실이 지금쯤은 분명해졌기를 바란다. 모든 감각적 압박, 계획의 어려움, 다른 사람과의 끝없는 의사소통 문제 등 모든 것이 세상은 적대적이고 불쾌한 곳이라는 느낌을 준다. 그러나 안타깝게도 이것은 단지 시작일 뿐이다. 자폐인은 세상의 부조리함, 특이한 행동 양식이나 태도, 증오, 편견 때문에 낯선 세계에 도달한 불청객이 된 기분일 수 있다.

경험상 자폐인은 패턴을 포착하고 주어진 상황의 규칙을 발견하는 데에 능숙한 경우가 많다. 결국 이것이 우리가 가면 쓰기를 잘해내는 이유다. 우리는 규칙을 알아내 게임을 한다. 문제는 규칙을 알아낸다고 해서 부정행위를 하려는 사람을 대처하는 법까지 알아낼 수는 없다는 것이다. '지구'라는 게임의 규칙은 이해하기 쉽고 단연코 준수하기도 매우 쉽다. 거짓말하지 말고, 다른 사람을 해치지 말고, 함부로 대하지 말고, 친절하고 공평하고 진솔하게 대하기. 나는 종교 같은 것의 도움 없이도 이 규칙을 이해할 수 있었다. 물의 순환이나 나무의 바람만큼 자명하니까. 하지만 이런 규칙을 따를 필요가 없다고 생각하는 사람이 많은 것 같다.

가령 요즘 사람들은 마치 정직성이 유행에 뒤떨어진 가치인 것처럼 거짓말을 한다. 작은 거짓말도 충분히 나쁘다. 친구들이 자신의 성취를 과장하려고 하는 거짓말, 내 딸이 거실 카펫 구석구석에 묻은 반짝이를 치우고 싶지 않아서 하는 거짓말 등. 이런 거짓말은 자기 나름의 방식으로 해를 끼치는데, 왜 이런 사소한 거짓을 늘어놓는지 목적조차 의아할 때가 있다. 하지만 권위 있는 조직들과 인물들이 떠드는 거대한 거짓말은 정말이지 이해할 수 없다. 그들은 종종 현실과 너무 동떨어져 있고 너무 쉽게 반증되기 때문에 거짓말을 해서 어떤 이익을, 최소한 어떤 장기적인 이익을 얻을 수 있는지 알 수가 없다. 내가 보기에 세상은 진실을 고수해야만 제대로 작동할 수 있다. 사회와 세계, 인류 문명이 계속 번영하고 발전하기를 원한다면 어떤 희생을 치르더라도 진실은 지켜져야 한다. 이것은 매우 기본적인 관념이지만 그래도 다들 거짓말을 한다.

정치인들은 자신의 행동, 목표, 야망, 정책에 관해 거짓말을 한다. 기업은 이익, 생태계에 미치는 영향, 직원을 대우하는 방식에 관해 거짓말을 한다. 국가는 외교 정책, 전쟁, 국민의 안녕에 관해 거짓말을 한다. 21세기는 매 순간마다 거짓말 위에 거짓말이 켜켜이 쌓여 있어 대체 진실이 무엇인지 짐작하는 것조차 불가능할 정도다.

어쩌면 진실을 흐리는 것이 목적인 걸까.

이는 모두에게 혼란스러운 일이지만, 자폐인은 이러한 환경에서 더욱더 큰 고통을 느낀다고 믿는다. 그것은 우리가 좀처럼 헛소리에 설득되지 않기 때문일 수도, 거짓말을 원래 위험한 것으로 인식하기 때문일 수도 있다. 어쨌든, 자폐인은 질서와 이성의 파괴로 인한 악영향을 매우 강하게 감각한다. 우리는 치솟는 스트레스를 이겨내기 위해 일과와 패턴, 예측 가능성을 꼭 붙들고 산다. 따라서 세상이 '제멋대로 굴며' 기본적인 논리를 무시하는 것처럼 보일 때마다(가령 기후 변화에 끔찍한 무심함으로 대응한다든가 코로나바이러스의 영향에 유능하게 일관적으로 대응하지 않는다는 예가 있는데, 이것이 전부는 아니다) 우리는 정말이지 혼란스럽고 일어나고 있는 일들을 받아들이기 힘들다.

내가 보기에는 다들 그저 어깨 한 번 으쓱하고는 이 말도 안 되는 현실을 받아들이는 것 같더라. 그들은 지난 몇십 년 동안 거짓말의 규모와 영향력이 엄청나게 커졌다는 사실을 무시하며 "아, 정치인은 원래 거짓말을 하는 법이야"라고 말한다. 우리가 열심히 무시하고 있는 기후 재앙의 결과에 관한 이야기를 들으면 "아, 나는 따뜻한 날씨를 좋아하니까 괜찮을 거야"라고 대꾸한다. 그러나 나는 이런 식으로 반응하지 못하며, 우리 자폐인 중 상당수가 나와 비슷하다.

우리는 이러한 나쁜 징후를 무시하지 못한다.

우리는 어깨 한 번 으쓱하고 계속 일상을 살아갈 수 없다. 대신 논쟁하고, 싸우고, 항의하고, 소란을 일으킨다. 물론 우리만 그런 것은 아니다. 많은 비자폐인이 선한 투쟁을 이어가고 있다. 하지만 나는 자폐인이 이러한 문제에 유난히 집중력과 성실성이 강하다고 생각한다. 생각해 보면 지금 이 시국에 매우 유용한 자질이다.

현재 지구상에서 가장 유명한 사람 중 한 명은 자폐인이다. 그레타 툰베리는 다가오는 기후 재난에 관한 엄정한 과학적 사실을 소통함에 있어 결코 머뭇거림이 없다. 학교에 가기를 거부하는 방식으로 문제에 대한 인식을 높였던 툰베리의 첫 번째 저항은 간단한 동시에 효과적이었다. 화석 연료 산업의 노예가 된 사람들이 제시하는 말도 안 되는 반박에 대응하지 않으며, 세상이 계속 존재하기를 원한다면 과학자들의 말을 들어야 한다는 일관적인 메시지를 전달했다.

내 생각에 이 메시지의 단순성은 자폐인 특유의 명확한 의사표현을 보여준다. 쓴 약에 설탕을 바르려는 노력도, 악의에 찬 반대자들과 협상할 생각도 없다. 왜냐하면 그렇게 해봤자 아무 소용이 없기 때문이다. 사회가 생존하고 인류가 번영하려면 과학에 귀를 기울이고 지구를 대하는 방식을 개선해야 한다.

내가 생각하기에 사고의 명료함, 주의를 흩어놓으려는 무의미한 미끼에 넘어가지 않는 무던함은 자폐의 특성인 것 같다. 나는 '자폐성 장애는 초능력'이라는 식의 서사를 피하려고 최선을 다한다. 자폐인의 삶이 얼마나 어려운지 생각하면 그런 서사는 매우 해롭기 때문이다. 하지만 이 경우에는 진실에 가깝다. 어떤 사람들은 이것이 자폐의 '목적'이라고 주장하기도 하는데, 이는 흥미롭되 잘못된 발상이다.

나는 자폐성 장애에 '목적'이 있다고 생각하지 않는다. 자폐는 단순히 **존재**하며, 우리는 자폐가 세상에 제공하는 것을 활용할지 활용하지 않을지 선택할 수 있을 뿐이다. 그러나 자폐인이 스스로 틈새시장을 개척할 수 있을지 고민하면 과연 흥미롭다. 헛소리를 걷어내고 문제의 핵심에 도달하는 능력은 혼란스럽고 위태롭고 양극화된 현실 세계에서 강력한 변화의 주체가 된다. 나는 장애를 이용한 '영감 포르노'[51]를 싫어하지만, 자폐인이 세상을 구할 수도 있지 않을까 가끔 궁금해진다….

하지만 자폐인이라고 해서 이러한 '능력'이 자동으로 생기는 것은 아니다. 내가 사고의 명료함이 자폐의 특징인 것 같다고 말할 때, '인 것 같다'는 단호하지 않은 어미에 방점을 찍었다. 나는 자폐인들이 비난의 영역을 넘어서는 사람들, 항상 완벽한 도덕과 선을 실천하는 사람들이라는 인상을 주고 싶지는 않다. 그렇지 않으니까.

가령 자폐인이 또래 압력에 취약하다는 사실은 심각한 결과를 초래할 수 있다. 남성 자폐인은 청소년부터 성인까지 극우 사상에 특히 취약한 듯하다. 극우 이념은 (우리와 그들의 싸움이라든가 희생양이 되었다든가 하는) 순진할 정도로 단순하고 명확한 논리에 기반을 두고 있기 때문이다. 이러한 사상이 실제로 얼마나 공허하고 사악한지 이해하는 데에 필요한 지식이 없으면 강한 매력을 느낄 수도 있다. 누군가가 세심하게 조작할 경우, 청소년 자폐인은 특히 온라인에서 위험한 담론에 빠져들고 조금씩 도리를 벗어난 견해와 발상을 지지하게 될 가능성이 있

[51] 비장애인이 장애인이 살아가는 모습을 보면서 자기 삶의 영감이나 동력으로 삼는 것. 장애인이 운동 경기에서 메달을 따거나 학교를 졸업하는 등의 성취를 이룬 모습을 가리키며 '장애인도 하는데 나는 못 할 이유가 없다'는 식으로 반응하는 것이 좋은 예다.

다. 실생활에서 또래들로부터 수년간 배척당하고 부당한 대우를 받았으니 그들이 극우적 정치 신념이 제공하는 기만적인 유혹에 빠지는 것도 어느 정도 납득이 되기는 한다.

그리고 이것이 모든 자폐 아동이 적대적인 학습 환경에서 더 많은 지원과 더 세심한 양육을 보장받아야 한다는 근거가 되어주지 못한다면, 무엇이 그 근거가 될 수 있을까.

자폐인은 종종 근본적인 문제를 단번에 파악하고, 누군가가 관심을 돌리려고 미끼를 흔들어도 꿈쩍하지 않는 모습을 보여준다. 일방향성이 자연스럽게 유지되는 덕분에 진정 중요한 것에 집중하는 능력이 평균 이상일 수 있으며, 이런 이점을 활용해 변화를 이끌어낼 수 있으리라. 물론 그럴 만큼 건강해야겠지만. 실은 우리의 앞길을 가로막는 것들이 엄청나게 많다.

편견에 맞서 싸우기

장애인이 편견과 배려 부족으로 고통받는다면, 이는 '장애인 차별주의ableism'다. 다른 '차별주의'와 마찬가지로, 구체적인 구성원이 누구든 다수 집단이 소수를 향해 무지와 고의적인 학대를 휘두를 때 나타나는 결과다. 흥미로운 점은 장애인 차별주의가 인종차별과 성차별, 동성애 혐오가 어느 정도 경험했던 대규모 인식 제고와 투쟁을 (그 결과는 여전히 충분하지 않더라도) 아직 경험하지 못했다는 것이다. 장애인 차별주의는 줄곧 자유롭게

확산되고 지속되었으며, 최근 인식 개선과 가치관의 변화가 이루어졌음에도 여전히 장애인의 삶에 좀처럼 인식되지 않는 상당한 악영향을 미치는 고질적인 단계에 이르렀다.

그들에게 사회가 접근하기 어렵고 적합하지 않기 때문이든, 자폐성 장애가 본질적으로 사회 구조를 무력화시키기 때문이든(이것은 많은 자폐인이 동의하지 않는 관점이다) 자폐인은 장애인이며, 장애인 차별주의의 희생자가 될 수 있다. 실제로, 이 책의 앞부분에서 내가 설명한 많은 어려움과 불합리한 대우들, NHS가 자폐성 신경형을 포용하지 않는 것이라든가 직장에서 기록되지 않은 규칙을 따르도록 고집하는 것에 이르기까지 전부 장애인 차별주의의 예로 간주할 수 있다. 이 모든 것은 인식과 포용과 배려의 부족으로서 우리 자폐인에게 큰 악영향을 끼친다. 그러나 나는 개념으로서 장애를 이해하고, 그에 맞게 장애인 차별주의를 위협으로 인식하기가 힘들다.

내 문제는 너무 늦게 진단을 받았다는 것이다. 내게는 자폐성 장애와 ADHD, 심각한 우울증, 이 세 가지 장애가 있는데, 전부 30대 중후반이 되어서야 증상이 확연해졌다. 그래서 나는 내가 장애인이라는 사실을 전혀 모른 채로 인생의 대부분을 살았고, 가감 없이 털어놓자면 장애인에 관한 고민은 사실상 없었다고 해도 무방하다. 가면 증후군[52]은 진단이 늦은 자폐인에게

52 자신의 성취를 노력이나 실력이 아닌 운의 결과로 간주하며 자신을 인정하지 않는 심리.

흔히 나타나는데, 나는 정도가 심각하다. 나는 이제 내게 장애가 있다는 사실을 알고 받아들일 수 있지만, 여전히 나 자신이 가짜, 사기꾼, 거짓말쟁이라고 느낀다. 이것은 합리적이지는 않지만(가면 증후군 자체가 비합리적이잖아?) 강력해서, 차별주의에 대응할 때 과잉 반응하는 듯한 인상을 준다. 내가 실제로는 자폐인이 아니기 때문에 화를 내면 안 될 듯한 기분이 된다.

    내가 이 이야기를 하는 이유는 주로 같은 기분을 느끼는 동료 자폐인과 연대하기 위함이다. 자폐성 장애는 보이지 않는 장애로 알려져 있으며, 우리의 도전과 투쟁이 장애로 분류될 만하다고 수긍하기 어려울 수 있다. 그러나 나는 그 문제를 한쪽으로 치워두고, 지금껏 이 책에서 이야기한 수많은 접근성 문제를 넘어, 자폐인이 직면하는 장애인 차별주의의 몇 가지 뚜렷한 예를 탐구하려 한다.

    먼저 언어 사용을 고민해보자. 우리가 자신을 설명하기 위해 사용하는 단어는 사소해 보일 수 있으며, 내가 공유할 예시는 다른 소수 집단이 겪는 언어 문제에 비해 어느 정도 미미해 보일 수 있지만 더 넓은 문제, 더 심각한 불편감을 암시한다. 이 책에서 내가 신경 다양인 동족들을 '자폐성 장애가 있는 사람'이 아니라 '자폐인'이라고 부른다는 사실을 눈치챘을지도 모르겠다. 이것은 매우 의식적인 선택이다. '자폐성 장애가 있는 사람'이라는 용어는 마치 자폐성 장애가 우리가 가지고 다니는 물건인 것처럼, 우리 목에 무겁게 매달린 짐인 것처럼 들린다. 자폐인 상당수가 이는 정확한 표현이 아니라고 생각한다. 반면 '자폐인'은 우리의 자폐성을 전면에 내세워 그것을 우리 존재의 핵심 부분으로 강조하고 그것이 우리가 부끄러워할 일이 아니라는 사실을 분명히 밝힌다.

하지만 그 이상이다. 이는 사람들이 귀 기울이는지 확인하는 편리한 방법이기도 하다. 자폐인은 자신에게 귀 기울이지 않는 사람들에게 익숙하다. 우리는 특별한 관심사에 관해 이야기할 때 무시당하고, 우리 자신에 관해 설명할 때 무시당하고, 지구에는 여러 신경형이 살고 있다는 사실을 모두에게 알려주려고 애쓰며 기력을 잔뜩 소진할 때도 무시당한다. 그리고 비자폐인이 지나친 자신감을 발휘해 온라인 대화에 끼어들어 '아, 자폐인이라고 말하면 안 되고, 그에게 자폐성 장애가 있다고 말해야 해요'라고 한다면, 이는 그가 대다수의 자폐인이(최근 조사에서는 80퍼센트 이상) '사람을 먼저 언급하는 언어person first language'[53]를 거부한다는 사실에 귀 기울이지 않는다는 뜻이다. 유감스럽게도 이런 일은 자주 발생한다. 우리는 이를 뻔한 이유로 '에이블스플레인ablesplain'[54]이라고 부른다.

---

[53] '자폐인autistic person' 같은 표현은 장애를 사람보다 먼저 언급하니 지양하고, '그에게 자폐성 장애가 있다person with autism'라는 식으로 사람을 먼저 언급한 뒤 장애를 언급하는 방식의 언어.

[54] 비장애인이 장애인에게 그가 이미 알 만한 내용을 가르치듯 설명하는 행위. 남성이 여성을 가르치려고 드는 것을 뜻하는 '맨스플레인'을 변형한 표현.

자폐인의 목소리가 무시당해서 생기는 가장 큰 아픔은 우리가 세상으로부터 아무런 도움도 받지 못한다는 것이다. 지난 10여 년 동안 우리는 더 널리 이해되고, 받아들여지고, 심지어 인정받기 위한 노력의 일환으로, 미디어가 끊임 없이 내놓는 저질적인 자폐인 재현에 줄곧 맞서 싸워야 했다.

이것은 매우 중요한 일이다. 소수자가 영화나 TV 등의 미디어에서 정확하고 긍정적으로 표현되는 모습을 목격하는 경험은 그들 공동체에도 긍정적이겠지만 사회 전반에 엄청난 영향을 미칠 수 있다. 예를 들어, 나는 레고의 미니 피규어가(레고 세트에 들어 있는 작은 인간들) 모든 사람을 재현하기 위해 다양한 표현을 시도하는 현상이 아주 즐겁다. 의족을 장착한 레고 미니 피규어나 휠체어를 쓰는 미니 피규어가 등장한 것이 그 예다. 이는 훌륭하고 긍정적인 장애 재현이며, 자신감을 북돋고 의식을 높이는 데에 큰 도움이 될 수 있다.

하지만 미디어의 자폐인 재현을 찾아보면 강하든 약하든 불쾌감이 느껴지는 저질의 고정관념투성이다. 〈다 잘 될 거야 Everything's Gonna Be OK〉 같은 훌륭한 드라마와 엘 맥니콜이나 홀리 스메일 등의 작가가 쓴 책처럼(저자 본인이 신경 다양형이라 등장인물 묘사에 큰 이점이 있었다) 몇 가지 주목할 만한 예외를 제외하면, 〈레인 맨〉과 그전까지 거슬러 올라가는 용납할 수 없는 구닥다리 희화화된 인물들에 도전하는 자폐인 인물은 거의 없는 형편이다.

지난 몇 년 동안 음악가 시아의 영화 〈뮤직 바이 시아〉가 논란을 일으켰다. 이 영화 속 비자폐인의 자폐인 연기는 과연 전 세계 수많은 자폐인을 향한 공격이었다. 비자폐인이 자폐인을 연기하고 비자폐인이 자폐인에 관한 대본을 쓰다니 충격적이며, 잠시 머리를 비우고 고민해보면 완전히 용납할 수 없는 일이라는 사실을 알 수 있다. 미디어 세계에 진출하려고 애쓰는 자폐인 작가와 배우가 많이 있지만, 자폐인 조카가 있으면 자폐성 장애에 관한 영화를 만들기에 충분한 자격이라고 믿는 사람들이 일자리를 꿰어차기 일쑤다. 자폐성 장애가 미디어에 정확하게 재현된다면 자폐인 사회에 엄청난 이익이 될 것이다. 자신감이 부족하고 스스로 어떤 종류의 '대중'에도 속하지 못한다고 느낄 때가 잦은 사람들에게 큰 힘을 줄 것이며, 동시에 일반 대중에게 자폐인의 경험이 실제로 어떤지 알려줄 수 있을 것이다. 안타깝게도 아직 갈 길이 먼 것 같지만.

그리고 믿기 힘들겠으나 이것이 끝이 아니다. 영국과 미국 양국에서 상당히 경악스러운 문제 하나가 아직도 해결되지 않았다. 자폐인을(아니면 자폐인의 부모라도) 돕기 위해 설립한 듯한 자선단체와 조직의 지도부에 자폐인이 없는 경우가 많다는 사실이다. 미디어에 자폐인에 관한 재현이 부족한 현실은 차차 시정할 수 있는 문제다. 그러나 우리 자폐인을 지원하기 위한 자선단체 지도부에 자폐인이 없다니, 재앙이다. 변명의 여지가 없다. 나야 능력이 없지만, 놀라운 통찰력을 제공할 뿐만 아니라 동시에 운영 업무까지 굳건하게 해낼 수 있는 자폐인이 수백, 수천 명은 있으리라. 이와 관련하여 몇 가지 긍정적인 사례가 있기는 하다. 아일랜드 국립 자폐성 장애 자선단체AsIAm Ireland는 CEO가 자폐인이며, 일부 영국 자선단체는 적어도 상황을 개선하려고 노력하고 있다. 그러나 자폐인이 간과당하고 무시당하는 현실을 이보다 더 여실히 드러내는 증거가 있을까.

그리고 나는 화가 난다. 당연하다. 나는 자폐인이고, 이는 비합리적인 상황이니까.

너무 전형적인 세상 속에서 자폐성 장애 알리기

나는 약 5년 동안 온라인 공간에서 자폐성 장애 '홍보대사'로 활동했다. 홍보 활동은 우연히 시작됐는데, 계기는 트위터에 자폐인으로서 경험한 현실에 관해 긴 스레드를 올린 것이었다. 내 글은 많은 인기를 누렸고, 이 책은 그 결과다. 진단을 받은 이후로 내가 자폐성 장애에 관해 배운 모든 것을 망라해 책을 집필하게 된 것이다. 그러나 당연히 내 지식과 경험에는 한계가 있으므로, 나는 이 한계를 인정하고 독자의 자폐성 장애 탐구에서 다음 단계는 무엇이 될지 알려줌으로써 이 책을 마무리하고 싶다.

자폐성 장애는 우리 현실을 여실히 드러낸다. 지구상의 상상할 수 있는 모든 인구 집단에는 자폐인이 있지만, 세간의 이목을 끄는 자폐인 홍보 대사들은 자폐인 사회를 균등하게 대표하지 못한다. 다른 영역과 마찬가지로 자폐인 사회에서도 발화가 가능한 백인, 시스젠더, 서양인 중심이고, (항상 그렇지는 않지만) 중산층의 목소리가 가장 큰 편이다. 분명 나 자신도 이러한 인구 집단 묘사에 속하므로, 한 가지 제안을 하고 싶다. 이 책을 출발점으로 삼아달라.

전 세계의 자폐인이 마땅히 받아야 할 공정하고 합리적인 대우를 받으려면, 온갖 종류의 자폐 경험을 경청하고 이해할 기회가 있어야 한다. 그러기 위해서는 거대한 자폐인 공동체 내부에 존재하는 소외된 집단의 목소리와 글을 인식할 필요가 있다. 왜냐하면 이러한 교차성은 자폐성 장애가 삶 속에서 발현되고 영향을 미치는 방식에 큰 역할을 하기 때문이다.

나는 자폐 공동체 내부의 주요 인구 집단 중에서 비발화 집단에 관한 인식을 높이고 싶다. 수년 동안 우리는 말로 의사소통하지 않는 자폐인을 위해 '비언어non-verbal'라는 용어를 사용했다. 하지만 이것이 전혀 도움이 되지 않는 부정확한 용어라는 사실이 분명하다. '비언어'라는 용어는 어떤 종류의 언어 사용도 없다고 암시한다. 즉 감정과 생각을 소통 가능한 단어로 표현하는 것이 완전히 불가능함을 의미하지만, 이는 비발화 자폐인의 진실과 거리가 멀다. 비발화 자폐인들은 내면세계에 완전한 언어가 있고 다른 사람들과 마찬가지로 풍부한 생각과 발상을 품고 있으나 이러한 생각과 발상을 외부 세계와 소통할 수 없는 것이다. 사람들은 그들의 능력과 삶을 두고 부정확한 가정을 하고, 가정은 굳어져 좀처럼 무너지지 않으며, 결국 고정관념과 편견으로 변한다.

비발화 자폐성 장애를 홍보하려고 마음먹으면 이러한 가정이 전부 얼마나 잘못된 것인지 알 수 있으리라. 히가시다 나오키의 『내가 점프하는 이유The Reason I Jump』 속 책장마다 깃든 놀라운 통찰부터 하리 스리니바산 같은 비발화 자폐인들의 멋진 블로그라든가 엘리자베스 봉커의 연설에 이르기까지, 이제 우리에게는 비발화 자폐인으로서 이 세상에 살며 겪는 것들에 관한 이야기가 많다. 비발화 자폐인은 AACAlternative and Augmented Communication[55] 같은 기술을 포함해 자신의 이야기를 기록할 수 있는 다양한 방법을 활용함으로써 자폐성 장애에 관한 담화와 홍보 활동에 많은 기여를 하지만, 그들의 이야기는 발화 자폐인의 이야기만큼 널리 공유되지 않으며 우리의 세계를 이해하려 애쓰는 비자폐인들에게 간과당하는 경향이 있다. 고맙게도 인터넷이라는 문어에 기반한 매체를 통해 모든 자폐인은 발화를 하든 안 하든 청중에게 다가갈 수 있다. 청중이 그들의 존재를 인식하는 한.

이 시점에서 비발화가 그 자체로 연속체라는 점에 주목할 만한 가치가 있다. 어떤 자폐인은 전혀 말을 하지 못하며, 모든 상황에서 의사소통을 위해 기술이나 타인의 도움을 사용한다.

---

[55] 보완 대체 의사소통. 말하기가 불가능한 상태에서 사용할 수 있는 수단을 통칭. 몸짓, 표정, 글, 그림, 글자 가리키기 등 다양하다.

상황이나 개인의 스트레스 수준에 따라 때때로 말을 못 하는 경우도 많다. 자폐인은 거의 모두가 짧은 시간 동안, 가령 심리 차단 기간 동안 비발화를 경험할 것이다. 나는 스트레스가 특정 수준에 도달하면 목소리의 군건한 도구성이 흔들리기 시작하며 신뢰성과 집중력이 떨어지고 어휘와 문법을 잊어버리게 된다. 자폐 사회에서 발화 언어는 절대 당연하지 않으며, 말을 하지 않는다고 무시당해 마땅한 것은 아니다.

자폐성 장애의 교차성 중에는 내게 다룰 자격이 없는 것도 있다. 특히 미국의 흑인 자폐인 공동체는 흑인 자폐인이 직면한 특유의 어려움에 관한 인식과 이해를 높이기 위해 애쓰고 있다. 줄곧 내 눈에 띄는 문제는 가면 쓰기의 중요성이 높다는 것이다. 그러니까, 흑인 자폐인은 행동이 인종차별적으로 해석될 수 있는 추가적인 위협 때문에 (상황이 허용하는 경우) 자유롭게 가면을 벗을 수 있는 백인 자폐인과 사뭇 다른 삶을 산다. 신경 전형성 사회는 백인의 자기 자극 행동도 지극히 부정적인 방식으로 해석하지만 흑인 자폐인의 자기 자극 행동은 그보다 더 불쾌한 것으로 오해할 수 있으며 결과는 수천 배쯤 나쁠 수 있다.

나는 언젠가 자폐인들에게 우리 자신의 건강을 위해 가능할 때마다 가면을 벗으라고 간청했는데, 그때 이 주제에 대해 (지당하게) 교육받았던 것을 기억한다. 트위터 사용자 여럿이

흑인 자폐인이 가면을 벗었을 때 직면할 수 있는 위험성을 상기해주었고, 자폐성 장애를 홍보하고 싶다면 마땅히 알아야 하고 적응해야 할 수많은 영역의 차이점에 눈을 뜨게 되었다. 하지만 이미 말했듯이 이것은 내 이야기가 아니다. 온라인을 살펴보고, 커뮤니티를 찾고, 귀 기울이기 시작할 것.

자폐인과 트랜스젠더 공동체 사이에는 엄청난 교차성이 있다. 연구가 초기 단계이기에 그 이유를 짚어내기에는 이른 시점이다. 그러나 내가 보기에는 자폐인이 사회의 확립된 규칙에 얽매임이 덜하고, 자신에게 맞는 것을 잘 따르며, 다수 신경형의 기대 따위 개의치 않기 때문이라는 의견이 옳은 듯하다. 분명 이런 경향 때문에 자폐인은 문제를 부정하기보다는 자신이 트랜스젠더라는 사실을 받아들이고 앞으로 나아갈 수 있는 것이다. 그러나 이 글을 쓰고 있는 지금 트랜스젠더 권리가 큰 공격을 받고 있는 영국에서는, 트랜스젠더의 권리와 그들을 위한 배려를 공격하려는 사람들이 자폐성 장애와 트랜스젠더 공동체의 교집합이 크다는 사실을 무기화하고 있다. 나는 '취약한' 자폐인이 트랜스젠더 공동체의 '표적'이 되어 원하지도 않는데 트랜스젠더가 되고 만다는 식의 이야기를 너무 자주 접하고 있다.

자폐인에게는 여러 약점이 있지만, 이런 사악한 계획에(이런 계획이 존재한다는 가정으로 하는 이야기지만, 존재하지 않을 것이라고 확신한다) 취약하다니 말도 안 된다. 자폐인이라는 결론은 대부분 공식적인 진단을 통해서만 가능할 것 같지만, 우리 자폐인은 자신이 실제로 자폐인이라는 결론을 내리기 위해, 확신하기 위해 자신의 행동을 분석하고 세부 상황까지 낱낱이 검토하는 데에 수많은 시간을 쓴다. 그러므로 이와 유사하게 우리가 자신의 성별과 성 정체성에 관해 확고한 결론을 내릴 능력을 갖고 있다고 추론할 수 있으리라.

우리를 위한 세상

우리는 자폐성 장애의 교차성에 관한 모든 이야기에 동등하게 귀 기울여, 모든 자폐인이 어떤 인구 집단에 속하든 상관없이 자신을 위한 세상에서 최선의 삶을 살 수 있도록 노력해야 한다. 왜냐하면 분명 그것이 이 모든 것의 궁극적인 목표이기 때문이다. 세계 곳곳의 자폐인에게 세상은 여러 가지 이유로 적대적인 곳이라, 이런 도톰한 책에서도 겉핥기만 할 수 있을 뿐이다. 세상의 적대감이 계속되는 한, 자폐인은 어떤 배경이나 삶의 경험을 가졌든 고통을 겪게 될 것이다. 기대 수명이 줄어들고, 평생 소득이 줄어들고, 기회가 줄어들고, 가족을 꾸릴 가능성이 줄어들고, 자신에게 충실한 삶을 살 수 있는 능력이 줄어들고, 거리에서 느끼는 안전함이 줄어들고, 세계의 모든 마을과 도시, 국가에서 이용할 수 있는 학교와 직장, 대중 교통이 줄어들 것이다. 이런 현실이 이어지도록 좌시할 수 없다.

현상태 유지는 좋지 않다. 이래서는 상당한 수의 인구 집단이 심리 탈진이나 번아웃을 겪고 성급한 죽음을 맞이할 것이다. 20명 중 1명은 자폐인이며 5명 중 1명은 신경 다양인이라는 통계를 기억해야 한다. 고집스럽게 정책 변경을 거부한다면 많은 사람에게 불행을 선고하는 것이다. 영국만 따져도 최소 3백만 명이다. 전부 희망과 꿈, 삶과 인간관계가 있는 사람들인데, 조금만 노력하면 바뀔 수 있음에도 변함없이 적대적인 세상에서 살아가며 그 무게로 인해 분투하고 있다.

자폐인-비자폐인의 차이가 내향인-외향인 이야기만큼 일상적으로 다루어지면 좋겠다. 사람들 모두가 자폐에 관한 기본적인 진실을 알고 있는 세상, 자폐인에 대한 낡은 고정관념을 거부하는 세상을 꿈꾼다. 자폐인 당사자로서 이에 관한 중요한 정보를 독자 여러분에게 직접 공유하려 한다. 그럼으로써 우리 자신뿐만 아니라 아이들과 아이들의 아이들도 더 나은 삶을 살 수 있도록. 미디어에서 정보를 얻고, 책, 영화, TV 쇼, 연속극 등에 흔하게 자폐인 등장인물을 내보내고, 실제 자폐인이 그들을 연기하고 대본을 쓰도록 해달라. 학교와 직장에서 장애에 대한 금기를 자유롭게 논의하고, 자폐성 장애를 차이점으로, 공개적으로 기념하고 이야기할 수 있는 주제로 만들자.

"아, 악수는 생략해도 될까요? 있죠, 제가 자폐인이라서."
사람들이 이렇게 말해도 동등한 존재로 받아들여지고 대우받는 세상을 상상해보라. 자폐 아동이 자신의 요구사항을 오롯이 이해하는 학교, 자신을 이상하게 바라보지 않는 학교에서 안전하게 존재할 수 있는 세상은 얼마나 좋을까. 자폐 노인이 편안하게 은퇴할 수 있는 세상, 혹여 24시간 보살핌이 필요한 상황에 처하더라도 자폐에 관해 잘 알고 있기에 자신의 행동을 이상하거나 위험한 것이 아니라 정상적인 것으로 인식하는 사람들에게서 적절한 지원을 받을 수 있다고 믿을 수 있는 세상은 또 얼마나 좋을까.

이런 세상을 만드는 일은 정말이지 쉬울 것 같다. 실제로 쉬우니까. 이미 세상에는 온갖 정보가 있기에 사람들이 그것을 읽고 듣기만 하면 된다. 이 지구에 공존하고 있는 우리 자폐인, 인구의 1퍼센트 아니 10퍼센트는 여러분이 이런 노력을 기울임으로써 (마침내, 이 오랜 세월이 흐른 끝에) 우리를 여러분의 세계에 받아들이기를, 이 신경 전형성의 세상을 비전형적으로 바꿔 진정 모든 사람을 위한 비전형적인 세상을 일궈주기를 바라는 마음이다.

마치며

이 책을 읽고 전반적인 자폐 경험에 관해 더 자세히 알아보고 싶어진 독자가 있다면, 훌륭한 자료가 많다. 첫 번째 예시이자 가장 즉각적인 정보의 원천은 SNS다. 자신의 존재를 세상과 공유하려는 자폐인을 많이 찾을 수 있을 것이다. 해시태그와 검색어만 주의 깊게 사용하면 모든 인구 집단에서 자폐인 공동체를 찾게되리라.

트위터와 페이스북, 인스타그램(틱톡도 있는데 나는 감히 사용법을 아는 척도 못 하겠다) 외에도 실제 자폐인으로부터 더 많은 정보를 얻을 수 있는 온라인 공간이 많다. 엄청난 양의 훌륭한 콘텐츠가 있어 추천하고 싶은 사이트 하나는 뉴로클래스틱(Neuroclastic.com)이다. 뉴스와 전 세계 자폐인들이 쓴 좋은 글을 모아 놓은 사이트로, 운영자가 자폐인이다. 또 다른 훌륭한 출발점은 미국 사이트 오태스틱(Autastic.com)이다. 이 사이트는 흑인, 원주민 및 유색인 자폐인이 겪는 문제와 경험에 관한 좋은 관문이 되어줄 것이다.

웹 외에도 매년 자폐인 작가가 쓴 책이 다수 출간된다. 내 핵심 기준은 한 가지다. 심은 바로 이것이다. 자폐인이 직접 쓴 자폐에 관한 책에 집중하기. 오랫동안 글(픽션과 논픽션 모두) 속 자폐인 재현은 우리에 관해 글을 쓰고자 하는 신경 전형인의 전유물이었다. 이제 수백 명의 자폐인 작가가 자폐의 거의 모든 측면에 관해 글을 쓰고 있으니, 호기심을 갖고 깊은 이해를 도모해보라.

감사의 말

이 순간을 이용해 이 책을 완성하는 데에 도움을 준 모든 분께 감사의 인사를 전하고 싶다. 먼저 하퍼콜린스의 편집자인 애나 므로비에츠, 이제 막 글쓰기를 시작해 분투 중인 작가를 믿어주어 감사하다. 또한 내 에이전트 제임스 스팩먼, 처음에 책을 집필하고 발표할 때 귀중한 조언과 지원을 해준 것에 감사하다. 또한 내 작업에 조언과 믿음을 베풀어준 친구들에게 고맙다. 특히 줄곧 친절하게 대해주고 장난감 기차 세트 사진을 보내준 나이얼 버스비, 책을 쓰는 데에 수반되는 매일의 고난과 불안을 이겨낼 수 있도록 도와준 세라 기브스에게도 고맙다.

또한 처음부터 내 글쓰기를 지지해주고 끊임없이 불만을 늘어놓아도 잘 참아준 트위터의 자폐인 공동체 친구들에게도 감사하다. 특히 이 책에 실린 적절하고 자세한 정보와 일화를 제공한 친구들. 일방향성에 관한 유익한 전문 지식을 나눠준 퍼거스 머레이, 전화 통화에 관해 이야기해준 헤이즐(@AnLasair), 학교 그룹 활동에 느끼는 바를 알려준 테레사 B(@Trees_in_Winter), 진료 예약 경험을 공유해준 찰리(@Charlie28352975), 시계줄을 향한 애정을 나눠준 새뮤얼 램스든(@gwyrdhanmor), 전부 고마운 마음이다.

더불어 신경 다양성이라는 주제에 항상 통찰력 있고 귀한 홍보를 더해주는 모든 분에게 감사를 표하고 싶다. 앤 메머트, 키런 로즈, 에이미 피어슨 박사, 루크 베어든, 조지아 파블로풀루 박사, 에밀리 버크, 로런 엘지, 데마 달메인, 파이비 붓크헤르, 리암 오델, 데이미언 밀턴 박사, (한 번 더) 세라 기브스, 조앤 림버그, 홀리 스메일, 리아 퍼슨, 엘라 태브, 패스티시 그레이엄, 에릭 가르시아, 로버트 채프먼, 모니크 보타, 스티브 실버만. 그 외에도 정말 고마운 분들이 많다.

마지막으로 내가 저지르는 말도 안 되는 짓거리들을 참아주는 파트너에게 고맙고, 부모님과 여동생에게도 고마운 마음이다. 자기 자신으로서 내 옆자리를 지켜준 것에, 그리고 뭐, 이 모든 것에.

지은이 피트 웜비 Pete Wharmby

영국의 작가이자 강연자. 2017년 34세의 나이에 자폐증 진단을 받았다. 다른 사람들에게는 보통인 일상이지만, 에너지와 인지 능력을 모조리 쏟아부어 결국 무너져내렸던 지난날과 안정적인 생활인이 되기 위해 써야만 했던 가면을 비로소 이해하게 된 그는 자폐인들을 위해 목소리를 높이는 다양한 활동을 이어오고 있다. 그의 두 번째 저서 『나에겐 너무 어려운 스몰토크』는 누군가에겐 당연하지 않은 세상 속 편견과 차별의 벽을 허물기 위해 쓴 책이다.

옮긴이 임슬애

고려대학교에서 불어불문학을, 이화여자대학교 통역번역대학원에서 한영 번역을 공부하고 현재 번역가로 일하고 있다. 옮긴 책으로 『두 번째 장소』, 『영광』, 『도리언 그레이의 초상 1890』, 『더 로스트 키친』, 『어른의 중력』 등이 있다.

나에겐 너무 어려운 스몰토크
나의 특별하고도 평범한 자폐 스펙트럼의 세계

펴낸날 초판 1쇄 2025년 7월 11일

지은이 피트 웜비

옮긴이 임슬애

펴낸이 이주애, 홍영완

편집장 최혜리

편집3팀 이소연, 강민우, 안형욱

편집 박효주, 한수정, 홍은비, 김혜원, 최서영, 송현근, 이은일

디자인 박정원, 박소현, 김주연, 기조숙, 윤소정

홍보마케팅 김준영, 김태윤, 백지혜, 박영채

콘텐츠 양혜영, 이태은, 조유진

해외기획 정미현, 정수림

경영지원 박소현

펴낸곳 (주)윌북 출판등록 제2006-000017호

주소 10881 경기도 파주시 광인사길 217

홈페이지 willbookspub.com

전화 031-955-3777 팩스 031-955-3778

블로그 blog.naver.com/willbooks

트위터 @onwillbooks 인스타그램 @willbooks_pub

ISBN 979-11-5581-830-5 (03840)

▸ 책값은 뒤표지에 있습니다.
▸ 잘못 만들어진 책은 구매하신 서점에서 바꿔드립니다.
▸ 이 책의 내용은 저작권자의 허가 없이 AI 트레이닝에 사용할 수 없습니다.